utb 6201

AF704927

Eine Arbeitsgemeinschaft der Verlage

Brill | Schöningh – Fink · Paderborn
Brill | Vandenhoeck & Ruprecht · Göttingen – Böhlau · Wien · Köln
Verlag Barbara Budrich · Opladen · Toronto
facultas · Wien
Haupt Verlag · Bern
Verlag Julius Klinkhardt · Bad Heilbrunn
Mohr Siebeck · Tübingen
Narr Francke Attempto Verlag – expert verlag · Tübingen
Psychiatrie Verlag · Köln
Ernst Reinhardt Verlag · München
transcript Verlag · Bielefeld
Verlag Eugen Ulmer · Stuttgart
UVK Verlag · München
Waxmann · Münster · New York
wbv Publikation · Bielefeld
Wochenschau Verlag · Frankfurt am Main

Prof. Dr. Sebastian Gäb ist Professor für Religionsphilosophie an der LMU München.

Sebastian Gäb

Die Philosophie des Buddha

Eine Einführung

Narr Francke Attempto Verlag · Tübingen

Umschlagabbildung: Buddha Silhouette - One Line Drawings, zhanstudio © AdobeStock

Bibliografische Information der Deutschen Nationalbibliothek
Die Deutsche Nationalbibliothek verzeichnet diese Publikation in der Deutschen Nationalbibliografie; detaillierte bibliografische Daten sind im Internet über http://dnb.dnb.de abrufbar.

DOI: https://doi.org/10.36198/9783838562018

Dischingerweg 5 · D-72070 Tübingen

Internet: www.narr.de
eMail: info@narr.de

Einbandgestaltung: siegel konzeption | gestaltung
CPI books GmbH, Leck

utb-Nr. 6201
ISBN 978-3-8252-6201-3 (Print)
ISBN 978-3-8385-6201-8 (ePDF)
ISBN 978-3-8463-6201-3 (ePub)

MIX
Papier aus verantwortungsvollen Quellen
FSC
www.fsc.org
FSC® C083411

Inhalt

Vorwort

Dieses Buch ist eine Einführung in die Philosophie des Buddha. Es ist hervorgegangen aus zahlreichen Seminaren zur buddhistischen Philosophie, die ich im Lauf der Zeit an unterschiedlichen Orten angeboten habe, und es verfolgt ein einfaches Ziel: den Buddha als einen Philosophen zu lesen. Das bedeutet, ihn – nicht anders als Platon, Aristoteles oder Konfuzius – als jemanden zu verstehen, der Theorien zum Wesen der Realität und zur Natur des Daseins entwickelt, und mit dessen Argumenten man sich kritisch, in einer rationalen Diskussion auseinandersetzen kann. Das Buch ist systematisch aufgebaut und versucht, den einzelnen Schritten im philosophischen System des Buddha zu folgen. Nach einer Einführung in den Kontext seiner Philosophie und sein Leben beginnt das Buch mit dem Problem, von dem alles ausgeht: der Frage nach dem Ursprung und der Überwindung des Leidens. Von dort aus geht es weiter in die Metaphysik von Nicht-Selbst und Karma, in die praktische Philosophie von Ethik und Meditation, und endet mit der Lösung des Ausgangsproblems im Nirvana.

Ich folge hier der Methode einer rationalen Rekonstruktion. Mein Ziel ist nicht, die (mutmaßlichen) Lehren des historischen Buddha zu erschließen und auch keine Geschichte der buddhistischen Lehre im Verlauf der Zeit zu erzählen, sondern der Versuch, aus dem, was die Überlieferung uns gibt, eine systematische philosophische Theorie zu rekonstruieren. Der Buddha, von dem dieses Buch handelt, ist nicht so sehr der historische Buddha, sondern der Buddha als Philosoph, wie er sich aus der philosophischen Retrospektive ergibt. Möglicherweise ist er auch nur eine Konstruktion. Meine Freunde in der Fakultät für Kulturwissenschaften werden spätestens an dieser Stelle die Augen verdrehen, und ich entschuldige mich im Voraus für meine antihistorische Ignoranz. Aber was in den Kulturwissenschaften eine Barbarei ist, kann in der Philosophie durchaus interessant sein.

Ich danke meinem Mitarbeiter Patrick Harman für geduldiges Korrekturlesen und zahlreiche nützliche Hinweise. Ebenso danke ich Stefan Selbmann und dem Verlag Narr Francke Attempto für die freundliche Zusammenarbeit und die Bereitschaft, das Buch in ihr Programm aufzunehmen.

1 Buddhismus als Philosophie

1.1 Gautama, der Philosoph

An einem sonnigen Apriltag des Jahres 415 v. Chr. hat Gautama die Nase voll. Er ist inzwischen 35 Jahre alt und hat die letzten sechs Jahre damit verbracht, als wandernder Asket nach der Erlösung aus dem Leiden zu suchen – allerdings bisher ohne Erfolg. Das war nicht immer sein Ziel gewesen. Eigentlich ist er der Spross einer adligen Familie – sein Vater Shuddhodana herrscht über das kleine Reich der Shākyas im Nordosten Indiens, zwischen dem Himalaya im Norden und dem Ganges im Süden. Geboren in der Nähe des Städtchens Lumbini, das heute im Süden Nepals liegt, wächst er am Hof seines Vaters in der Hauptstadt Kapilavastu auf. Seine Mutter stirbt wenige Tage nach seiner Geburt, so dass eine seiner Tanten die Erziehung des jungen Gautama übernimmt. Als Sohn eines Fürsten verbringt er seine Kindheit und Jugend gut behütet im Palast seines Vaters und führt das Leben eines reichen jungen Mannes aus der Oberschicht. Sein Lebensweg ist im Prinzip schon vorgezeichnet: In jungen Jahren wird er verheiratet, bekommt einen Sohn und soll später irgendwann einmal seinem Vater auf den Thron folgen. Doch dann kommt alles anders. Die Geburt seines Sohnes stürzt Gautama in eine tiefe existenzielle Krise und lässt ihn am Sinn seines Lebens zweifeln. Er beginnt, sich heimlich nachts aus dem Palast zu schleichen, lässt seinen Wagen kommen und unternimmt ein paar Ausfahrten. Was er, der verwöhnte Fürstensohn, der bisher von allen Übeln der Welt abgeschirmt wurde und ein Leben im Wohlstand geführt hat, auf diesen Ausfahrten sieht, erschüttert ihn zutiefst. Er sieht einen Alten, der sich mühsam mit gekrümmtem Rücken auf einen Stock stützt; er sieht einen Kranken, der über und über mit einem Aussatz bedeckt ist; er sieht einen Toten, der, begleitet von trauernden Freunden, auf einer Bahre zur Verbrennung getragen wird. Und schließlich sieht er auf der letzten dieser vier Ausfahrten einen Asketen, der der Welt entsagt hat. In dieser Nacht wird Gautama klar, dass er keine Chance hat, dem Leiden zu entkommen. Sein luxuriöses Leben im Palast wird nicht von Dauer sein. Alter, Krankheit und Tod werden auch ihn eines Tages einholen, und nichts in der Welt kann das verhindern. Doch er erkennt auch, dass es einen Ausweg gibt: den Weg des Asketen, die Flucht aus der Welt. Zurück in seinem Palast fasst Gautama den Entschluss, alles dranzugeben. Er wirft noch einen letzten Blick auf seine Frau und seinen schlafenden kleinen Sohn, dann läuft er fort, um sein altes Leben ein für alle Mal hinter sich zu lassen. 29 Jahre ist er da alt.

Er schließt sich anderen Asketen an in der Hoffnung, von ihnen zu lernen, wie man dem Leiden entkommen könnte. Gautama ist ein guter Schüler und beherrscht schon nach kurzer Zeit verschiedenste Meditationstechniken. Er dringt in die Sphäre des Nichtseins und in den Zustand jenseits von Wahrnehmung und Nicht-Wahrnehmung vor. Doch Gautama ist nicht zufrieden. So angenehm die tiefe meditative Versenkung auch ist, sie ist nur eine kurze Pause. Sobald sie vorüber ist, ist auch das Leiden wieder da. Daher beschließt Gautama, es auf die harte Tour zu versuchen. Er fastet und hungert, bis er nur noch Haut und Knochen ist. Er läuft fast nackt herum, nur in Felle oder Leichentücher gewickelt, setzt sich ungeschützt der Hitze und Kälte aus, er zwingt seinen Körper stundenlang in schmerzhafte Meditationspositionen und plagt sich mit extremen Atemübungen. Aber das Einzige, was er davon hat, sind Schmerzen, Kreislaufprobleme und Haarausfall. Erlösung vom Leiden ist auch auf diese Weise nicht zu finden. Gautama, der inzwischen nur noch Haut und Knochen ist, hat genug davon. Er gibt seine radikale Askese auf, kommt wieder zu Kräften und beschließt, es mit einem mittleren Weg zu versuchen: keine extreme, selbstquälerische Askese, aber auch kein gedankenloses, bequemes Alltagsleben. Er setzt sich in den Schatten einer Pappelfeige (*ficus religiosus*) und nimmt sich vor, erst wieder aufzustehen, wenn er die Erlösung gefunden hat. Dann versinkt er für drei Tage und Nächte in eine tiefe Meditation. In der ersten Nacht erlangt er die Erinnerung an seine früheren Wiedergeburten, in der zweiten Nacht durchschaut er das kosmische Gesetz des Karma, und in der dritten Nacht schließlich erkennt er die vier edlen Wahrheiten – vier fundamentale Tatsachen über die Natur des Daseins, die den Kern seiner Lehre bilden. Als er wieder aufsteht, ist Gautama erleuchtet. Er hat die Einsicht in die wahre Natur der Realität gefunden, die ihn von allem Leiden erlöst. Er ist erwacht: Er ist der Buddha geworden.[1]

---

1 „Buddha" bedeutet wörtlich „der Erwachte" und ist der Ehrentitel des Gautama, den er nach seiner Erleuchtung trägt. Alle, die aus eigener Kraft und ohne Anleitung durch andere den Weg zur Erlösung finden, werden „Buddhas" genannt. Um Gautama, den historischen Buddha, von diesen anderen Buddhas zu unterscheiden, spricht man manchmal auch von „Buddha Shākyamuni" (der Weise aus dem Volk der Shākyas). Da es ein Titel ist und kein Name, ist der grammatikalisch korrekte Gebrauch im Deutschen derjenige mit bestimmtem Artikel: „*der* Buddha hat gesagt", genau wie es auch heißt: „*die* Bundeskanzlerin hat gesagt".

Verschiedene Bezeichnungen des Buddha
Siddhārtha Gautama (Siddhatta Gotama): der Eigenname des Buddha.
Buddha: „der Erwachte", Titel des Buddha nach seiner Erleuchtung.
Bhagavat: „Herr", „der Erhabene", Anrede des Buddha durch seine Anhänger:innen.
Tathāgata: „der so Gekommene", Selbstbe-zeichnung des Buddha.

Gautama, der nun zum Buddha geworden ist, beschließt nach einigem Zögern, seine Einsicht mit anderen zu teilen. Er kehrt aus der Einsamkeit zurück und trifft auf eine Gruppe von fünf ehemaligen Weggefährten – anderen Asketen, die ihm zunächst immer noch übelnehmen, dass er scheinbar schwach geworden ist und sie zurückgelassen hat. Doch als der Buddha vor ihnen seine erste Rede hält und erklärt, was er in seiner Meditation erkannt hat, ändern sie schnell ihre Meinung – die fünf werden sofort erleuchtet, schließen sich ihm an und werden die ersten *bhikkhus* (Mönche oder Anhänger des Buddha; die weibliche Form lautet *bhikkhuni*). Der *sangha*, die Gemeinschaft aller, die den Lehren des Buddha folgen, bzw. einfach: der Buddhismus, ist geboren. Die nächsten 45 Jahre seines Lebens verbringt der Buddha auf Wanderschaft. Er zieht durch die Welt, spricht mit Fürsten und mit einfachen Leuten, er verteidigt seine Lehre in teilweise hitzigen Diskussionen mit anderen Denkern und sammelt immer mehr Anhängerinnen und Anhänger um sich. Er gründet einen Mönchs- und später auch einen Nonnenorden. Im Alter von achtzig Jahren erkrankt er und merkt, dass er bald sterben wird. Er gibt seinen Anhängern noch ein letztes Mal die Gelegenheit Fragen zu stellen – doch es gibt keine. Alles, was er erkannt hat, hat er auch gelehrt. Er bestimmt keinen Nachfolger – seine Schülerinnen und Schüler sollen sich allein an der Lehre orientieren, nicht an einer Person. Dann legt er sich ruhig auf die Seite und stirbt. Seine letzten Worte lauten: „Alles Bedingte ist der Vergänglichkeit unterworfen. Bemüht euch unermüdlich!" (DN 16: ii 156)

Soweit zumindest die Legenden. Die Präzision in den Details ist natürlich etwas übertrieben – die genauen Lebensdaten des Buddha sind umstritten, und auch der exakte Tag seiner Erleuchtung ist letzten Endes unbekannt. Überliefert ist nur, dass er zu diesem Zeitpunkt 35 Jahre alt war. Traditionellerweise wird die Erleuchtung des Buddha auf den Monat *Vesakha* des indischen Mondkalenders datiert, der in unserem System im April und Mai liegt. Aber auch wenn diese Form der Buddha-Legende nur eine etwas eigenwillige Nacherzählung ist, entspricht doch immerhin der grobe Rahmen weitgehend dem, was die traditionellen Quellen berichten: die Geschichte eines Menschen, den die Erfahrung der Leidhaftigkeit des Daseins zutiefst erschüttert, und der danach sein ganzes Leben damit verbringt, über einen Ausweg aus diesem Leiden nachzudenken und seine Erkenntnisse mit anderen zu teilen. In diesem Sinne ist Gautama, der später zum Buddha wird, ein Philosoph: jemand, der versucht, auf bestimmte fundamentale, existenzielle Fragen durch rationales Denken und Reflektieren eine Antwort zu finden.

1.2 Der historische Buddha

Was wissen wir über den historischen Buddha, den realen Menschen hinter den Legenden? Nicht viel. Wir wissen nicht einmal genau, wann er gelebt hat. Es gibt keine zeitgenössischen Berichte über sein Leben. Die ältesten verfügbaren Biographien sind erst mehrere Jahrhunderte nach seinem Tod entstanden und enthalten bereits eine Menge mythische und legendenhafte Elemente. Einigkeit besteht nur darin, dass der Buddha im Alter von achtzig Jahren starb. Traditionellerweise wird seine Lebenszeit auf etwa 560–480 v. Chr. datiert, was allerdings aus Sicht der modernen Forschung nicht stimmen kann. Zeitgenössische Untersuchungen setzen für seine Geburt meist einen Zeitraum ungefähr zwischen 480 und 450 v. Chr. an, womit sein Tod in die Zeit zwischen 400 und 370 v. Chr. fällt. Damit lebte er ungefähr ein Jahrhundert nach Konfuzius und war Zeitgenosse von Sokrates und Platon. Dass er in Lumbini geboren wurde, wie die Legenden berichten, wird durch archäologische Funde vor Ort bestätigt, und ist auch sonst glaubwürdig. Lumbini ist ein historisch eigentlich bedeutungsloser Ort in einem eher unwichtigen Kleinstaat, und es gibt keinen erkennbaren Grund, warum Gautama ausgerechnet hier hätte geboren werden sollen. Wenn das alles nur Fiktion wäre, warum dann diese überraschend ehrlichen Details? Dass Gautama der Sohn eines Königs war, dürfte hingegen übertrieben sein. Das Reich der Shākyas, aus dem Gautama stammte, war eher eine Art aristokratische Republik, die von einer Gruppe wohlhabender Adliger gemeinschaftlich regiert wurde, zu denen vermutlich auch Gautamas Familie gehörte.

Die Lebenszeit Gautamas war eine Epoche des Umbruchs. Steigender Wohlstand und eine erste Welle der Urbanisierung führten zu einem deutlichen Bevölkerungswachstum und zum Entstehen einer städtischen Kultur, während gleichzeitig die althergebrachten Vorstellungen von Religion und sozialer Ordnung in Bewegung gerieten. Die traditionelle Religion dieser Epoche wird oft als Brahmanismus bezeichnet und basiert auf dem Veda, heiligen Texten, die in ihren ältesten Teilen bis ca. 1200 v. Chr. zurückgehen und vor allem Hymnen und Mantras enthalten. Im Zentrum des Brahmanismus stehen komplexe Opferrituale, deren Durchführung das Privileg einer besonderen Priesterkaste ist und mit denen das Wohlwollen verschiedener Götter erlangt werden soll. Daher verbindet sich mit der brahmanischen Religion auch eine starre Gesellschaftsordnung, die alle Menschen in vier Kasten unterteilt: Brahmanen (Priester), Kshatriyas (Krieger und Adlige), Vaishyas (Kaufleute) und Shūdras (Handwerker und Arbeiter). Außerhalb dieser traditionell-religiösen Gesellschaftsordnung existieren bereits zu Lebzeiten des Buddha die sogenannten *samanas*. Hierbei handelt es sich nicht um eine einheitliche Bewegung, sondern um einen recht bunt zusammengewürfelten Haufen spiritueller Asketen und Denker, die sich vor allem dadurch auszeichnen, dass sie die brahmanische Gesellschaftsordnung und die vedische Opferreligion ablehnen und auf eigene Faust durch Meditation und Askese nach Erleuchtung suchen. Auch der Buddhismus gehört (zusammen mit dem noch heute existierenden Jainismus) ins Umfeld dieser Bewegungen, und es ist nicht unwahrscheinlich, dass Gautama von den Menschen seiner Zeit so wahrgenommen wurde: als ein weiterer *samana*, der der Welt den Rücken kehrt und seine eigene philosophisch-spirituelle Lehre entwickelt.

1.3 Quellen

Woher wissen wir, was der Buddha gedacht und gelehrt hat? Tatsächlich hat er selbst (ähnlich wie Sokrates, Konfuzius oder Jesus) nichts geschrieben, sondern seine Lehre allein mündlich, im persönlichen Gespräch und in Reden vor seinen Anhängerinnen und Anhängern mitgeteilt. Die traditionelle Überlieferung besagt, dass diese sich kurz nach seinem Tod zu einem ersten Konzil versammelten, die Reden und Gespräche des Buddha aus dem Gedächtnis rezitierten und damit die Linie der mündlichen Überlieferung seiner Lehre begründeten. Für mehrere Jahrhunderte und über mehrere Generationen hinweg wurde die Lehre des Buddha allein auf diese Weise, durch Rezitieren und Auswendiglernen, weitergegeben. Erst im 1. Jahrhundert v. Chr. entstand auf Sri Lanka eine erste schriftliche Fassung dieser bis dahin nur mündlich überlieferten Lehren. Die Texte, die wir heute haben und auf denen unsere Kenntnis der Philosophie des Buddha beruht, gehen auf diese erste schriftliche Sammlung seiner Lehren zurück.

Die Sammlungen buddhistischer Schriften, die als authentische Lehren des Buddha akzeptiert sind, werden *Kanon* genannt. Es existierte nie ein einziger, universal verbindlicher buddhistischer Kanon, sondern je nach Schule und Strömung verschiedene Fassungen in unterschiedlichen Sprachen. Der für uns wichtigste Kanon ist der Pāli-Kanon, benannt nach der Sprache Pāli, in der er verfasst ist (ein mittelindoeuropäischer Dialekt, der mit dem Sanskrit verwandt ist). Dieser Kanon stammt aus der Schule des Theravāda und ist der einzige, der vollständig in einer indischen Sprache überliefert ist. Im Allgemeinen gilt er als derjenige, der den ursprünglichen Lehren des Buddha am nächsten kommt. Daneben gibt es Kanons auf Chinesisch und Tibetisch, die sich in vielen Teilen (aber keineswegs vollständig) mit dem Pāli-Kanon überschneiden, und vereinzelte Übersetzungen ins Sanskrit und andere antike indische Sprachen. Der Pāli-Kanon wird in drei Abteilungen oder Körbe (*pitaka*) unterteilt (weshalb er auch manchmal als *tipitaka* – „drei Körbe" bezeichnet wird): Das *Sutta-Pitaka* enthält die Lehrreden des Buddha (*sutta* bzw. *sūtra* auf Sanskrit bedeutet eigentlich „Faden", im übertragenen Sinn dann „Lehrrede" oder „Abhandlung") und ist damit für uns die wichtigste Quelle für seine Philosophie. Das *Vinaya-Pitaka* enthält detaillierte Regeln und Vorschriften für das Leben der Mönche und Nonnen, das *Abhidhamma-Pitaka* enthält systematische Aufrisse und Interpretationen der Lehren des Buddha sowie kritische Diskussionen bestimmter Lehren. Traditionellerweise werden auch diese Teile des Kanons dem Buddha selbst zugeschrieben, aber die moderne Forschung datiert sie auf die ersten Jahrhunderte nach seinem Tod und schreibt sie frühen Formen des buddhistischen Denkens zu. Das *Sutta-Pitaka* wird in fünf Sammlungen (*nikāya*) unterteilt (s. Kasten). Die einzelnen *Suttas* innerhalb der Sammlung sind nummeriert, und über die Angabe der Sammlung und der Ordnungsnummer ist das jeweilige *Sutta* unabhängig von der jeweiligen Ausgabe identifizierbar. Zitate aus dem *Sutta-Pitaka* in diesem Buch sind immer nach diesem Schema belegt. Neben den *Suttas* gibt es noch einige andere Texte, die wichtige Quellen für das Denken des Buddha sind, aber nicht als kanonisch gelten (und damit nicht als authentisches Wort des Buddha angesehen werden), z. B. das *Milindapañha* („Fragen des Milinda"), das eine Reihe philosophischer Dialoge zwischen dem Mönch Nāgasena und dem indo-griechischen König Milinda bzw. Menandros enthält, oder das *Visuddhimagga* („Der Pfad zur Reinheit") des Mönchs Buddhaghosa, das eine umfassende, systematische Darstellung der buddhistischen Philosophie abliefert. Wir werden gelegentlich auch auf solche Quellen zurückgreifen, aber da der Schwerpunkt auf der Philosophie des Buddha liegt, sind die *Suttas* für uns die erste Wahl.

Die fünf Sammlungen des Suttapitaka
Dīghanikāya (Längere Sammlung): 34 längere Lehrreden, u. a. das *Mahāparinibbāna-Sutta*, das die letzten Tage im Leben des Buddha berichtet.
Majjhimanikāya (Mittlere Sammlung): 152 Reden und Dialoge, die in drei Gruppen von jeweils fünf mal zehn thematisch ähnlichen Suttas unterteilt sind.
Samyuttanikāya (Verknüpfte Sammlung): 56 Gruppen von thematisch verknüpften Reden und Gesprächen, unterteilt in 5 Gruppen.
Anguttaranikāya (Nummerierte Sammlung): nach der Zahl von Begriffsreihen von eins bis elf angeordnete Suttas.
Khuddakanikāya (Kürzere Sammlung): fünfzehn Gruppen von diversen Texten, u. a. das Dhammapada (eine Kurzform der buddhistischen Lehre in Versform), die Spruchsammlung des *Udāna*, oder die *Jātakas* (Erzählungen der früheren Leben des Buddha).

An dieser Stelle könnte man einwenden: Aber dann haben wir doch gar kein *direktes* Wissen davon, was der Buddha gelehrt hat! Alles, was wir haben, sind Texte, die vorgeben, seine Lehre auszudrücken, aber faktisch für lange Zeit mündlich überliefert und erst Jahrhunderte nach seinem Tod niedergeschrieben worden sind. Wie sicher können wir da überhaupt sein, dass wir es mit der authentischen Lehre des Buddha zu tun haben? – Der Einwand ist durchaus berechtigt. Was der historische Buddha faktisch gelehrt hat, können wir nicht mehr mit absoluter Gewissheit herausfinden. Philologische Untersuchungen können zwar eine gewisse chronologische Schichtung innerhalb des Pāli-Kanon nachweisen, so dass vielleicht klar ist, welche Texte eher älter oder eher jünger sind – aber es wird niemals möglich sein, zu überprüfen, wie groß die Übereinstimmung zwischen den überlieferten Texten und den tatsächlichen Lehren des historischen Gautama gewesen ist, denn die Texte des Kanons sind für uns die Endstation. Weiter zurück in die Vergangenheit kommen wir einfach nicht, und deshalb ist es unmöglich, die Texte des Kanons mit dem zu vergleichen, was der reale Buddha tatsächlich gelehrt hat. *Kann* man dann überhaupt eine Darstellung der Philosophie des Buddha geben? Ja, man kann – wenn man sich klar macht, was es eigentlich ist, was man da darstellt. Wenn wir die Philosophie des Buddha studieren, folgen wir damit einer jahrtausendealten Tradition, die die kanonischen *Suttas* als authentisches Wort des Buddha ansieht, wenn schon nicht im wortwörtlichen Sinn, dann wenigstens dem Inhalt nach. Die *Suttas* sind der einzige Zugang zum Denken des Buddha, den wir besitzen, und das Denken des Buddha ist uns überhaupt nur in der Form zugänglich, in der es in den *Suttas* festgehalten ist. Dieses Denken ist es auch, das über Jahrtausende Einfluss auf Millionen Menschen ausgeübt hat und das der Ursprung der gesamten buddhistischen Philosophie gewesen ist. Die Frage, ob die Philosophie des Buddha innerhalb der *Suttas* wirklich authentisch ist, stellt sich also wenigstens für uns gar nicht, denn außerhalb der *Suttas* gibt es für uns gar keine Philosophie des Buddha. Das Ziel ist es nicht, die ursprüngliche Lehre des realen Gautama zu entdecken, sondern eine rationale Rekonstruktion des philosophischen Systems zu entwerfen, das in den *Suttas* entwickelt wird, und das unter dem Namen des Buddha überliefert ist. Die Philosophie des Buddha ist daher die Philosophie des Buddha, so wie sie in den *Suttas* überliefert ist – und selbst wenn der historische Gautama vor über zweitausend Jahren etwas anderes gelehrt haben sollte, dann ist diese Lehre für uns verloren. Die Philosophie des Buddha in den *Suttas* ist die einzige Philosophie des Buddha, die wir haben.

Ein Wort noch zu den buddhistischen Begriffen in diesem Buch: Ich verwende normalerweise die Pāli-Formen, um buddhistische Fachausdrücke wiederzugeben. Bei bestimmten Worten, die sich als Fremdwörter im Deutschen bereits eingebürgert haben, ist die Sanskrit-Form geläufiger (z. B. *nirvāna* statt *nibbāna*), weshalb ich in solchen Fällen von dieser Regel abweiche und die bekanntere Form verwende. Sprachlich interessierte Leserinnen und Leser finden im Anhang eine kurze Übersicht der wichtigsten Begriffe in verschiedenen Sprachen.

1.4 Die Philosophie des Dhamma

Glaubt man der Legende, dann hat Gautama in drei durchwachten Nächten die Einsichten gewonnen, die das Fundament seiner gesamten Philosophie bilden. Aber was hat Gautama in diesen Nachtwachen erkannt? Welche

Erkenntnis hat ihn vom Leiden befreit und zum Buddha gemacht? Nach buddhistischer Vorstellung sind es die sogenannten *vier edlen Wahrheiten*. Diese vier Sätze sind der Kern des *dhamma*, d. h. der Lehre des Buddha – praktisch seine gesamte Philosophie ist in ihnen enthalten, und sie bilden die gemeinsame Basis für alle nachfolgenden Strömungen des Buddhismus. Sie sind das Minimum, auf das sich alle Buddhistinnen und Buddhisten auch heute noch einigen können.

Dhamma (Sanskrit: *Dharma*, aus der Wurzel *dhr*, „halten") ist die buddhistische Bezeichnung für die Lehre des Buddha, meint aber zugleich auch das fundamentale Ordnungsprinzip der Wirklichkeit oder die Natur der Realität. Das bedeutet auch, dass die Lehre des Buddha keine Offenbarung und keine hypothetische Meinung ist, sondern eine faktische Beschreibung der Realität selbst. Deshalb gibt es auch nur ein *dhamma*, nämlich das, was der Buddha erkannt hat.

Die vier edlen Wahrheiten sind der Wesenskern der Philosophie des Buddha und man kann ohne zu übertreiben sagen, dass alles, was ab hier folgt, im Prinzip nichts anderes sind als Erläuterungen zu diesen vier Sätzen. Diese vier edlen Wahrheiten sind:

1. Die Wahrheit vom Leiden (*dukkha*): *Alles Dasein ist leidvoll.*

   Das ist die edle Wahrheit vom Leiden: Wiedergeburt ist Leiden; Alter ist Leiden; Krankheit ist Leiden; Tod ist Leiden; mit Ungeliebtem vereint sein ist Leiden; von Geliebtem getrennt sein ist Leiden; nicht bekommen, was man wünscht, ist Leiden. Kurz, die fünf mit Anhaften verbundenen Elemente sind Leiden.

2. Die Wahrheit vom Entstehen des Leidens (*samudaya*): *Der Durst ist die Ursache des Leidens.*

   Das ist die edle Wahrheit vom Ursprung des Leidens: Es ist der Durst, der zu künftigen Leben führt. Er ist mit Genießen und Gier vermischt und vergnügt sich überall, wo es ankommt: nämlich Durst nach Sinnenfreuden, Durst danach, das Dasein fortzusetzen, und Durst danach, das Dasein zu beenden.

3. Die Wahrheit von der Überwindung des Leidens (*nirodha*): *Aufhebung des Durstes ist Aufhebung des Leidens.*

Das ist die edle Wahrheit vom Aufhören des Leidens: Es ist das restlose Schwinden und Aufhören eben dieses Durstes, ihn herzugeben, loszulassen, freizusetzen und nicht daran festzuhalten.

4. Die Wahrheit vom Weg (*magga*): *Der Weg zur Aufhebung des Leidens ist der edle achtfache Pfad.*

Das ist die edle Wahrheit vom Weg, der zum Aufhören des Leidens führt: Es ist einfach dieser edle achtfache Pfad: nämlich richtige Einsicht, richtiger Entschluss, richtige Rede, richtiges Handeln, richtige Lebensführung, richtige Anstrengung, richtige Achtsamkeit und richtige Konzentration. (SN 56.11 [Sa*])

Die buddhistische Tradition vergleicht die vier edlen Wahrheiten mit einer medizinischen Untersuchung: Wie ein Arzt diagnostiziert der Buddha eine Krankheit, identifiziert ihre Ursache und schlägt eine Therapie vor. Die Krankheit ist das Leiden, es entsteht aus dem Durst und nur die Überwindung des Durstes führt zum Ende des Leidens. Die Methode zur Überwindung des Durstes, d. h. die Therapie, der wir uns unterziehen müssen, um den Durst zu überwinden und vom Leiden frei zu werden, ist der edle achtfache Pfad. Eine korrekte Diagnose und eine effektive Therapie setzen voraus, dass die Fakten richtig erkannt werden. Daher können wir die vier edlen Wahrheiten auch lesen als eine Liste von vier *Tatsachen*, die der Buddha erkannt hat. Die vier edlen Wahrheiten sind Erkenntnisse über die fundamentale Natur der Realität und des Daseins. Damit bilden sie die Grundlage einer umfassenden Theorie zur Erklärung der Entstehung des Leidens, die der Buddha entwickelt und auf der wiederum eine Lebenspraxis aufgebaut ist, deren ultimatives Ziel in der Erlösung vom Leiden liegt. Wenn man die vier edlen Wahrheiten so versteht, dann bedeutet das, den Buddha als *Philosophen* zu betrachten und seine Lehre als eine Philosophie. Das ist nicht der einzige Weg, sich mit den Lehren des Buddha und dem Buddhismus zu beschäftigen. Genauso gut könnte man den Buddha als Religionsstifter betrachten, man könnte die Geschichte der buddhistischen Literatur studieren oder sich mit religiösen Festen und Gebetspraktiken im gelebten Buddhismus beschäftigen. All das sind spannende Fragen, die ihre jeweils eigene Berechtigung haben, aber sie sind nicht das Thema dieses Buches. Das Thema ist die Philosophie des Buddha. Aber was heißt hier eigentlich *Philosophie*?

1.5 Was ist Philosophie?

Was es bedeutet, den Buddha als Philosophen und die vier edlen Wahrheiten als eine Philosophie zu sehen, hängt davon ab, was man unter Philosophie versteht, und das ist selbst eine schwierige philosophische Frage, auf die man von unterschiedlichen Philosophinnen und Philosophen sehr unterschiedliche Antworten zu hören bekommt. Zum Glück brauchen wir keine endgültige und definitive Antwort auf diese komplexe Frage. Es genügt, wenn wir eine provisorische Definition von Philosophie finden, die uns hilft, zu verstehen, wovon die Rede ist, wenn die Lehre des Buddha als Philosophie bezeichnet wird, und die erklärt, worin der Unterschied liegt, wenn man sie als Philosophie betrachtet und nicht als etwas anderes (etwa als Religion). Ein erster Definitionsversuch könnte so aussehen: Philosophie ist eine systematische Lehre, die die fundamentalen Eigenschaften der objektiven Realität und des subjektiven Zugangs zu ihr rational beschreibt und erklärt, und die daraus eine reflektierte Lebenspraxis ableitet. Wenn man Philosophie auf diese Weise definiert, werden damit drei wesentliche Aspekte betont: (a) Rationales Denken als zentrale *Methode* der Philosophie; (b) grundlegende Eigenschaften der Realität und des Daseins als ihre hauptsächlichen *Gegenstände*; (c) eine direkte Verbindung von Theorie und *Lebenspraxis*. Schauen wir uns jeden dieser Punkte etwas genauer an.

(a) *Methode.* Jede Wissenschaft hat ihre eigenen Methoden, um zu Erkenntnissen zu gelangen, aber für die Philosophie spielt die Frage nach der richtigen Methode eine besondere Rolle, denn Philosophie definiert sich mehr über die Art und Weise, über bestimmte Fragen nachzudenken, als über die Summe der Antworten auf diese Fragen. In gewisser Weise ist Philosophie nicht mehr als eine Methode des Denkens. Diese Methode besteht, vereinfacht gesagt, in *rationalem Denken.* Dass Philosophie eine Methode des Denkens ist, bedeutet erstmal nur, dass sie nicht empirisch oder experimentell vorgeht. Philosophieren kann man ohne Labor und Geräte auf dem heimischen Sofa – das Einzige, was man dazu braucht, ist der eigene Verstand. Aber nicht jede Art von Denken ist automatisch philosophisch – ich kann auf dem heimischen Sofa liegen und darüber nachdenken, wie ich mein Wohnzimmer einrichten will, aber das ist keine Philosophie. Philosophieren heißt *rational* denken. Rationales Denken hat das Ziel, zur Erkenntnis von Wahrheit zu gelangen, und sucht nach guten Gründen, um dieses Ziel zu erreichen: Wahrheit ist das Ziel von Rationalität, argumentatives Begründen ist der Weg dorthin. Wer rational sein will, darf also nicht einfach Behauptungen aufstellen, sondern muss das, was er behauptet, auch durch Argumente begründen können. Philosophie verkündet nicht einfach irgendwelche mutmaßlichen Wahrheiten oder Offenbarungen, sondern muss diese Wahrheiten als Ergebnis eines kritischen, objektiven und rational nachvollziehbaren Gedankengangs ausweisen. Seit ihren Anfängen bei Sokrates nimmt die Philosophie nichts einfach als gegeben hin, sondern hinterfragt unsere Überzeugungen, egal wie selbstverständlich sie sind, um zu prüfen, ob sie einer rationalen Kritik standhalten oder nicht. Sie verwirft alles, was sich nicht durch Vernunft begründen lässt und nur auf Hörensagen, Wunschdenken oder Meinungsmache beruht.[2] Wenn man den Buddhismus also als Philosophie betrachtet, dann sieht man den Buddha als Philosophen, der eine bestimmte Theorie vertritt und den Anspruch hat, dass diese Theorie auch in einem objektiven Sinne wahr ist. Das bedeutet: Diese Theorie soll nicht einfach geglaubt, sondern diskutiert und mit vernünftigen Argumenten begründet werden. Wenn wir seine Theorie als wahr anerkennen, dann nicht deshalb, weil der Buddha sie verkündet hat oder weil sie uns so gut gefällt, sondern deshalb, weil wir sie am Ende eines rationalen Reflexionsprozesses als wahr erkannt haben. Ein wesentliches Ziel dieses Buches besteht genau darin, diesen Reflexionsprozess nachzuvollziehen und die Argumente, die der Buddha für seine Theorie vorlegt, zu rekonstruieren und kritisch zu diskutieren. Wir sollten uns also seinem Denken mit einer Haltung skeptischer Offenheit nähern: Was der Buddha behauptet, könnte prinzipiell wahr oder falsch sein, und ob es wirklich wahr ist, finden wir mit den Methoden rationalen Denkens heraus. Der Buddha ist also kein Prophet, der die Offenbarung eines höheren Wesens verkündet, sondern ein Philosoph, der eine Erkenntnis mitteilt. Das bedeutet übrigens auch, dass er ein Mensch ist wie du und ich. Er ist zwar ein besonderer Mensch, denn er hat eine außergewöhnliche Erkenntnis gemacht, aber er ist kein transzendentes, quasi-göttliches Wesen.[3] Eine andere Konsequenz rationalen Denkens ist, dass das, was rational begründet ist, beanspruchen kann, objektive Gültigkeit zu besitzen. Das bedeutet, dass diese Gültigkeit nicht von der konkreten Person abhängt, die die Behauptung aufstellt, oder dass diese Wahrheit nur für bestimmte Personen Gültigkeit besitzt.

---

2 Das ist zumindest die Idee bzw. so sehen wir Philosophen uns selbst am liebsten – die Realität ist, sagen wir mal, komplizierter.

3 In späteren Entwicklungen des Buddhismus ändert sich das und der Buddha wird zu einer Art Gott oder Weltgeist erhoben. Aber am Anfang seiner Karriere ist er nicht mehr als ein Mensch.

Objektiv wahr sein heißt unabhängig von einem subjektiven, individuellen Standpunkt wahr sein. Damit ist die Philosophie des Buddha auch nicht kulturrelativ, sondern hat einen universalen Anspruch. Das heißt: Um die Philosophie des Buddha zu verstehen und zu diskutieren, brauchen wir weder eine besondere Inspiration noch müssen wir selbst Buddhistinnen und Buddhisten sein – das Einzige, was wir brauchen, ist unsere Vernunft.

(b) *Gegenstände.* Philosophie ist aber nicht nur rationales Denken – man kann rational darüber reflektieren und mit guten Gründen dafür argumentieren, dass Schokoladenkuchen besser ist als Käsekuchen, aber das ist kein philosophisches Problem. Zur Philosophie gehört auch, dass die rationale Methode auf bestimmte Gegenstände, eben philosophische Fragen, angewandt wird. Philosophie ist daher nicht bloß eine Sammlung von Aphorismen und tiefsinnig klingenden Kalendersprüchen (auch wenn es manchmal so aussieht), sondern ein System von Erkenntnissen hinsichtlich bestimmter Fragen. Die einzelnen Teile dieses Systems greifen ineinander und sollten ein kohärentes Ganzes bilden, das die Realität und unser Dasein in ihr beschreibt und erklärt, und das die Grundlage für eine reflektierte Lebenspraxis werden kann. Philosophie hat also eine theoretische und eine praktische Seite. Die theoretische Seite versucht, Antworten auf typisch philosophische Fragen zu geben. Hierhin gehören unter anderem eine Metaphysik (wie ist die Welt beschaffen?), eine Erkenntnistheorie (wie erkennen wir die Realität und was können wir von ihr wissen?) und eine Anthropologie und Ethik (was für Wesen sind wir Menschen und wie sollen wir miteinander umgehen?). Diese Fragen sind anders als die Frage „Schoko- oder Käsekuchen?“, denn sie sind ihrer Natur nach fundamental und existenziell, d. h. sie betreffen die grundlegenden Fakten unseres Denkens und Daseins. Solche Fragen müssen in irgendeiner Weise immer schon beantwortet sein, wenn wir unser Leben führen: Man kann zwar unterschiedlicher Meinung darüber sein, was ein gutes Leben ausmacht, aber man kann nicht leben, ohne wenigstens eine rudimentäre Idee davon zu haben, wie ein gutes Leben aussieht – wie sollte man sich sonst entscheiden zwischen den verschiedenen Möglichkeiten, sein Leben zu führen, z. B. wenn man sich fragt: Will ich Kinder oder nicht? Ebenso müssen wir irgendeine Antwort auf fundamentale Fragen voraussetzen, wenn wir andere Arten von Wissenschaft betreiben wollen. So kann z. B. die Physik herausfinden, welchen Gesetzen die Natur gehorcht – aber die Frage, ob die Natur überhaupt Gesetzen gehorcht, ist keine physikalische, sondern eine philosophische (und daher fundamentale) Frage. Wenn man Zweifel an der Realität der Naturgesetze hat, wird kein physikalisches Experiment diese Zweifel beseitigen können, denn ein solches Experiment setzt ja bereits voraus, dass es Naturgesetze gibt, die bestimmen, was im Experiment passieren wird. Die Aufgabe der Philosophie liegt unter anderem auch darin, solche impliziten, oft nicht klar durchdachten Hintergrundannahmen, die ein Weltbild ausmachen, offenzulegen und kritisch zu diskutieren. Wenn wir also den Buddha als Philosophen verstehen, sollten wir erwarten, dass er solche fundamentalen Fragen angeht, systematisch verknüpfte Theorien über die Natur der Realität und des Menschen entwickelt, um sie zu beantworten, und dass diese Theorien mit vernünftigen Gründen verteidigt werden.

(c) *Lebenspraxis.* Philosophie ist aber nicht nur Theorie, sondern hat auch eine praktische Seite, die in engem Zusammenhang mit der theoretischen Seite steht. Ihr geht es nicht allein um theoretische Erkenntnis, sondern sie strebt eine Einheit von Theorie und Praxis an. Die praktische Seite der Philosophie besteht darin, eine Antwort auf die Frage „Wie soll ich leben?“ zu geben, die sich aus den Erkenntnissen ihrer theoretischen Seite ergibt (oder wenigstens mit ihnen vereinbar ist). Philosophie, die ihre praktische Seite ernst nimmt, will nicht nur die Wirklichkeit richtig verstehen, sondern uns auch dabei helfen, unser Leben an diesem richtigen Verständnis auszurichten – denn wie soll ich ein gutes Leben führen, wenn ich in irgendwelchen Irrtümern und Illusionen über die Wirklichkeit gefangen bin? Philosophie ist damit mehr als nur eine Wissenschaft, nämlich eine Lebensform. Zugegeben, für die akademische Philosophie des 21. Jahrhunderts wirkt diese Idee etwas antiquiert, und längst nicht alle zeitgenössischen Philosophinnen und Philosophen würden so weit gehen, auch zu unterschreiben, dass sie Philosophie als Lebensform verstehen. Aber für die griechisch-römische Antike, die klassische chinesische, die indische Philosophie und auch für den Buddha war dies das Ideal. Für Sokrates, Epikur oder Konfuzius war gleichermaßen klar: Philosophie ist keine Wissenschaft, sondern ein *way of life.* Sie lehrt uns, die Welt richtig zu sehen und sie lehrt uns, an uns zu arbeiten, so dass wir durch philosophische Erkenntnis ein gutes Leben führen. Worin dieses gute Leben besteht und wie man es erreicht, darin waren sich die diversen Philosophen freilich nie wirklich einig. Für den Buddha jedenfalls besteht dieses gute Leben in der Befreiung vom Leiden, die nur erreicht werden kann, wenn wir uns vom Unwissen frei machen und die Wirklichkeit sehen, wie sie ist. Diese Lebenspraxis, die mit konkreten ethischen Lebensregeln und Anleitungen für eine meditative Praxis verbunden ist, ist ein wesentlicher Aspekt seiner Philosophie.

In diesem Sinne ist also der Buddha ein Philosoph und seine Lehre ist eine Philosophie: Sie entwirft eine umfassende, systematische Lehre, die die Realität und das Dasein in ihr beschreibt, Antwort auf fundamentale, existenzielle Fragen gibt, die sich an alle Menschen richtet (eigentlich sogar an alle empfindungsfähigen Wesen) und unabhängig von der eigenen Kultur oder Herkunft verstanden werden kann. Die Theorien des Buddha lassen sich mit rationalen Argumenten begründen (und kritisieren) und greifen auf metaphysische und anthropologische Tatsachen zurück, die grundsätzlich, damals wie heute, von jedem und jeder rational überprüft werden können. Sie zielen also auf eine objektive Wahrheit ab, die als Ergebnis rationaler Reflexion erkannt werden kann. Und sie bilden die Basis einer reflektierten Lebenspraxis, deren Ziel im guten Leben bzw. der Befreiung vom Leiden besteht.

1.6 Der Charakter der Philosophie des Buddha

Wir können also die Lehre des Buddha als Philosophie verstehen. Aber was für eine Philosophie ist es? Welchen Grundsätzen folgt sein Denken und welche Methode verwendet er, um zu seinen Erkenntnissen zu gelangen? Um sich den grundlegenden Charakter seiner Philosophie klarzumachen, ist es hilfreich, sein Denken mit drei wesentlichen Prinzipien zu beschreiben: die Philosophie des Buddha ist *empiristisch*, *pragmatisch* und *realistisch*. Diese Prinzipien lassen sich der Sache nach aus der Philosophie des Buddha selbst ableiten, auch wenn er natürlich nicht die Begriffe benutzt, mit denen ich sie hier bezeichne. Schauen wir uns kurz an, was mit diesen Begriffen gemeint ist.

(a) *Empiristisch.* Das bedeutet, dass jede Erkenntnis sich letzten Endes in der eigenen Erfahrung bewahrheiten muss. Die zentrale These in der Erkenntnistheorie des Buddha lautet, dass die eigene Erfahrung des Subjekts die ultimative Quelle von Erkenntnis ist. Was ist damit gemeint? Antike indische Debatten über Erkenntnistheorie haben zur Zeit des Buddha die Form einer Diskussion über die Frage: wie viele und welche *pramānas* gibt es? *Pramāna* bedeutet wörtlich so viel wie Maß oder Maßstab, und kann am besten mit „Erkenntnisquelle“ übersetzt werden. *Pramānas* sind sowohl die Quellen, aus denen wir faktisch unsere Erkenntnisse gewinnen, als auch diejenigen, aus denen wir sie gewinnen sollten, weil sie zuverlässig sind. Sie sind damit auch das, was einer Überzeugung ihre Glaubwürdigkeit verleiht, und nur Überzeugungen, die aus *pramānas* gewonnen werden, können den Anspruch haben, wahre Erkenntnisse zu sein. Viele Schulen der antiken indischen Philosophie akzeptieren sechs *pramānas*: Wahrnehmung, Schlussfolgerung, Analogie, probabilistische Schlüsse, negative Wahrnehmung und das Zeugnis autoritativer Quellen. Der Buddha jedoch akzeptiert nur die ersten beiden, Wahrnehmung und Schlussfolgerung. Alle wahren Erkenntnisse müssen also entweder in der eigenen Erfahrung verifizierbar sein oder sie müssen sich mithilfe logischer Deduktion aus dieser Erfahrung ableiten lassen. Der Buddha selbst betont in einer immer wieder vorkommenden Formel diese ultimative Fundierung in der eigenen Erfahrung: „Ihr Mönche, ich erzähle euch dies nicht als etwas, das ich von einem anderen Mönch oder Brahmanen gehört habe. Ich erzähle euch dies als etwas, das ich tatsächlich selbst weiß, gesehen und entdeckt habe." (MN 130: iii 186 [Me]) Selbst sehen, selbst wahrnehmen ist die ultimative Quelle von Erkenntnis. Alle Erkenntnis muss sich in der eigenen Erfahrung als wahr erweisen lassen. Wie weit dieser Empirismus reicht, wird klar, wenn wir eine andere Äußerung des Buddha zu der Frage betrachten.

Bei einem Besuch der Stadt Kesaputta wird der Buddha von den Bewohnern (die zum Volk der Kālāmer gehören) gefragt, wie sie mit ihren Zweifeln umgehen sollen. Diverse Asketen und Wanderlehrer sind bereits durchgezogen und haben mal diese, mal jene Lehre vorgetragen, so dass die Menschen inzwischen reichlich verwirrt sind – was soll man da eigentlich noch glauben? Der Buddha antwortet:

> Daher, Kālāmer, verlasst euch nicht auf mündliche Überlieferung, nicht auf die Lehrtradition, nicht aufs Hörensagen, nicht auf die Autorität kanonischer Schriften, nicht auf Logik, nicht auf Rückschlüsse, nicht auf vernünftiges Nachdenken, nicht darauf, einer Ansicht nach Abwägung zuzustimmen, nicht auf den Anschein von Kompetenz und nicht darauf, dass ihr denkt: ‚Der Asket ist unser geachteter Lehrer.' Aber wenn ihr selbst versteht: ‚Diese Dinge sind untauglich, tadelnswert, werden von vernünftigen Menschen getadelt, und wenn man sie sich zu eigen macht, führen sie zu Unglück und Leiden', dann solltet ihr sie aufgeben. (AN 3.65 [Sa*])

Es überrascht, was hier alles als unzuverlässig zurückgewiesen wird: Nicht auf Autoritäten und Traditionen sollen wir vertrauen, auch nicht auf abstraktes Räsonieren und scheinbar schlüssige Argumente. Was zählt, ist die eigene Erfahrung und das eigene Urteil. Das bedeutet natürlich nicht, dass wir die Vernunft abschalten sollten – der Buddha ist kein Antirationalist. Es heißt nur, dass wir uns nicht allein auf logische Schlüsse und im Lehnstuhl entworfene abstrakte Theorien verlassen sollten, denn die schönste Theorie bringt nichts, wenn sie an der Realität scheitert. In letzter Instanz muss sich auch das theoretische Denken an der eigenen Erfahrung bewähren. Die eigene Erfahrung hat das letzte Wort und ist der Prüfstein für jede Theorie. Man muss allerdings bedenken, dass der Begriff der Erfahrung nicht auf die gewöhnliche, alltägliche Wahrnehmung beschränkt ist – hier liegt ein ganz wesentlicher Unterschied zwischen Buddhismus und modernem Empirismus. Für den Buddhismus ist die meditative Erfahrung eine wesentliche Erkenntnisquelle, die zur alltäglichen Erfahrung hinzukommen muss (vgl. Kap. 6). Wichtige Aspekte der buddhistischen Lehre, etwa die Unbeständigkeit aller Dinge oder das Fehlen eines substanziellen Selbst (siehe Kap. 2 und 3), lassen sich nur in meditativer Versenkung erfahren. Das ändert nichts an der grundsätzlich empiristischen Ausrichtung – wir müssen nur den Begriff der Erfahrung weiter fassen, als wir es vielleicht gewohnt sind. Es gilt weiterhin: Die eigene Erfahrung ist der Ort, an dem sich zeigt, was wahr ist und was nicht.

Ebenso schließt der Buddha Autorität und Tradition als Erkenntnisquellen aus (und richtet sich damit gegen die brahmanische Tradition, für die die Autorität der heiligen Texte eine unhintergehbare Erkenntnisquelle ist). Der Punkt, dass Autorität kein hinreichendes Kriterium der Wahrheit ist, wird im *Cankisutta* ausführlich behandelt. Das *Sutta* berichtet von einem Gespräch, das der Buddha mit einem jungen brahmanischen Studenten namens Kapathika führt. Der stellt dem Buddha die Frage: Wir Brahmanen vertrauen auf die Autorität des Veda und sind davon überzeugt, dass in den überlieferten Texten und den traditionellen Lehren der Brahmanen die Wahrheit enthalten ist. Was denkt der Buddha darüber? Seine Antwort lautet: „Gibt es einen einzigen Brahmanen, der sagt, er habe selbst erkannt und geschaut, dass dies allein Wahrheit, alles andere aber Irrtum ist?“ (MN 95: ii 170 [Me]) Kapathika muss zähneknirschend zugeben, dass das nicht so ist. Der Buddha fragt weiter, ob es, wenn man in der Tradition rückwärts geht, irgendwo einen brahmanischen Lehrer gibt, von dem man sagen könnte, er habe selbst erkannt und geschaut, dass dies allein die Wahrheit ist. Und wieder muss Kapathika das verneinen. Dann also, folgert der Buddha, führt die Kette der Überlieferungen letztlich nirgendwohin:

> Wie in einer Reihe Blinder, die aneinander hängen, der vorderste nichts sieht, der mittlere nichts sieht und der hinterste nichts sieht, ebenso erweist sich die Überlieferung der Brahmanen gewissermaßen als eine Reihe Blinder, von denen der vorderste, der mittlere und der hinterste nichts sieht. (MN 95: ii 170 [Me])

Der Buddha gibt uns hier ein generelles Argument gegen jeden Erkenntnisanspruch, der sich aus religiöser Autorität ergeben soll: Überlieferung ist nur ein Instrument zur Übermittlung der Wahrheit, kann aber die Wahrheit dessen, was übermittelt wird, nicht selbst erzeugen und nicht garantieren. Die einzige Quelle zuverlässiger Erkenntnis ist die eigene Erfahrung – und gerade die fehlt in der brahmanischen Überlieferungskette. Überlieferung kann Wahrheit bewahren, aber nur, wenn es auch von Anfang an eine Wahrheit gibt, die in der Überlieferung bewahrt wird. Zwischen der subjektiven Überzeugung, dass ein bestimmter Glaube wahr ist, und der objektiven Tatsache, dass er wirklich wahr ist, klafft eine gewaltige Lücke, und die kann nicht durch den bloßen Verweis auf die Autorität der Überlieferung geschlossen werden.

Würde man diese radikale Autoritätskritik zu ernst nehmen, könnte das ein Problem ergeben: Müssen wir uns nicht auch auf den Buddha und seine Autorität verlassen, wenn wir seinem Weg aus dem Leiden folgen wollen? Immerhin können wir jetzt, bevor wir zur Erleuchtung gelangt sind, ja noch gar nicht in der eigenen Erfahrung prüfen, ob er recht hat. Und bevor wir uns auf jahrelange Meditation einlassen, sollten wir doch wenigstens einen Grund haben, warum wir glauben sollen, dass das keine Zeitverschwendung ist. Der Buddha akzeptiert diesen Punkt und nimmt auch an, dass es eine Tugend des Glaubens (*saddhā*) gibt. Dass Glaube und Vertrauen eine wichtige Rolle auf dem Weg zur Erlösung spielen, würde er nicht bestreiten. Allerdings nur provisorisch: Zu Beginn benötige ich den Glauben an die Wahrheit der Lehre des Buddha, um mich auf das Projekt überhaupt einzulassen. Würde ich ihm nicht glauben und hätte ich kein grundsätzliches Vertrauen zu ihm und in die Wahrheit seiner Lehre, dann würde ich niemals den ersten Schritt auf dem Weg zur Erlösung tun – so wie ich auch meinem Arzt vertrauen muss, wenn ich mich von ihm operieren lassen. Denn würde ich ihm nicht glauben, dass seine Diagnose korrekt ist und dass er die Fähigkeit hat, mich zu heilen, dann würde ich mich gar nicht erst behandeln lassen und damit jede Chance, wieder gesund zu werden, von vornherein aufgeben. Aber nichts, was der Buddha lehrt, muss allein auf Treu und Glauben angenommen werden – alles, was wir am Anfang erstmal vertrauensvoll akzeptieren sollen, wird sich irgendwann später auf dem Weg in der eigenen Erfahrung bewahrheiten. Einen blinden Glauben darf es also auch nicht geben. Das Vertrauen ist nur der erste Schritt auf dem Weg, der über weitere Stufen bis hin zur Einsicht führt, und auch dieser erste Schritt muss durch Gründe unterstützt sein. Trotzdem bleibt er riskant. Im *Milindapañha* erläutert der Mönch Nāgasena in einem Gespräch mit König Milinda die Tugend des Glaubens mit einem Gleichnis (Mlp 2.1.9): Angenommen, eine Menge von Menschen steht nach einer Überflutung an einem zum reißenden Strom angeschwollenen Bach und fragt sich, ob er überquert werden kann. Dann aber kommt jemand, der zuversichtlich ist, und springt über diesen Strom hinüber. Die anderen fassen Vertrauen, denn jemand hat vorgemacht, dass es möglich ist, und folgen ihm.[4] Auch hier gilt also wieder: Das Vertrauen bzw. der Glaube, dass es möglich ist, ist grundsätzlich durch die entsprechende Erfahrung gerechtfertigt, und das, was anfangs glaubend angenommen wird, wird sich später in der eigenen Erfahrung als wahr erweisen.

(b) *Pragmatisch.* Das bedeutet: Was wahr ist, muss sich im Leben bewähren. Für den Buddha ist damit gemeint, dass es zur Erlösung vom Leiden beitragen muss. Dass sich eine Theorie als hilfreich auf dem Weg zur Befreiung aus dem Leiden erweist, ist sein Kriterium, um sinnvolle von sinnlosen philosophischen Fragen zu unterscheiden. Die Wahrheit ist niemals nur Theorie, sondern sie muss in der erlebten Realität zeigen, was sie kann. Sie muss eine erkennbare Verbesserung des Lebens bewirken und uns dem Ziel näherbringen, vom Leiden frei zu werden. Tut sie das nicht, kann sie uns egal sein: Das philosophische Wahrheitsstreben ist kein reiner Selbstzweck, sondern ein Weg, das Leiden zu überwinden. Dieser Gedanke hilft uns, einen merkwürdigen Aspekt der Philosophie des Buddha zu verstehen: Der Buddha gibt auf eine ganze Reihe theoretischer Fragen beharrlich keine Antwort, z. B. ob die Welt ewig ist oder einen Anfang hat, ob die Seele den Tod des Körpers überlebt oder nicht, oder ob der Buddha nach seinem Tod weiterexistieren wird. Weder das eine noch das andere will er bejahen. Bei seinen Gesprächspartnern führt das oft zu Irritation und

---

4 Man kann als von der westlichen Philosophie geprägter Leser fast gar nicht anders, als an dieser Stelle an Kierkegaard und seinen Sprung in den Glauben zu denken. Aber es gibt einen wichtigen Unterschied: Kierkegaards Sprung ist ein Sprung über den Graben, der sich zwischen Glauben und Vernunft auftut. Der Sprung des Buddha ist ein Sprung über die eigenen Zweifel und Hemmungen. Er soll die eigene Trägheit überwinden, nicht die Vernunft.

Unverständnis. Im *Cūḷamālukyasutta*, einem Gespräch mit seinem Schüler Mālunkyāputta, erklärt der Buddha ihm, warum er sich zu diesen Fragen nicht äußern will:

> Angenommen, Mālunkyāputta, ein Mann wäre von einem Pfeil, der dick mit Gift bestrichen war, verwundet worden, und seine Freunde und Gefährten, seine Angehörigen und Verwandten brächten einen Wundarzt herbei, um ihn zu behandeln. Der Mann würde sagen: ‚Ich werde nicht zulassen, dass der Wundarzt diesen Pfeil herauszieht, bis ich weiß, ob der Mann, der mich verwundet hat, ein Adeliger oder ein Brahmane oder ein Händler oder ein Arbeiter war.' [...] Und er würde sagen: ‚Ich werde nicht zulassen, dass der Wundarzt diesen Pfeil herauszieht, bis ich weiß, welche Sorte Pfeilspitze es war, die mich verwundet hat – ob sie hufförmig oder gebogen oder mit Widerhaken oder kalbszahnartig oder oleanderartig war.' All dies würde dem Mann dennoch nicht bekannt sein und mittlerweile würde er sterben. (MN 63: i 429 [Me])

All diese Fragen sind ohne praktisches Interesse. Sie mögen in bestimmten Kontexten interessant und wichtig sein, aber sie tragen nichts dazu bei, das wahre Problem zu lösen. Die einzige Wahrheit, die zählt, ist diejenige, die sich im Leben bewährt, alle anderen sind erstmal irrelevant. Man könnte das so verstehen, dass der Buddha eine pragmatische Theorie der Wahrheit vertreten hat. Das würde bedeuten, dass die Wahrheit einer Überzeugung gleichbedeutend mit ihren positiven Auswirkungen auf das Leben wäre bzw. mit ihrer Wirksamkeit bei der Befreiung vom Leiden. Zu sagen, dass eine bestimmte Lehre wahr ist, würde dann nur bedeuten, dass sie sich als pragmatisch wirksam erwiesen hat, und nichts mehr. Aber das wäre ein Missverständnis. Der Buddha erklärt seinen Anhängern das Verhältnis zwischen dem, was er erkannt hat, und dem, was er gelehrt hat, durch einen Vergleich zwischen den Blättern an einem Baum und denen, die man in einer Hand halten kann:

> Ebenso ist das, was ich unmittelbar erkannt, euch aber nicht gelehrt habe, viel mehr. Was ich gelehrt habe, ist eine winzige Menge. Und warum habe ich es nicht gelehrt? Weil es nicht zum Segen und von Bedeutung für die Grundlagen des geistlichen Lebens ist. Es führt nicht zu Ernüchterung, Sichabwenden, Aufhören, Frieden, Einsicht, Erwachen und Nirvana. Darum habe ich es nicht gelehrt. (SN 56.31 [Sa*])

Es gibt also jenseits dessen, was pragmatisch wirksam ist, noch weitere Wahrheiten, die der Buddha erkannt, aber nicht mitgeteilt hat, weil er sie nicht für nützlich hält auf dem Weg zur Erlösung vom Leiden. Wenn es aber solche Wahrheiten gibt, dann kann pragmatische Wirksamkeit kein Kriterium der Wahrheit sein – vielmehr ist sie ein Kriterium, das darüber entscheidet, welche Wahrheiten mitgeteilt werden sollen.

(c) *Realistisch.* Realismus bedeutet hier, dass Wahrheit in einer Erkenntnis der Realität, wie sie wirklich ist, besteht. Eine realistische Philosophie erhebt den Anspruch, der Realität selbst ins Auge zu blicken und sich von Wunschdenken und Illusionen über die Welt zu befreien. In diesem Sinn ist der Buddha durch und durch Realist: Unwissenheit und Verblendung (*avijjā*) sind für ihn die Wurzel des Leidens, und nur, wenn wir sie überwinden und einen klaren Blick auf die Wirklichkeit und uns selbst erlangen, werden wir einen Ausweg finden. Der Buddha hat also eine grundsätzliche epistemische (erkenntnisbasierte) Vorstellung von Erlösung: Die ultimative Ursache des Leidens liegt in einem falschen Verständnis der Wirklichkeit, und die Befreiung vom Leiden erfordert eine korrekte Sichtweise auf ihr wahres Wesen. Aber genau das scheint aus unserer heutigen Perspektive ein Problem zu sein: Im 21. Jahrhundert wissen wir deutlich mehr über die Wirklichkeit als zu Lebzeiten Gautamas, und steht nicht vieles davon im Widerspruch zu dem, was er selbst lehrt? Ein paar Beispiele für solche Fakten, die problematisch sein könnten: Die Welt wird durch und durch von natürlichen Prozessen und Naturgesetzen beherrscht, die vollständig mit den Methoden der Wissenschaft verstanden werden können. Wir Menschen sind nichts Besonderes, sondern das Ergebnis eines langen, natürlichen Evolutionsprozesses. Es gibt nichts Übernatürliches – keine Götter, keine Geister und keine immateriellen Seelen. Daraus könnte man den Schluss ziehen: Eine korrekte Beschreibung der Wirklichkeit kann nur Tatsachen beinhalten, die einer natürlichen Erklärung zugänglich sind, und darf keine andere Ebene der Realität hinter der physischen Welt postulieren. Eine solche Position bezeichnet man üblicherweise als metaphysischen *Naturalismus.* Oft verbindet er sich mit einem erkenntnistheoretischen Naturalismus, der besagt, dass alles, was wir über die Realität wissen können, mit den Mitteln der Naturwissenschaften erkennbar sein muss. Auf den ersten Blick sieht es aber so aus, als würde die Philosophie des Buddha diverse Elemente enthalten, die mit diesen beiden Formen des Naturalismus überhaupt nicht vereinbar sind. Z. B. tauchen in den überlieferten Schriften regelmäßig diverse Götter des antiken indischen Pantheons auf, um mit dem Buddha zu diskutieren. Auch die Annahme, dass es eine Wiedergeburt gibt oder das Gesetz des Karma, sind aus naturalistischer Perspektive mehr als zweifelhaft, und vielleicht auch die These, dass es besondere Erkenntnisformen in meditativer Versenkung gibt, die dem gewöhnlichen Bewusstsein nicht zugänglich sind.

Einige dieser Elemente (z. B. die Götter und Geister) sind dem historischen Kontext geschuldet, in dem der Buddha gelebt und seine Philosophie entwickelt hat. Aus der Sicht einer modernen, realistischen Deutung der Philosophie des Buddha sind diese übernatürlichen Elemente überflüssig: Sie sind Relikte einer vergangenen Epoche menschlicher Entwicklung und können kulturhistorisch interessant sein, aber sie spielen für seine Philosophie keine Rolle. Man kann diese Elemente ignorieren, ohne dass das Theoriegebäude ins Wanken kommt und seinen realistischen Charakter verliert. Für andere Elemente, wie Karma und Wiedergeburt, scheint das nicht ohne Weiteres möglich zu sein, denn sie spielen tatsächlich eine entscheidende Rolle in seiner Philosophie. Hier müssen wir uns klarmachen, dass Realismus und Naturalismus nicht bedeutungsgleich sind. Dass die Philosophie des Buddha an manchen Punkten in einen Widerspruch mit dem modernen naturalistischen Weltbild gerät, impliziert, dass mindestens eine der beiden Positionen falsch sein muss – aber es ist nicht gesagt, welche. Wieder gilt, dass wir uns der Philosophie Gautamas mit einer skeptischen Offenheit nähern sollten. Auf der einen Seite sollten wir versuchen, seine Theorien so kohärent wie möglich zu machen und Widersprüche mit dem, was wir sonst über die Welt wissen, zu beseitigen (was auch bedeuten könnte, nach neuen Interpretationen von Karma und Wiedergeburt zu suchen). Auf der anderen Seite sollten wir aber auch die Möglichkeit zulassen, dass der Buddha in manchen Punkten, die uns merkwürdig vorkommen, Recht haben könnte – sofern er uns gute, rationale Gründe dafür vorlegen kann.

1.7 Religion oder Philosophie?

Aber: Ist der Buddhismus nicht eher eine *Religion* als eine Philosophie? Die Frage wird oft gestellt, ist aber an sich bereits seltsam, denn sie unterstellt, dass etwas nur eines von beiden sein kann, Religion *oder* Philosophie. Aber warum sollte ein und dasselbe Phänomen nicht in der einen Hinsicht als Religion betrachtet werden können, in einer anderen hingegen als Philosophie? Religionen sind komplexe Phänomene, die viele, teils sehr unterschiedliche Aspekte in sich vereinen. Sie haben nicht nur eine Lehre oder Dogmatik, sondern auch Rituale, Mythen oder Feste. Sie bilden soziale

Institutionen, bauen Tempel und ordnen Kalender – all das gehört zur Religion. Aber daneben haben Religionen auch eine theoretische Seite, die man meist ohne größere Schwierigkeiten in eine Philosophie übersetzen kann. Jede Religion enthält implizit oder explizit ein bestimmtes Weltbild, also eine Theorie darüber, woher das Universum stammt, welche Wesen es gibt und wo unser Platz darin ist. Jede rationale Reflexion über dieses Weltbild, seine Erläuterung und Verteidigung, ist bereits Philosophie. Die Frage „Religion oder Philosophie" macht also ein Dilemma auf, das es so gar nicht gibt. Es gibt Buddhismus als Religion mit heiligen Schriften, mit Festen und Ritualen, mit Tempeln, Mönchen und Nonnen. Und es gibt eine buddhistische Philosophie, die ein Aspekt des komplexen und vielfältigen Gesamtphänomens „Buddhismus" ist. Die Frage ist nur, worauf wir unsere Aufmerksamkeit richten wollen. Unsere Aufmerksamkeit gilt hier dem Buddha als Denker und seiner Lehre als Philosophie. Wir betrachten das, was der Buddha zu sagen hat, aus dem Blickwinkel der Philosophie, als eine philosophische Theorie über die Entstehung des Leidens, die Natur der Realität und den Charakter des menschlichen Daseins. Dass um diese Philosophie im weiteren Verlauf eine ganze Weltreligion gebaut wurde, können wir hier respektvoll ignorieren. Manchmal ist allerdings die Frage „Religion oder Philosophie" auch ein Code für etwas anderes, nämlich die Frage „Glaube oder Vernunft?". Hier steht die (ebenfalls problematische) Annahme im Hintergrund, dass Religionen sich grundsätzlich dadurch auszeichnen, dass sie den Glauben an bestimmte Wahrheiten verlangen, wobei dieser Glaube dann im Kontrast zur Vernunft stehen soll. So verstanden gibt es allerdings eine sehr klare Antwort auf diese Frage, die sich mühelos aus dem allem ergibt, was wir bisher gesehen haben: Die Lehre des Buddha ist eine Philosophie, denn sie verlangt gerade nicht blinden Glauben an geoffenbarte Wahrheiten, sondern will nur eine rational begründete Zustimmung zu einer Theorie, die sich in der eigenen Erfahrung bewähren soll.

Die Philosophie des Buddha ist also eine Theorie über die Beschaffenheit der Wirklichkeit und unser Verhältnis zu ihr, die mit den Mitteln der Vernunft analysiert und begründet werden kann und deren Ziel in einer positiven Transformation unserer Lebenspraxis besteht. Ihr Kernproblem ist die Entstehung und Überwindung des Leidens. Aber woher kommt das Leiden und wie kann man es überwinden? Das ist die Frage, der wir uns als nächstes stellen müssen.

Literaturhinweise

In MN 26 berichtet der Buddha über sein Leben, in MN 4 und MN 36 über seine eigenen Erlebnisse als *samana*. DN 16 enthält den Bericht über die letzten Tage seines Lebens und seinen Eingang ins endgültige Nirvana. Die vier edlen Wahrheiten werden z. B. in SN 56.11 vorgetragen. MN 141 enthält eine detaillierte Erläuterung der vier edlen Wahrheiten. In MN 95 diskutiert der Buddha mit dem Brahmanen Kapathika über Autorität und selbstständige Erkenntnis. AN 3.65 enthält die berühmte Rede an die Kālāmer.

Biographie des Buddha: Zotz 2009, Carrithers 2001, Michaels 2011: Kap. 3 und 4, von Brück 2007: Kap.4. Sehr ausführlich Nakamura 2001 und 2005. Datierung des Buddha: Cousins 1996. Philosophiehistorischer Kontext: Westerhoff 2018: 1–34. Laumakis 2013. Überlieferung der Texte: Michaels 2011: 14–19. von Brück 2007: 40–50. Zur Diskussion um den historischen Buddha: von Hinüber 2019. Definition von Philosophie: Nagel 1987. Buddhistischer Empirismus: Kalupahana 1976: 16–25. Montalvo 1999. Buddhistische Erkenntnistheorie allgemein: Stoltz 2021. Autorität im Buddhismus: Jayatilleke 1963: Kap. VIII. Naturalistische Deutungen des Buddhismus: Batchelor 1997. Flanagan 2011. Lin 2020. Definition von Religion: Gäb 2022: Kap. 1 und Schlieter 2010. Allgemeine Darstellungen des Buddhismus auf Deutsch: Zotz 1996. Schlieter 2001. Michaels 2011. Von Brück 2007.

Diskussionsfragen

- Wo ist der Unterschied zwischen Empirismus und Naturalismus? Wie unterscheidet sich der Empirismus des Buddha von einer naturalistischen Erkenntnistheorie?
- Was könnte es konkret bedeuten, wenn eine Theorie sich in der Lebenswirklichkeit bewähren muss und zur Befreiung vom Leiden beiträgt – soll sie bewirken, dass wir uns gut fühlen?
- Was könnte dafür sprechen, den Buddha als *religiösen* Denker zu verstehen?

2 *Dukkha*: Der Ursprung des Leidens

Eine der bewegendsten Geschichten innerhalb des großen Kanons der buddhistischen Literatur handelt von einer jungen Mutter, Kisā Gotamī, deren kleiner Sohn gestorben ist.[5] Gotamī ist vor Trauer und Schmerz halb wahnsinnig geworden. Sie weigert sich, den Jungen bestatten zu lassen, nimmt in ihrer Verzweiflung den kleinen Leichnam auf den Arm und läuft durch die ganze Stadt von Haus zu Haus auf der Suche nach einem Heilmittel, das ihren Sohn wieder zum Leben erwecken kann. Aber niemand kann ihr helfen. Die ratlosen Anwohner schicken sie schließlich zum Buddha, der gerade in der Nähe ist, in der Hoffnung, dass er vielleicht ein Heilmittel kennt. Der Buddha sieht Gotamīs Verzweiflung und gibt ihr den Auftrag, zurück in die Stadt zu gehen und aus jedem Haus, in dem noch niemals jemand gestorben ist, ein Senfkorn mitzubringen, aus dem er dann ein Heilmittel herstellen wird. Gotamī läuft los, aber natürlich findet sie kein einziges solches Haus, denn der Tod ist allgegenwärtig. Mit leeren Händen kehrt sie zurück, bringt ihren Sohn zum Bestattungsplatz, und schließt sich dem Buddha an. Sie hat erkannt: Alles Leben ist leidvoll. Es gibt keinen magischen Trick, um die Welt wieder in Ordnung zu bringen, dem Tod zu entwischen und dem Leiden zu entkommen. Das Einzige, was wir tun können, ist, uns der Realität des Leidens zu stellen und nach einem Weg zu suchen, ihm zu begegnen.

Am Anfang der Philosophie des Buddha steht diese ebenso bittere wie realistische Einsicht in die Natur des Daseins: Wer lebt, leidet. Diese Erkenntnis war es, die den jungen Gautama aus seinem behüteten Luxusleben vertrieben hat und ihn dazu brachte, zum Buddha zu werden. Seine ganze Philosophie kreist um diesen zentralen Begriff, das Leiden, und die brennende Frage: Wie kommen wir da raus? „Ich lehre das Leiden und die Überwindung des Leidens" – mehr nicht, sagt der Buddha über sich selbst (MN 22: i 140). Die erste der vier edlen Wahrheiten beginnt daher auch mit genau dieser Einsicht, dass das Leiden ein universaler und unvermeidlicher Bestandteil des Daseins ist:

> Wiedergeburt ist Leiden; Alter ist Leiden; Krankheit ist Leiden; Tod ist Leiden; mit Ungeliebtem vereint sein ist Leiden; von Geliebtem getrennt sein ist Leiden;

---

5 Kommentar zum *Therigatha* 10.1 (KN).

> nicht bekommen, was man wünscht, ist Leiden. Kurz, die fünf mit Anhaften verbundenen Elemente sind Leiden. (SN 56.11 [Sa])

Alles Dasein ist also Leiden oder vielleicht besser: leidvoll bzw. von Leid durchzogen (denn das Dasein ist ja nicht immer und ausschließlich nur Leiden). Das klingt erst einmal trivial oder auch übertrieben pessimistisch. Trivial, denn dass es im Leben schreckliches Leiden gibt, wissen wir alle – aus der Literatur, den Medien und oft genug auch aus eigener Erfahrung. Warum sollte das eine tiefschürfende Erkenntnis sein? Pessimistisch, denn sicher gibt es Leiden im Leben, aber das ist ja nicht alles. Das Dasein ist nicht immer nur leidvoll, sondern hat doch auch schöne Seiten, wenn es uns gut geht – oder wir wenigstens vom Leiden verschont bleiben. Das kann der Buddha doch nicht bestreiten? Aber diese Einwände beruhen auf einem Missverständnis. Der Buddha leugnet nicht, dass das Dasein auch angenehme Seiten haben kann, aber er glaubt ebenso wenig, dass das Leiden, das wir erfahren, bloß ein bedauerlicher Zufall ist. Die These der ersten edlen Wahrheit lautet: Alles Dasein ist *notwendigerweise* leidvoll. Um diese These richtig zu verstehen, müssen wir als Erstes klären, was eigentlich mit „Leiden" gemeint ist, und dann im Anschluss, wodurch das Leiden letzten Endes verursacht ist.

2.1 Was ist Leiden?

Das Wort, das im Deutschen mit „Leiden" übersetzt wird, lautet im Original auf Pāli *dukkha*, und praktisch alle Kommentatoren sind sich einig, dass das deutsche Wort „Leiden" (oder im Englischen „suffering") als Übersetzung nicht wirklich das trifft, was der Buddha im Sinn hat. Denn zunächst einmal ist *dukkha* ein Adjektiv, bedeutet also eher „leidvoll" als „Leiden", und ist das Gegenteil zu *sukha*, was so viel wie „angenehm" bedeutet. *Dukkha* ist also wörtlich erst einmal das, was nicht angenehm oder unschön ist. Wenn wir im Deutschen von Leiden sprechen, meinen wir damit aber normalerweise mehr als das, nämlich starke körperliche Schmerzen oder intensive seelische Qualen, nicht bloß jede Form von unangenehmen Empfindungen. Wenn ich z. B. morgens noch im Halbschlaf gegen den Tisch stoße und meinen Kaffee verschütte, wäre es albern, zu sagen, ich hätte unter dem verschütteten Kaffee gelitten. Aber auch wenn im Deutschen das Wort „Leiden" nicht passt, könnte man für den Buddha in einem solchen Fall durchaus von *dukkha* sprechen, denn der Begriff hat eine viel umfassendere Bedeutung. In der Sprachphilosophie unterscheidet man die Extension und die Intension eines Begriffs: Die Extension ist die Menge von allem, was unter den Begriff fällt, die Intension ist das Kriterium, nach dem entschieden wird, was unter den Begriff fällt, d. h. die wesentlichen Eigenschaften des Dinges, das der Begriff beschreibt. Beispielsweise ist die Intension des Begriffs „Fahrzeug" in etwa: Maschine mit Rädern, die zur Fortbewegung genutzt werden kann, die Extension sind Autos, Fahrräder, Roller, Busse etc. Der buddhistische Begriff *dukkha* unterscheidet sich sowohl in seiner Intension als auch in seiner Extension deutlich vom deutschen Begriff „Leiden".

Das wird deutlich, wenn wir uns näher anschauen, was der Buddha in der ersten edlen Wahrheit alles als Formen des Leidens aufzählt (d. h. was die Extension des Begriffs ist). Hier werden drei Gruppen von leidvollen Phänomenen genannt. Da ist zunächst einmal das unmittelbare körperliche Leiden: Alter, Krankheit und Tod. Leiden also, das unmittelbar aus den Defiziten unserer menschlichen Körper entsteht und von körperlichem Schmerz begleitet ist. Hier können wir von *physischem Leiden* sprechen. Die zweite Gruppe besteht aus dem, was man *psychisches* oder emotionales Leiden nennen könnte: nicht zu haben, was man sich wünscht (einen Job, ein funktionierendes Auto oder den Respekt seiner Mitmenschen), oder etwas zu haben, was man nicht haben möchte (Krebs oder Schulden). Diese Form des Leidens bezieht sich nicht auf den körperlichen Schmerz, der mit diesen Zuständen verbunden sein kann (Schulden zu haben tut ja nicht weh), sondern auf die daraus entstehenden negativen Gefühle, unter denen wir leiden, wie etwa Angst, Wut oder Verzweiflung. Die dritte Gruppe ist etwas subtiler: die fünf Elemente des Anhaftens. Damit sind die Elemente gemeint, die uns als Personen ausmachen, d. h. die ontologischen Grundbausteine dessen, was wir sind. Der Buddha geht davon aus, dass wir als Personen keine Einheit sind, sondern ein Komplex aus fünf einzelnen Elementen (den sogenannten *khandhas*), die sich selbst permanent verändern, so ähnlich wie eine Fußballmannschaft, bei der die Spieler ausgewechselt werden (mehr dazu in Kap. 3). Für uns ist an dieser Stelle erstmal nur wichtig, dass es neben dem physischen und dem psychischen Leiden noch eine Art *metaphysisches* Leiden gibt, d. h. ein Leiden, das allein daraus resultiert, dass wir endliche, bedingte Wesen sind. Ein bedingtes Wesen zu sein bedeutet, dass unsere Existenz und Identität von diversen Faktoren abhängen, die wir nicht kontrollieren können – wir haben es nicht in der Hand, ob wir auch morgen noch weiter existieren werden und ob wir das bleiben, was wir sind. Normalerweise ist uns dieses subtile metaphysische Leiden nicht direkt bewusst. Aber auch wenn wir es nicht spüren, ist es trotzdem real, selbst wenn wir auf der physischen und psychischen Ebene von Leiden frei sind. Deshalb ist das Leiden ein allgegenwärtiges, universales Merkmal des Daseins, denn auf irgendeiner Ebene des Daseins ist irgendeine Form von Leiden immer zu finden.

Der Begriff *dukkha* unterscheidet sich aber nicht nur in der Breite seiner Bedeutung vom deutschen Begriff „Leiden", sondern auch in seinem Sinn, also in seiner Intension. Während „Leiden" normalerweise schwere körperliche und seelische Qualen beschreibt, umfasst *dukkha* jede Intensität des Unangenehmen, von der kleinsten Unannehmlichkeit bis zum grausamsten Schmerz, von der zerbrochenen Kaffeetasse bis zum Verbrennen bei lebendigem Leib – alles ist *dukkha*. Es kommt also nicht darauf an, wie stark das Leiden ist oder wie intensiv es empfunden wird. Manches *dukkha* spürt man im Alltag gar nicht. Alles, was unser Idealbild von Glück, Zufriedenheit oder Wohlbefinden verfehlt, und sei es nur minimal, fällt unter *dukkha*. Schon etwas, von dem wir uns wünschen, dass es anders wäre, ist bereits *dukkha*. *Dukkha* ist also die generelle Unzulänglichkeit des Daseins, oder noch einfacher: *dukkha* ist, dass die Dinge nicht so gut sind, wie sie sein sollten. Um deutlich zu machen, dass nicht nur konkretes physisches Leiden gemeint ist, sondern auch die subjektive Einstellung, mit der wir der Endlichkeit und Unzulänglichkeit des Daseins begegnen, wurden verschiedentlich andere Übersetzungen versucht (z. B. Enttäuschung, Unzufriedenheit, Stress, *unsatisfactoriness* oder *the stressful*), die sich aber nicht durchgesetzt haben. Das macht nichts – solange wir im Kopf behalten, dass es ein paar Abweichungen in der Bedeutung gibt, spricht nichts dagegen, weiterhin das Wort „Leiden" zu verwenden, nur eben nicht in seinem alltäglichen Sinn, sondern als technische Übersetzung von *dukkha*. Ich werde trotzdem immer wieder den buddhistischen Begriff *dukkha* verwenden, denn die beste Methode, sich in eine fremde Philosophie hineinzudenken besteht darin, zu lernen, wie sie ihre Begriffe gebraucht.

2.2 Durst

Wir wissen jetzt, was der Buddha meint, wenn er sagt, dass alles Dasein leidvoll ist. Aber sollten wir ihm das auch glauben? Ist denn wirklich alles Dasein in diesem (zugegebenermaßen sehr weiten Sinn) leidvoll? Woher kommt dieses allgegenwärtige Leiden? Die Antwort auf diese Frage finden wir in der zweiten edlen Wahrheit:

> Es ist der Durst, der zu künftigen Leben führt. Er ist mit Genießen und Gier vermischt und vergnügt sich überall, wo es ankommt: nämlich Durst nach Sinnenfreuden, Durst danach, das Dasein fortzusetzen, und Durst danach, das Dasein zu beenden. (SN 56.11 [Sa])

Die Ursache des Leidens ist also der Durst. Auch wenn „Durst" die wörtliche Übersetzung des Begriffs *tanhā* ist, handelt es sich doch klarerweise um eine Metapher. Die ist nicht zufällig gewählt – Indien ist ein heißes Land, und wir alle kennen die Erfahrung, durstig zu sein. Denken Sie an einen heißen Sommertag, an dem Sie den ganzen Tag über draußen unterwegs waren. Vielleicht sind Sie gewandert oder haben im Garten gearbeitet, jetzt sind Sie verschwitzt und müde, Ihre Kehle ist trocken, und dann – endlich – stellt jemand Ihnen ein Glas eiskaltes Bier hin. Was Sie in dieser Situation verspüren, ist Durst. Nicht nur im körperlichen Sinn, sondern auch im übertragenen: Sie verspüren ein dringendes Verlangen, eine Begierde nach etwas, das Sie brauchen und von dem Sie glauben, dass es Sie von Ihrem Leiden erlösen kann. Durst ist das, was uns dazu drängt, das zu beseitigen, was uns quält. Wir könnten auch alternativ von Wünschen sprechen (aber das ist zu mild) oder von Begierden (zu sexuell), vom Willen (zu theoretisch), oder vom *Anhaften* – letzteres ist die übliche Übersetzung für *upādāna*, den Zustand, der auf den Durst folgt (wenn Sie den ersten Schluck aus dem Bierglas genommen haben und immer weiter trinken wollen). Auch dieser Begriff zeichnet ein plastisches Bild: Wer an etwas anhaftet, klammert sich daran, klebt daran geradezu fest und kann nicht loslassen.

Drei Arten von Durst

1. Sinnesdurst (*kāmatanhā*): angenehme Empfindungen
2. Daseinsdurst (*bhavatanhā*): Verlangen, dass Positives weiterexistiert
3. Vernichtungsdurst (*vibhavatanhā*): Verlangen, dass Negatives aufhört zu existieren

Dieses Verlangen oder Anhaften, das der Buddha als Durst bezeichnet, hat verschiedene Erscheinungsformen. Im Zitat unterscheidet der Buddha drei Arten von Durst: Sinnesdurst, Daseinsdurst und Vernichtungsdurst. Sinnesdurst (*kāmatanhā*) ist die Form, die uns allen am vertrautesten ist.

Es ist das Verlangen nach angenehmen sinnlichen Erfahrungen, also z. B. nach gutem Essen, wenn man Hunger hat, nach Schlaf, wenn man müde ist, oder nach dem Gefühl, von anderen geliebt zu werden. Der Daseinsdurst (*bhavatanhā*) wird traditionellerweise verstanden als das Verlangen nach der Wiedergeburt, lässt sich aber aus einer philosophischen Perspektive noch umfassender interpretieren als Wunsch danach, dass ich selbst weiterexistiere, ebenso wie alles, was mir gefällt oder angenehm ist. Wenn es mir gut geht, will ich, dass dieser Zustand andauert, und dass ich weiterhin da bin, um ihn zu genießen. Das ist der Daseinsdurst: das Verlangen danach, dass positive Dinge und Zustände andauern mögen. Der Vernichtungsdurst (*vibhavatanhā*) ist analog dazu das Verlangen danach, dass ich nicht mehr existiere bzw. dass das, was mir zuwider ist, vernichtet werden soll. Wenn es mir schlecht geht und ich Schmerzen habe, dann will ich, dass dieser Zustand aufhört, dass diejenigen vernichtet werden, die daran schuld sind, und wenn das nicht möglich ist, dann soll wenigstens ich verschwinden, damit das Nichts mich von meiner Qual befreit. Das ist der Vernichtungsdurst: das Verlangen danach, dass negative Dinge und Zustände aufhören zu existieren.

Dieser Durst in seinen verschiedenen Erscheinungsformen, der uns dazu bringt, an Dingen, Personen oder Ideen anzuhaften, ist für den Buddha der Ursprung des Leidens. Allerdings sollten wir an dieser Stelle gleich ein naheliegendes Missverständnis aus dem Weg räumen. Es gibt es spätestens seit Platon auch im westlichen Denken immer wieder den Gedanken, dass sinnliche oder materialistische Begierden problematisch sind, und dass wir lernen müssen, uns von ihnen zu befreien und dem Geistigen zuzuwenden. Das ist nicht die Lehre des Buddha. Sie ist tatsächlich radikaler (und vielleicht auch ehrlicher), denn sie unterscheidet nicht zwischen guten und schlechten Objekten des Anhaftens. Es kommt nicht darauf an, wonach wir Durst haben – das Problem ist der Durst *an sich*, nicht der Gegenstand, auf den er sich richtet. Es macht keinen Unterschied, woran wir anhaften. Das Verlangen nach Weisheit oder Erkenntnis ist letzten Endes nicht besser als das nach Essen oder Sex – alles kann Objekt des Anhaftens werden und keines ist intrinsisch besser als das andere. Auch an eigentlich guten Dingen wie Tugend oder Weisheit kann man anhaften und damit Leiden erzeugen.

Aber, so könnte man an dieser Stelle einwenden, ergibt sich dann nicht eine Art Paradox? Einerseits ist der Durst die Quelle des Leidens und soll überwunden werden, andererseits muss ich doch, wenn ich der Lehre des Buddha folgen soll, bereits den Wunsch haben, das Leiden zu überwinden.

Aber wie kann ich das Bedürfnis haben, keine Bedürfnisse mehr zu haben? Ist der Wunsch nach Erlösung zugleich das, was Erlösung verhindert? – Der Buddha selbst warnt in seinem berühmten Gleichnis vom Floß (MN 22: i 135) genau vor dieser Situation: Ein Mann gelangt auf einer Wanderung an einen breiten Fluss, den er unmöglich zu Fuß durchwaten kann. Also beschließt er, sich aus herumliegendem Treibholz ein Floß zu bauen, um damit überzusetzen. Wenn er nun am anderen Ufer angekommen ist, fragt der Buddha, was sollte er tun? Sollte er das Floß, das ihm so nützlich gewesen ist, auf seine Schultern packen und es auf dem weiteren Weg mit sich herumschleppen – oder sollte er es zurücklassen? Natürlich sollte er es zurücklassen, denn es hat seinen Zweck erfüllt. Weiterhin an diesem Floß anzuhaften, wäre nicht nur nutzlos, sondern würde die Reise nur noch schwerer machen. Nicht anders, so der Buddha, ist es mit der buddhistischen Lehre: Sie ist ein praktisches Werkzeug, um dem Leiden zu entkommen, aber wenn wir blind an ihr festhalten, bewirkt sie genau das Gegenteil. Der Wunsch, den Durst zu überwinden, ist also ein wichtiger Schritt auf dem Weg zur Befreiung vom Leiden, aber es wird irgendwann der Punkt kommen, an dem dieser Wunsch nicht mehr hilfreich ist. Dann ist der Zeitpunkt gekommen, ihn ebenso wie das Floß zurückzulassen. Die Lehre des Buddha ist wie ein Mikroskop, das uns Dinge sehen lässt, die ansonsten verborgen geblieben wären, aber auch unser Sichtfeld einschränkt. Wer das vergisst und an der Lehre anhaftet, sie dogmatisch gegen jede Kritik verteidigt und allergisch auf jede Diskussion und jedes Hinterfragen reagiert, der schadet sich selbst und hängt in genau dem Anhaften fest, dem er eigentlich entkommen wollte. Da hilft es auch nichts mehr, dass diese Lehre letzten Endes wahr ist.

Bisher haben wir vom Buddha nur eine These über die Entstehung des Leidens zu hören bekommen: Das Leiden entsteht aus dem Durst. Aber wie kann der Durst die Entstehung und die Unvermeidlichkeit des Leidens erklären? Wir brauchen immer noch eine Theorie, die uns zeigt, *wie* das Leiden aus dem Durst entsteht. Der Buddha hat eine solche Theorie. Demnach ist *dukkha* die Konsequenz frustrierten Verlangens. Eigentlich ist es ganz einfach – wir müssen uns nur eine Erfahrung vor Augen führen, die wir alle selbst bereits gemacht haben: nicht zu bekommen, was wir wollen. Stellen Sie sich vor, ein guter Freund von Ihnen erkrankt plötzlich an Krebs. Sie sind erschüttert, haben Angst um ihren Freund und hoffen, dass er wieder gesund wird. Aber sein Zustand verschlechtert sich immer weiter, die Therapien schlagen nicht an und nach kurzer Zeit stirbt er. In Momenten wie diesen lässt sich unmittelbar erleben, wie es ist, dem Leiden ausgeliefert zu sein, von dem die erste edle Wahrheit spricht. Aber es wird auch klar, warum das Leiden die Konsequenz des Durstes ist: Weil der Wunsch, Ihr Freund möge wieder gesund werden und weiterleben, nicht erfüllt worden ist. Hätten Sie diesen Wunsch nicht gehabt, wäre kein Leiden entstanden (jedenfalls nicht für Sie). Tag für Tag sterben hunderte und tausende Menschen auf genau die gleiche Weise, ohne dass Ihnen deren Tod Leiden verursachen würde, denn Sie wissen nichts von diesen anderen Menschen und haben daher auch keinerlei Wünsche in Bezug auf ihr Leben oder Sterben. Aber am Leben Ihres Freundes haben Sie angehaftet (er war schließlich *Ihr* Freund), und die Wirklichkeit hat es Ihnen entrissen. Die Realität hat sich Ihren Wünschen verweigert. Die Dinge sind nicht so, wie sie Ihrer Meinung nach sein sollten. Das Ergebnis: Leiden.

Aber nun könnte man einwenden: Ist das nicht bloß, zynisch gesagt, Pech? Manche Wünsche bleiben leider unerfüllt, aber wieso folgt daraus, dass *alles* Dasein leidvoll ist? Alles, was solche Beispiele zeigen können, ist doch bloß, dass es immer *möglich* ist, dass Leiden aus dem Anhaften entsteht, aber nicht, dass alles Dasein *notwendigerweise* leidvoll ist. Sicher, wenn ich z. B. hart arbeite, um einen bestimmten Job zu bekommen, den ich schon immer haben wollte, aber dann scheitere, werde ich enttäuscht sein, und das erzeugt Leiden. Aber was ist, wenn ich den Job bekomme – ist dann nicht alles in Ordnung? Es sieht so aus, als wären gar nicht der Durst und meine Wünsche allein das Problem, sondern die Tatsache, dass die Welt sich gelegentlich weigert, meine Wünsche zu erfüllen. Um zu zeigen, dass alles Dasein leidvoll ist, müsste der Buddha nachweisen, dass unsere Wünsche immer frustriert werden müssen. Aber wieso sollte das der Fall sein? Wie könnte es Leiden geben in einem Leben, in dem alle Wünsche erfüllt sind? Die Antwort des Buddha auf diesen Einwand lautet: Eine solche Welt kann es nicht geben. Die Idee einer Welt, in der es keine unerfüllten Wünsche gibt und unser Durst endgültig gestillt ist, widerspricht sich selbst. So, wie die Realität ihrem Wesen nach beschaffen ist, lässt sie es nicht zu, dass es so etwas wie dauerhafte Zufriedenheit gibt. Deshalb ist das Leiden notwendig und unvermeidlich. Um zu verstehen, warum das so ist, müssen wir den Begriff des Leidens noch einmal genauer anschauen.

2.3 Unbeständigkeit

Im buddhistischen Denken werden drei verschiedene Formen des Leidens unterschieden, von denen jede etwas subtiler als die vorherige ist.[6] Da ist erstens das Leiden *in sich*: Leiden, das unmittelbar aus körperlichem Schmerz oder seelischer Qual entsteht. Es wird direkt als leidvoll erfahren und wir verspüren unmittelbar den Wunsch, dieses Leid zu beenden. Niemand muss erst lernen, es als Leid wahrzunehmen, denn wir alle kennen es aus dem eigenen Erleben. Dieses Leiden ist das, was wir normalerweise im Alltag unter Leiden verstehen. Die zweite Form ist das Leiden durch Veränderung oder *Unbeständigkeit* (*anicca*). Damit ist das Leiden gemeint, das nicht aus einem intrinsisch unangenehmen Zustand wie Schmerz oder Trauer resultiert, sondern das dadurch entsteht, dass gute Zustände nicht von Dauer sind. Es ist ja nicht zu bestreiten, dass alles Angenehme im Leben vergänglich ist. Auch die schönsten Momente sind irgendwann vorbei, und erzeugen dann dadurch, dass sie enden, neues Leiden. Nehmen wir an, Sie träumen schon seit Langem von einem Ferienhäuschen am Gardasee. Nach vielen Jahren haben Sie das nötige Geld beisammen und finden endlich ein Angebot, das Ihnen gefällt. Sie unterschreiben den Vertrag und das Ziel ist erreicht. Sie setzen sich mit einem Campari Soda auf Ihre neue Terrasse und genießen die warme Abendsonne. Sie sind glücklich. Zumindest für diesen Moment. Aber dann stellen Sie vielleicht fest, dass Sie gar nicht die Zeit haben, das Haus zu nutzen. Oder es werden auf einmal teure Renovierungen fällig. Oder Sie werden krank und können nicht mehr verreisen. Nichts ist beständig und bleibt, wie es ist, weder Sie noch das Haus noch die Umstände. Und selbst wenn alles gut ist und Sie sich immer aufs Neue an Ihrem Ferienhaus erfreuen: Irgendwann werden Sie sterben. Der Tod wird unwiderruflich alles Gute in Ihrem Leben vernichten und nichts auf der Welt kann Sie davor bewahren. Daher behauptet der Buddha, dass auch in sich gute und angenehme Dinge letztlich leidvoll sind. Nicht, weil sie uns unangenehm wären, sondern weil sie durch ihre Unbeständigkeit und Endlichkeit in sich schon den Keim neuen Leidens tragen. Fröhlich zu sein ist nicht leidvoll (jedenfalls nicht in sich), aber weil Fröhlichkeit unbeständig ist, wird sie über kurz oder lang wieder Leiden verursachen, wenn sie

6 Die Terminologie (*duhkhaduhkhatā, samskāraduhkhatā, parināmaduhkhatā*), stammt aus der späteren Tradition, die Idee selbst lässt sich aber auf das Denken des Buddha selbst zurückführen. Vgl. Vasubandhu: *Abhidharmakosabhasyam* III: 899.

endet. Das Leiden ist sozusagen der Naturzustand des Daseins, zu dem alles hinstrebt und in den alles auf Dauer zurückfällt.

Dukkha ist also nicht bloß ein mehr oder weniger zufälliges Unglück, das uns hin und wieder befällt, sondern es gehört zur existenziellen Tiefenstruktur der Realität. In seinem natürlichen Zustand strebt alles Dasein in Richtung Leiden. Man könnte diese fundamentale Leidhaftigkeit des Daseins mit dem Konzept der Entropie in der Physik vergleichen. Entropie wird oft als Maß der Unordnung oder Gleichförmigkeit in einem System beschrieben: je höher die Entropie, desto geringer die Ordnung. Zünde ich beispielsweise ein Streichholz in einem großen Raum an, dann rieche ich Rauch, denn die Rauchpartikel konzentrieren sich alle auf einen kleinen Raum in der Nähe meiner Nase, während überall sonst keine sind – die Entropie ist gering. Mit der Zeit verteilen sich die Rauchpartikel im gesamten Raum und der Geruch verfliegt, weil jetzt in jedem Kubikzentimeter Luft ungefähr gleich viele Rauchartikel sind – die Verteilung der Rauchpartikel ist viel gleichförmiger als vorher, d. h. die Entropie ist jetzt hoch. Der zweite Hauptsatz der Thermodynamik besagt, dass in einem geschlossenen System die Entropie nur zunehmen oder gleichbleiben kann, aber niemals abnehmen. Beispielsweise bilden meine Küche und der Kühlschrank darin ein geschlossenes System, das nach einem Zustand maximaler Entropie strebt, d. h. danach, dass überall die gleiche Temperatur herrscht. Will ich das verhindern und Ordnung in die Sache bringen (Küche warm, Kühlschrank kalt), dann muss ich die Entropie lokal (im Kühlschrank) reduzieren und dafür Energie aufwenden. Diese lokale Reduktion der Entropie im Inneren des Kühlschranks hat aber ihren Preis: Der Kühlschrank verbraucht Strom und erhöht durch die Abwärme, die er produziert, langfristig die Gesamtentropie des Systems. Betrachte ich das System von Küche und Kühlschrank insgesamt, dann wird die lokale Reduktion der Entropie (die Kälte im Kühlschrank) dadurch erkauft, dass die Gesamtentropie steigt und die Durchschnittstemperatur des Systems sich erhöht (die Abwärme des Kühlschranks heizt die Küche). Sobald ich den Strom abschalte, strebt das System wieder zur maximalen Entropie und das Innere des Kühlschranks wird wärmer und die restliche Küche ein winziges bisschen kälter. Genauso neigt alles Dasein dazu, wieder in den Zustand des Leidens zurückzufallen, auch wenn es kurzfristig daraus befreit werden kann. Das Leiden im Dasein kann niemals vollständig und dauerhaft unterdrückt werden. Wir können es vielleicht eine Weile aufhalten, wenn wir die nötige Energie einsetzen (z. B. indem wir uns um unsere Gesundheit kümmern oder in die Altersvorsorge investieren), aber diese lokale Vermeidung des Leidens muss sich auflösen, sobald die Umstände sich ändern und das Dasein wieder in seinen natürlichen Zustand des Leidens zurückkehrt. Und da die Realität unbeständig ist, bleibt dem Dasein auf Dauer gar nichts anderes übrig, als immer wieder ins Leiden zurückzufallen.

Drei Arten des Leidens
1. Leiden in sich (*duhkhaduhkhatā*)
2. Leiden durch Unbeständigkeit (*parināmaduhkhatā*)
3. Leiden durch Bedingtheit (*samskāraduhkhatā*)

Neben dem direkten, intrinsischen Leiden gibt es also noch eine andere Form des Leidens, das Leiden aus Unbeständigkeit. Dieses Leiden entsteht aus der Endlichkeit eigentlich guter Dinge. Und es gehört zum Charakter der Wirklichkeit, fundamental unbeständig zu sein (warum das so ist, dazu mehr in Kap. 3). Wenn wir also für den Moment akzeptieren, dass die Wirklichkeit unbeständig ist, wird nachvollziehbar, weshalb das Anhaften zu Leiden führt. Durst ist ein Verlangen nach Beständigkeit. Wenn wir an etwas anhaften, wollen wir es festhalten und nicht mehr loslassen. Wir glauben, wenn wir endlich dauerhaft haben, was wir wollen, dann werden wir glücklich sein. Aber dieser Glaube ist eine Illusion. Wir können nicht bekommen, was wir wollen, denn alles ist unbeständig. In dem Moment, in dem ich etwas bekomme, ist es schon nicht mehr das, was ich wollte, und ich bin nicht mehr die Person, die es wollte. Von einem Moment zum anderen sind die Veränderungen in uns und den Dingen vielleicht zu gering, um sichtbar zu sein, aber im Lauf der Zeit werden sie anwachsen und irgendwann unübersehbar werden. Wir werden jeden Tag älter, und auch wenn man von einem Tag auf den nächsten keine Veränderung bemerkt, ist doch nach zwanzig Jahren nicht mehr zu übersehen, dass wir gealtert sind. Es kann also keine Welt geben, in der all unsere Wünsche permanent erfüllt sind, denn das erfordert eine Welt, in der es keine Veränderung geben kann – und wenn Unbeständigkeit zur Natur der Realität gehört, dann ist eine solche Welt ein Widerspruch in sich.

Allerdings ist damit bisher nur gezeigt, dass es einen Mechanismus gibt, wie Leiden aus dem Durst entsteht. Aber warum ist das Leiden *notwendiger* Bestandteil des Daseins? Folgt aus der Existenz des Leidens aus Unbeständigkeit nicht einfach, dass wir gut aufpassen sollten, was wir uns wünschen?

Wenn wir klug sind und unsere Wünsche so regulieren, dass wir uns nur das wünschen, was auch erfüllbar ist und nicht unbeständig, können wir dann nicht dem Leiden entkommen? – Das ist mehr oder weniger der Weg, den die Kyniker und die Stoiker der europäischen Antike im Sinn hatten: einsehen, was in meiner Macht steht und was nicht, und dann lernen, sich vom Wunsch freizumachen, das kontrollieren zu wollen, was nicht in meiner Macht steht. Aus buddhistischer Sicht ist diese Strategie problematisch, denn sie kann bestenfalls mein eigenes Leiden reduzieren, aber nicht das Leiden anderer. Selbst wenn es möglich sein sollte, das eigene Leben so einzurichten, dass man vom Leiden weitgehend verschont bleibt, entweder indem man seine Bedürfnisse massiv reduziert oder indem man so reich und mächtig wird, dass alle Bedürfnisse erfüllbar werden – was ist mit dem Leiden von Milliarden anderen Menschen, die hungern, krank sind oder Opfer von Gewalt werden? Was ist mit dem unsäglichen Leiden der Tiere? Das Bewusstsein, dass es mir selbst gut geht, ohne dass ich dieses Glück verdient hätte, während andere ebenso unverdient leiden, ist selbst wieder eine Quelle des Leidens. Doch sogar ein herzloser Egoist, der sich nicht um das Leiden anderer schert, solange er selbst gut wegkommt, wird mit der Strategie, die eigenen Wünsche zu regulieren, keinen Erfolg haben, denn für den Buddha ist es überhaupt nicht möglich, alle Wünsche endgültig zu erfüllen. Warum nicht, wird klar, wenn wir uns die dritte Form des Leidens näher anschauen, das Leiden durch *Bedingtheit*. Der Buddha nimmt an, dass alle Dinge bedingt sind, also in dem, was sie sind, von externen Bedingungen abhängig. Alles, was existiert, hängt in seiner Existenz und seinen Eigenschaften von anderen Dingen ab. *Dass* die Dinge sind, und *was* sie sind, hängt von extrinsischen Bedingungen ab. d. h. Bedingungen, die nicht in diesem Ding selbst liegen. Auch Personen, also wir alle, sind solche bedingten Dinge. Wir haben das Fundament unserer Existenz nicht in uns selbst, sondern sind abhängig von der Existenz unserer Eltern, ohne die es uns niemals gegeben hätte. Und nicht nur das: Unsere Existenz ist auch abhängig von der Luft, die wir atmen, und der Nahrung, die wir zu uns nehmen. Gäbe es meine Eltern nicht, hätte ich niemals existiert; und sollte es plötzlich keine Luft mehr geben, wäre meine Existenz ziemlich schnell beendet. Auch unsere Identität (also *was* wir sind), ändert sich ständig unter dem Einfluss äußerer Bedingungen. Mein Körper verändert sich in Abhängigkeit davon, ob ich mehr Sport treibe oder mehr Bier trinke. Meine Gedanken und Meinungen verändern sich in Abhängigkeit von dem, was ich in der Vergangenheit erlebt habe, was mich gerade im Moment interessiert oder was aktuell Thema in den Medien ist. Auch wenn es auf den ersten Blick anders aussieht, haben Personen keinen stabilen, unveränderlichen Wesenskern. Was wir für unser unveränderliches, stabiles Selbst halten, ist permanent im Fluss. Was wir im Alltag „ich selbst" nennen, ist in Wirklichkeit eine Ansammlung diverser Faktoren, die selbst unbeständig und andauernd im Wandel sind – das ist die sogenannte Nicht-Selbst-Lehre (*anattā*) des Buddhismus, die wir im nächsten Kapitel genauer betrachten werden. Was auf uns als Personen zutrifft, gilt genauso für alle anderen Dinge. Auch sie haben kein dauerhaftes Wesen und sind daher unbeständig.

Die drei Merkmale des Daseins

1. Alles Dasein ist leidvoll (*dukkha*).
2. Alles Dasein ist unbeständig (*anicca*).
3. Alles Dasein ist ohne Selbst (*anattā*).

Der Gedanke ist also eigentlich ganz einfach: Wenn alle Dinge bedingt sind, also kein dauerhaftes, selbständig existierendes Wesen haben, dann sind sie unbeständig. Und wenn sie unbeständig sind, dann sind sie leidvoll. Der Buddhismus drückt diesen Gedanken in der Formel von den drei Merkmalen des Daseins aus (*tilakkhana*): Alle Dinge sind leidvoll (*dukkha*). Alle Dinge sind unbeständig (*anicca*). Alle Dinge sind ohne Selbst (*anattā*) (vgl. Dhp 277–279). Diese drei Merkmale des Daseins bauen aufeinander auf bzw. jedes stellt einen weiteren Schritt in der Erklärung des vorhergehenden da. Von unten nach oben gelesen bedeutet die Liste: Alles, was existiert hat fundamental kein Selbst oder kein intrinsisches Wesen. Deshalb ist alles unbeständig, denn es gibt nichts, was dauerhaft und unveränderlich wäre. Und deshalb ist alles leidvoll, weil auch das, was nicht leidvoll in sich ist, durch Unbeständigkeit leidvoll ist. Von oben nach unten gelesen, ergibt sich ein analoger Gedankengang: Alles Dasein ist leidvoll, weil es unbeständig ist. Und alles ist unbeständig, weil es kein stabiles Wesen eines Dinges gibt. Zusammengefasst lautet also die Antwort des Buddha auf die Frage nach dem Ursprung des Leidens: Wir leiden, weil wir an etwas anhaften, was wir niemals bekommen können, denn weder wir noch das, was wir wollen, ist stabil – all unser Verlangen geht letztlich ins Leere. Wir leiden, weil wir etwas wollen, das wir niemals haben können. Und so, wie die Wirklichkeit beschaffen ist, ist es einfach unmöglich für uns, jemals endgültig das zu bekommen, was wir wollen.

Analytisch: Ein Satz, der allein aufgrund der Bedeutung seiner Worte wahr sein muss, z. B. „Ein Schimmel ist ein weißes Pferd."
Synthetisch: Ein Satz, dessen Wahrheit nicht nur von seiner Bedeutung, sondern auch von den Tatsachen abhängt und der wahr oder falsch sein kann, z. B. „Der Schimmel mag keine Äpfel."

Zwei wichtige Konsequenzen dieser Analyse des Leidens müssen wir besonders hervorheben: Erstens, das Leiden ist unvermeidlich. Man könnte sogar sagen, dass der Satz „Alles Dasein ist leidvoll" für den Buddha eine analytische Wahrheit darstellt, ähnlich wie „Alle Kreise sind rund". Hat man einmal verstanden, was „Kreis" und „rund" bedeuten, dann muss man auch zustimmen, dass Kreise eben rund sind. Und wenn man weiß, was „Dasein" und was „Leiden" bedeutet, wird man auch nicht anders können, als zuzugeben, dass das Dasein leidvoll ist. Das Leiden ist das Resultat aus dem Zusammenstoß von uns endlichen, bedingten Wesen mit der Unbeständigkeit der Realität. *Wenn also Wesen wie wir in einer Welt wie dieser existieren, dann werden sie leiden.* Das ist eine notwendige Wahrheit und kann durch nichts verhindert werden. Zweitens, niemand ist schuld am Leiden. Leiden ist nicht das Ergebnis der bewussten Handlungen eines Wesens, d. h. niemand hat entschieden, dass wir leiden sollen. Jedenfalls im grundsätzlichen Sinn – natürlich gibt es oft Fälle, in denen ein bestimmtes Leiden die Folge davon ist, dass Menschen entschieden haben, anderen Wesen Leiden zuzufügen. Aber dass es überhaupt Leiden in der Welt gibt, ist eine Tatsache, für die niemand die Verantwortung trägt. Im Buddhismus stellt sich also nicht (wie in den monotheistischen Religionen) die Frage nach der Theodizee: Wenn es einen allmächtigen und allgütigen Gott gibt, der die Welt geschaffen hat, woher kommt dann das Leiden? Die Antwort des Buddha lautet: Es gibt keinen Grund. Dass alles, was existiert, leidet, ist eine notwendige Tatsache und könnte gar nicht anders sein. Das Leid ist also keine Strafe für einen Sündenfall und keine Vergeltung für ein Unrecht, es dient keinem Zweck und hat kein Ziel (etwa uns besser und tugendhafter zu machen), sondern ist einfach die Art und Weise, in der bedingte Wesen wie wir existieren. Das bedeutet auch, dass niemand uns von diesem Leiden befreien kann außer uns selbst – schon gar nicht ein allmächtiger Gott, der es in der Hand hätte, das Leiden zu beenden, wenn er nur wollte.

Das Leiden ist also das universale Merkmal des Daseins. Es entsteht aus zwei Faktoren: erstens aus dem Durst, der uns dazu treibt, immer Dinge zu wollen, und zweitens aus der Unbeständigkeit der Wirklichkeit, die verhindert, dass wir jemals bekommen können, was wir wollen. Wir können das Argument, das der Buddha für seine fundamentale These gibt, jetzt auch etwas präziser formulieren:

(1) Wenn empfindungsfähige Wesen etwas Unbeständiges wollen, entsteht *dukkha.*
(2) Alles, was existiert, ist notwendigerweise unbeständig.
(3) Jedes empfindungsfähige Wesen will notwendigerweise etwas.
(4) Also: Wenn empfindungsfähige Wesen existieren, entsteht notwendigerweise *dukkha.*

Bisher haben wir uns vor allem auf Prämisse (1) konzentriert. *Dukkha* oder Leiden (im weitesten Sinn) entsteht, wenn empfindungsfähige Wesen Bedürfnisse haben, die aber nicht erfüllt werden. Und sie können nicht erfüllt werden, wenn das Objekt der Bedürfnisse oder das Wesen selbst unbeständig ist, weil dann niemals ein Zustand erreicht werden kann, in dem dauerhaft und endgültig alle Bedürfnisse erfüllt sind. Prämisse (2) behauptet, dass dieser Zustand der Unbeständigkeit ein wesentliches Merkmal der Realität ist und nicht einfach nur ein bedauernswerter Unfall. Den Grund dafür kennen wir auch schon: Es ist die Bedingtheit aller Dinge, also die Tatsache, dass alles, was existiert, nur in Abhängigkeit von anderen Dingen existiert. Das theoretische Fundament dieser Prämisse werden wir uns im nächsten Kapitel noch einmal genauer anschauen.

Bleibt noch Prämisse (3). Warum sollte es wahr sein, dass jedes Wesen notwendigerweise etwas will? Genaugenommen ist das nicht völlig korrekt, zumindest nicht aus buddhistischer Perspektive. Eigentlich sollte es eher heißen: „Jedes *unerlöste* empfindungsfähige Wesen will notwendigerweise etwas." Dass wir Dinge wollen und an ihnen anhaften, ist für den Buddha der Naturzustand aller Wesen und die Quelle des Leidens, aber der Witz seiner Philosophie ist gerade, dass es möglich ist, diesen natürlichen Zustand zu überwinden und zur Erlösung zu gelangen (das ist das Thema der dritten und vierten edlen Wahrheiten). Der Grund dafür liegt darin, dass dieser natürliche Zustand ein Zustand der Unwissenheit oder Verblendung (*avijjā*) ist. In diesem natürlichen Zustand sind wir in einer Illusion über unser wahres Wesen und das Wesen der Realität gefangen, die in uns immer wieder Durst und Anhaften erzeugt. Wird diese Illusion durchbrochen, indem wir zur Erleuchtung gelangen, dann verschwindet auch der Durst (siehe Kap. 7). Aber unabhängig davon lässt sich leicht einsehen, warum Prämisse (3) wahr ist. Warum wollen wir Dinge? Weil wir Bedürfnisse haben. Und warum haben wir Bedürfnisse? Weil uns etwas fehlt. Ein Bedürfnis zu haben setzt ein Defizit voraus (oder wenigstens das subjektive Gefühl, ein Defizit zu haben). Wenn ich z. B. müde bin und das Bedürfnis nach Schlaf habe, dann leide ich darunter, zu wenig geschlafen zu haben, und will schlafen, weil ich annehme, dass es mir danach besser gehen wird. Aber es gehört zu unserer Natur als endliche Wesen, dass wir immer irgendwelche Bedürfnisse haben müssen, ganz einfach deshalb, weil wir auf andere Dinge angewiesen sind, um weiterexistieren zu können. Ein Lebewesen, das am Leben bleiben möchte, ist auf Nahrung, Luft oder Wärme angewiesen. Ein kurzfristiger Mangel lässt sich kompensieren, aber auf Dauer führt ein Mangel an diesen Dingen unweigerlich zum Tod. Gleichzeitig können Lebewesen aber diese Bedürfnisse nicht aus sich selbst heraus befriedigen, sondern sind immer auf die Mitwirkung ihrer Umwelt angewiesen, eben weil sie endlich und bedingt sind. Ich kann z. B. nicht einfach einen Apfel in meinem Magen materialisieren, sondern muss ihn vom Baum pflücken, an dem er gewachsen ist. Deshalb werden endliche, bedingte Wesen immer Bedürfnisse haben, denn sie können das, was sie benötigen, um weiter zu existieren, nicht aus sich selbst heraus erzeugen.

2.4 Zwei Rückfragen

Aber: Ist das nicht alles eine furchtbar pessimistische Sicht auf die Welt? – Nein. Der Buddha würde dem entgegnen, dass seine Sicht nicht pessimistisch, sondern realistisch ist. Wenn wir uns gegen den Gedanken sperren, dass alles Dasein leidvoll ist, dann sind wir in einer Illusion gefangen und sehen nicht die Realität, wie sie wirklich ist. Die Augen vor der Wahrheit zu verschließen und sich zu sagen, dass das Dasein doch nicht leidvoll sein kann, ist nur eine weitere Form des (Vernichtungs-)Durstes, nämlich des Wunsches, ein Leben frei von Leiden führen zu können. Das Dasein ist gar nicht leidvoll, sagen wir, und meinen so, das Leiden wegdiskutieren zu können. Aber nur, wenn wir die Realität anerkennen, statt sie uns schönzureden, haben wir eine Chance, dem Leiden wirklich zu entkommen. Denn die Wahrheit vom Leiden ist nur eine von vier Wahrheiten. Die These des Buddha ist nicht, dass alles Dasein leidvoll ist, und Ende – das wäre tatsächlich eine sehr pessimistische Weltsicht. Wir dürfen nicht den zweiten Teil der vier edlen Wahrheiten übersehen: Es gibt einen Ausweg aus dem Leiden. So gesehen ist die Philosophie des Buddha eigentlich eine zutiefst optimistische Philosophie, denn sie verspricht ein Ende des Leidens, das in letzter Konsequenz uns allen, ja sogar allen empfindungsfähigen Wesen offensteht.

Hat wirklich jedes Leid mit Anhaften zu tun? Es gibt doch auch Leiden ohne Anhaften. – Wieder nein. Es gehört zur Natur des Leidens, dass es nur empfindungsfähige Wesen betreffen kann, also solche, die ein Bewusstsein haben. Ein Erdbeben mag eine schreckliche Katastrophe sein, die unermessliches Leiden erzeugen kann, aber es ist selbst nicht leidvoll – denn letzten Endes ist es ja nur Erde, die sich bewegt. Leiden entsteht erst dann, wenn ich als bewusstes Wesen auf dieses Erdbeben reagiere und nicht will, dass es mich verletzt und die Menschen, die ich liebe, oder dass es mein Haus zerstört. Das Leiden entsteht erst in meiner *Reaktion* auf das Erdbeben, und dann ist bereits das Anhaften wieder im Spiel: an meinem Leben, an meinen Freunden oder an meinem Besitz. Selbst scheinbar einfache Beispiele wie körperlicher Schmerz involvieren immer ein Element des Anhaftens. Schmerz als körperliche Empfindung ist nicht identisch mit Leiden. Schmerz allein ist noch kein Leiden, sondern einfach nur eine bestimmte Form von körperlicher Empfindung. Diese Empfindung erzeugt Leiden, wenn der Vernichtungsdurst einsetzt und wir sie nicht mehr haben wollen. Natürlich ist das die normale Reaktion auf Schmerzen, und es liegt meistens nicht in meiner Hand, wie ich auf den Schmerz reagiere. Aber das muss nicht notwendigerweise so sein: Masochisten leiden nicht unter dem Schmerz, den sie empfinden, und eigentlich angenehme Empfindungen können leidvoll sein, wenn wir sie nicht haben wollen. Sie können sich diese begriffliche Unterscheidung von Schmerz und Leid an einem einfachen Experiment selbst verdeutlichen. Nehmen Sie eine Stecknadel und piksen Sie sich – vorsichtig! – selbst in den Finger. Konzentrieren Sie sich dann auf die Schmerzempfindung und versuchen Sie, diese Empfindung von ihrer natürlichen Abneigung dagegen (vom Gefühl des „ich will das nicht") zu trennen. Sehen Sie den Schmerz einfach nur *neutral*: als eine Empfindung, die sich so und so anfühlt und sich vom Wunsch, er möge aufhören, unterscheidet.

Die Erklärung des Buddha für die Entstehung des Leidens ist also eine einfache Einsicht in unsere Natur als endliche Wesen und die Natur der Wirklichkeit, in der wir leben: Wenn Wesen wie wir in einer Welt wie dieser leben, dann werden sie leiden. Aber was für Wesen sind wir eigentlich? Und was ist das für eine Welt, in der wir leben?

Literaturhinweise

M 13 beschreibt ausführlich die buddhistische Vorstellung des Leidens. DN 22 enthält das Gleichnis vom Floß und im hinteren Teil eine Erläuterung der einzelnen Punkte in den vier edlen Wahrheiten.

Dukkha und die vier edlen Wahrheiten: Carpenter 2014: Kap. 1. Harvey 2013a. Harvey 2013c: Kap. 3. Anderson 1999. Gethin 1998: Kap. 3. Zum Konzept von *dukkha*: Peacock 2008. Teasdale/Chaskalson 2011. Gowans 2003: Kap. 10 und 11. Rahula 1974: 16–34. Burton 2017: Kap. 1. Kritisch dazu: Herman 1996. Die drei Merkmale des Daseins: Kalupahana 1976: Kap. 4. Zum Theodizeeproblem: Gäb 2022: Kap. 13.

Diskussionsfragen

- Ist Leiden ein objektives Merkmal der Realität oder ein subjektives?
- Wie kann man Leid und Schmerz unterscheiden? Was ist ihre Beziehung?
- Warum ist es wünschenswert, Leiden zu überwinden? Ist es das überhaupt immer?

3 *Anatta*: Das Selbst als Illusion

Wir wissen jetzt, woher das Leiden kommt: Weil alles, was existiert, unbeständig ist, und wir nicht anders können, als an diesen unbeständigen Dingen anzuhaften. Wir wollen etwas, das die Welt uns nicht gibt und nicht geben kann. Das Ergebnis: Wir sind unglücklich und leiden. Aber *muss* denn alles unbeständig sein? Könnte es nicht auch Dinge geben, die stabil und dauerhaft sind und die uns wirklich glücklich machen und vom Leiden befreien könnten, wenn wir sie nur erreichen können? Nein, lautet die Antwort des Buddha – so etwas gibt es nicht und kann es nicht geben, denn alles, was existiert, ist *bedingt und ohne Selbst*. Das ist der Kern der zentralen metaphysischen Theorie des Buddha, der *Nicht-Selbst* oder *anattā*-Lehre.[7] Diese Lehre ist einer der wichtigsten Bausteine in seinem philosophischen System und wahrscheinlich auch der Punkt, in dem sich sein Denken am stärksten vom Mainstream der westlichen wie auch der indischen Philosophie unterscheidet. Gleichzeitig ist es leicht, die *anattā*-Lehre misszuverstehen, aber schwer, sie zu akzeptieren. Denn in diesem Punkt verlangt der Buddha von uns, unser alltägliches Denken komplett über den Haufen zu werfen und eine radikal andere Vorstellung davon zu entwickeln, was wir selbst und was die Dinge in Wirklichkeit sind. Aber das sollte uns nicht abschrecken, denn nur weil eine Philosophie uns auffordert, mit gewohnten Denkmustern zu brechen und zu akzeptieren, dass die Wirklichkeit anders sein könnte, als wir gedacht haben, muss sie noch lange nicht falsch oder abwegig sein. Wir glauben zwar gerne, dass unsere gewohnte Vorstellung von der Realität selbstverständlich auch die richtige ist, und sagen: „Natürlich sind die Dinge so, wie ich sie sehe!" – aber es gibt keinen Grund, warum das auch wirklich der Fall sein sollte. Warum sollten wir uns nicht in unserem alltäglichen Denken über unser wahres Wesen täuschen? Wenn es gute Argumente dafür gibt, dass die Realität anders ist, als wir sie uns vorstellen, dann sollten wir bereit sein, diese Tatsache zu akzeptieren, egal, wie absurd und unheimlich sie uns vorkommen mag. Aber hat der Buddha auch solche guten Argumente? Was meint er, wenn er sagt, dass wir kein Selbst haben, und wie kommt er darauf?

7 *An-attā* bedeutet wörtlich „nicht-selbst", was sich als Standardübersetzung etabliert hat

Um diese Frage zu beantworten, müssen wir uns erstmal klarmachen, wogegen sich die Nicht-Selbst-Lehre richtet, was also unsere natürliche Vorstellung von uns selbst ist. Ein Beispiel: Wer bin ich? Na ja, ich bin ich. In meinem Fall heißt das: Ich bin Sebastian Gäb, ich wurde 1982 geboren, ich lebe in München und wenn ich nicht gerade in den Bergen klettere, unterrichte ich Philosophie. Diese Antwort drückt eine quasi natürliche Einstellung aus, die ich (genau wie wir alle) zu mir selbst habe. Ich bin *jemand*: Es gibt ein Selbst, mit dem ich mich identifizieren kann. Ich bin dieses Selbst, und niemand anderes. Ich bin ich und niemand sonst. Ich kann klarstellen, von welchem Selbst ich rede, indem ich mein Selbst beschreibe und sage, was mein Selbst ausmacht und von anderen Selbsten unterscheidet, z. B. wann ich geboren wurde, wo ich lebe, was ich tue… Alles, was dieses Selbst ist und tut, und worin es sich von anderen unterscheidet – meine Charaktereigenschaften und meine Meinungen, meine Taten und die Ereignisse in meinem Leben – verleiht mir meine individuelle Identität. Mein Selbst ist auch beständig, es bleibt also trotz aller Veränderungen stabil im Verlauf der Zeit, jedenfalls solange ich am Leben bin. Derjenige Sebastian Gäb, der 1982 geboren wurde, derjenige, der 2001 Abitur gemacht hat, und derjenige, der heute in München Philosophie unterrichtet – das sind nicht drei verschiedene Personen, sondern dieselbe Person. Sie sind alle drei ich. Natürlich habe ich mich in vielen Punkten verändert im Lauf der Jahre: Ich habe heute ein paar mehr graue Haare als 2001 und auch sonst ist mein Körper ist nicht mehr genau der gleiche wie damals. Auch meine Gedanken und Überzeugungen, meine Wünsche und Ideen haben sich im Lauf der letzten zehn, zwanzig Jahre gewandelt, und bei vielem von dem, was ich 2001 gedacht habe, bin ich mir heute nicht mehr so sicher. Aber trotz all dieser Veränderungen, so sagt es meine natürliche Einstellung, bin ich immer derselbe geblieben. *Ich* bin es, der sich verändert hat, aber ich bin durch diese Veränderungen nicht jemand anderes geworden. Von der Geburt bis zum Tod bin und bleibe ich ich selbst. In philosophischer Terminologie ausgedrückt, kann man sagen, dass ich mit mir selbst im Verlauf der Zeit numerisch identisch bin (Sebastian Gäb 2001 und 2024 sind eine Person, nicht zwei), während ich qualitativ nicht identisch bin (die Eigenschaften von Sebastian Gäb 2001 und 2024 sind nicht die gleichen). Dieses Selbst, das im numerischen Sinne mit sich selbst identisch bleibt, ist das Zentrum meiner Welt. Ich tue das, was mir gefällt, ich gehe den Menschen aus dem Weg, die ich nicht leiden kann, ich teile die Welt ein in hier und heute (wo ich bin) und alles andere (wo ich nicht bin), kurzgesagt: Ich sehe die Welt immer aus meinen Augen und lebe das Leben aus der Ich-Perspektive.

3.1 Khandhas

Soweit die natürliche Einstellung. Doch diese Einstellung ist, glaubt man dem Buddha, eine Illusion. Sie ist nicht nur falsch, sondern gefährlich. Falsch ist sie, weil es dieses Selbst, das uns unsere natürliche Einstellung vorgaukelt, nicht gibt. Gefährlich ist sie, weil sie der Ursprung des Anhaftens ist. Die Wurzel allen Leidens ist diese natürliche Illusion des Selbst: Wir leiden, weil wir uns an der Illusion festklammern, es gäbe ein stabiles, unveränderliches Selbst. An dieser Stelle werden die meisten vermutlich protestieren und einwenden: Wieso Illusion? Natürlich bin ich ich! Alles andere wäre doch vollkommen absurd! Wenn es kein Selbst gibt, bedeutet das dann etwa, dass ich in Wirklichkeit gar nicht existiere? – Nein, so weit geht der Buddha nicht. Wir existieren schon, bloß sind wir nicht das, wofür wir uns halten. Wir müssen zwischen unserer alltäglichen, oberflächlichen Vorstellung von uns selbst und der tieferen, metaphysischen Realität des Selbst unterscheiden.

Numerische Identität: Dasselbe Ding sein. Batman und Bruce Wayne sind numerisch identisch, wenn sie der Zahl nach eine Person sind, nicht zwei.
Qualitative Identität: Das gleiche Ding sein. Zwei Autos sind qualitativ identisch, wenn sie in all ihren Eigenschaften genau gleich sind.

Was wir im Alltag unser Selbst nennen, ist in Wirklichkeit kein *Ding*, das ein intrinsisches Wesen besitzt und sich klar von anderen Dingen abgrenzen lässt. Daher ist es ist für den Buddha weder stabil noch selbstständig existent, sondern bloß eine permanent sich wandelnde Mischung von fünf unterschiedlichen Elementen, den sogenannten fünf *khandhas* (wörtlich: Haufen):

1. Körper (*rūpa*). Damit ist einfach der physische Körper gemeint bzw. die materielle Seite eines Wesens.
2. Empfindung (*vedanā*). Darunter sind sinnliche Empfindungsqualitäten zu verstehen, insbesondere, dass sich etwas angenehm, unangenehm oder neutral anfühlt.
3. Wahrnehmen/Denken (*sañña*). Hier kommen Wahrnehmung und Begriffe ins Spiel: Wir kategorisieren die Eigenschaften unserer Empfindungen und schreiben sie bestimmten Dingen zu.
4. Disposition/Wille (*sankhāra*). Damit ist das gemeint, was uns zum körperlichen oder mentalen Handeln antreibt, oder das Bereitschaftspotenzial zu bestimmten Handlungen.
5. Bewusstsein (*viññāna*). Das Bewusstsein macht die anderen khandhas für uns überhaupt erst erfahrbar. Wie ein Scheinwerfer macht es sichtbar, was sonst im Dunkeln liegen würde.

Diese fünf *khandhas* sind in jedem Moment meiner Existenz vorhanden und hängen wechselseitig voneinander ab. Zusammen werden sie oft auch als *nāma-rūpa* bezeichnet, wörtlich: „Name und Körper/Form", denn die *khandhas* (2) bis (5) können im Gegensatz zum Körper nicht direkt erfahren, sondern nur benannt werden (*nāma* bedeutet also so viel wie „was nur benannt werden kann"). Weil wir nicht genau hinschauen, verwechseln wir diese komplexe Ansammlung von *khandhas* in unserer natürlichen Einstellung mit einem Selbst und glauben, unser Selbst wäre genau diese spezielle Menge von *khandhas.* Aber sie sind kein Selbst – weder jedes einzeln für sich noch alle zusammen – und jenseits dieser fünf *khandhas* gibt es nichts, was wir unser Selbst nennen könnten. Gemeinsam erzeugen sie eine Illusion, die ich für mein Selbst halte. Aber wenn wir genauer hinsehen, löst sich dieses Selbst in diverse einzelne Bestandteile auf und für jeden dieser Bestandteile gilt: „Das ist nicht mein, das bin nicht ich, das ist nicht mein Selbst" (SN 18.22 [Sa]). Was bleibt, sind nur verschiedene, miteinander verwobene Aspekte eines Ereignisses, die sich ständig verändern.

Ein Beispiel: Angenommen, ich gehe in der Mittagspause ins Café und suche mir einen Schokomuffin aus. Mein Auge sieht den Schokomuffin, und meine Nase rieht den saftigen, süßen Schokogeruch – das ist das erste *khandha*: eine physische, körperliche Reaktion, die in bestimmten biochemischen Reaktionen auf einen Reiz besteht – der Buddha spricht hier von „Kontakt" (*phassa*), der die *khandhas* und das Objekt zusammenbringt und am Beginn des Ereignisses steht. Der Muffin sieht lecker aus, und was ich sehe und rieche, gefällt mir, es fühlt sich gut an – das ist das zweite *khandha*, die angenehme oder unangenehme Empfindung, die mit den physischen Ereignissen einher geht. Ich denke mir: „Hmm, lecker, Schokomuffin“ und beziehe damit meine Empfindungen auf einen konkreten Gegenstand, den ich benennen und identifizieren kann – das dritte *khandha*, das die unterschiedlichen Qualitäten in der Wahrnehmung unter einen Begriff bringt und sie sozusagen vergegenständlicht. Ich bekomme Lust auf einen Muffin und sage: „So einen nehme ich“ – das vierte *khandha*, die Willensregung bzw. die mentale Disposition, die sich in Bezug auf den Muffin bildet, also z. B. die Bereitschaft, ihn zu nehmen und dafür zu bezahlen. Das alles spielt sich in meinem Bewusstsein ab, ohne das ich den Muffin weder sehen noch schmecken könnte noch den Wunsch verspüren, ihn zu essen – das ist das fünfte *khandha*, in dem der ganze Prozess mit all seinen Facetten bewusst erlebt wird. Das Ganze fassen wir zusammen unter dem Titel „*Ich* will einen Schokomuffin essen“ und haben damit aus einem Haufen unterschiedlichster Phänomene ein Selbst konstruiert. Doch dieses Selbst ist nur eine Momentaufnahme, denn wenn ich den Schokomuffin gegessen habe und wieder ins Büro gehe, um weiterzuarbeiten, werden es ganz andere *khandhas* sein, die mein Selbst ausmachen. Es ist, als würde ich in jedem Augenblick ein Foto von mir machen, und sagen: Das, was man auf diesen Bildern sieht, bin ich. Doch in Wahrheit ist auf jedem Bild immer etwas ein wenig anderes zu sehen – was zu sehen ist, ist nur eine Momentaufnahme in einem kontinuierlich fortlaufenden Prozess der Veränderung. In Wirklichkeit ist das vermeintliche Selbst also nur ein Haufen Zeug aus fünf verschiedenen Kategorien, der sich permanent verändert und dem wir dann das Etikett „Ich“ aufkleben. Aber eigentlich bezieht sich das Wort „Ich“ auf nichts Wirkliches. Was wir das „Selbst“ oder „Ich“ nennen und was stabil und unveränderlich bleiben soll, ist eine Fiktion. Das vermeintliche Selbst hängt von den *khandhas* ab, die sich ständig verändern, und ist daher in jedem Moment ein etwas anderes „Selbst“ als im Augenblick zuvor.

Diese Idee ist weniger ungewöhnlich, als es aussieht. Auch im Alltag haben wir es oft mit solchen Gegenständen zu tun, die eigentlich nur eine Ansammlung einzelner Elemente sind. Versuchen wir es mit folgender Analogie: Drei Freunde, Tim, Tom und Theodor, beschließen, eine Band zu gründen. Sie nennen sich „Die Band“. Nach einer Weile ist Tim genervt von seinen untalentierten Freunden und will es mit einer Solokarriere versuchen. Tim verlässt die Band und wird durch Jim ersetzt. Die drei machen eine

Zeitlang weiter, bis Tom eines Abends bei einem missglückten Experiment mit psychedelischen Drogen im Pool ertrinkt. Tom wird durch Jon ersetzt. Auch das geht eine Weile so weiter, dann hat Theodor genug und beschließt, von nun an nur noch Castingshows zu moderieren. Auch er geht und wird durch Jonathan ersetzt. Inzwischen ist keines der ursprünglichen Mitglieder der Band mehr dabei. Was mit Tim, Tom und Theodor angefangen hat, wird von Jim, Jon und Jonathan fortgesetzt. Eigentlich müssten wir sagen, dass die ursprüngliche Band aufgehört hat zu existieren – aber natürlich gibt es *Die Band* trotzdem noch. Sie hat nie aufgehört zu existieren, und auch wenn sie sich permanent verändert hat, gab es nie einen Zeitpunkt, an dem es die Band nicht gegeben hätte. Ist das nicht absurd? Wie können zwei komplett verschiedene Gruppen von Menschen ein und dieselbe Band sein? Die Antwort, die der Buddha geben würde, lautet: Eigentlich gibt es die Band gar nicht – sie ist eine pragmatische Fiktion. Wir nennen nur eine bestimmte Kombination von Personen, die in einer bestimmten Verbindung zueinander stehen „Die Band" – aber darüber hinaus gibt es nichts, was die Band ist. „Die Band" ist nur ein Name für eine Reihe immer unterschiedlicher Konstellationen von Personen, die zusammen Musik machen, sie hat aber keine *eigenständige* Realität. Die Band existiert nur, weil wir glauben, dass sie existiert, bzw. weil wir bereit sind, verschiedene Zusammenstellungen von Personen als „Die Band" anzuerkennen. Dahinter steht eine metaphysische These, die man *mereologischen Nihilismus* nennen könnte. Sie besagt, dass das Ganze nicht real ist, sondern nur die Teile, aus denen es besteht. Eine Fußballmannschaft z. B. besteht aus elf Spielern. Mereologische Nihilisten würden sagen, dass es außer diesen elf Spielern nicht noch ein zusätzliches Ding gibt – die Mannschaft –, sondern dass „die Mannschaft" nur eine alternative Bezeichnung für die Liste von elf Spielern ist. Sie ist aber kein zusätzliches Ding, das noch neben den elf Spielern existieren würde. Genauso ist es mit unserem vermeintlichen Selbst: Ein Selbst existiert nicht, sondern nur eine fortlaufende Reihe von körperlichen Zuständen, Empfindungen und Gedanken (die *khandhas*), die kausal miteinander verknüpft sind. Das nennen wir dann eben „das Selbst" oder „Ich". Aber dieses Selbst ist kein Ding, was zusätzlich und über die einzelnen *khandhas* hinaus existieren würde. Im *Milindapañha* erläutert der Mönch Nāgasena dieses Konzept am Beispiel eines Wagens. Er fragt König Milinda, ob er mit einem Wagen hergekommen sei, was Milinda bejaht. Dann bittet Nāgasena den König, ihm zu erklären, was der Wagen ist, und fragt weiter:

‚Ist vielleicht, o Großkönig, die Deichsel der Wagen?'
‚Gewiß nicht, o Herr!'
‚Ist die Achse der Wagen?'
‚Gewiß nicht, o Herr!'
‚Sind die Räder Wagen?'
‚Gewiß nicht, o Herr!' (Mlp 2.1.1 [Ny])

So geht es noch eine Weile weiter, und für jeden einzelnen Teil des Wagens verneint Milinda, dass dieser Teil der Wagen ist. Nachdem alle Teile abgehandelt wurden, fragt Nāgasena dann: Sind vielleicht alle Teile zusammen der Wagen? Und Milinda verneint auch dies – denn die Summe der Teile ist nur die Summe der Teile. Ein Haufen Einzelteile ist kein Wagen, sondern Schrott. Aber vielleicht ist die Summe der Einzelteile *in ihrer funktionalen Anordnung* der Wagen? Auch das kann nicht sein, denn jedes der Teile ist austauschbar. Wenn die Summe der Einzelteile der Wagen wäre, dann würde der Wagen aufhören zu existieren, sobald man ein kaputtes Rad austauscht. Aber das ist offensichtlich nicht der Fall. Nāgasena fragt weiter: Ist der Wagen vielleicht etwas, das jenseits der Teile existiert, und auch das verneint Milinda – denn der Wagen besteht ja nur aus den Teilen. Triumphierend schlussfolgert Nāgasena: „Was ist dann hier der Wagen? Unwahres, o Großkönig, sprichst du, Lüge! Es gibt keinen Wagen! Du, o Großkönig, bist in ganz Indien der Hauptkönig. Wen fürchtest du, dass du Lügen sprichst?" (Mlp 2.1.1 [Ny]) Milinda muss zugeben, dass Nāgasena Recht hat: Eigentlich gibt es keinen Wagen. Der Wagen ist nur ein Wort, eine nützliche Fiktion, die in Abhängigkeit von den einzelnen Teilen entsteht. Und genauso, erklärt Nāgasena, ist es mit dem Selbst. Es gibt fünf *khandhas* und diesen Haufen nennen wir „das Selbst" – aber dieses Selbst ist nicht mehr als der Name einer Fiktion, denn real sind nur die fünf *khandhas*. Es gibt nur diese fünf *khandhas*, aber *nicht* fünf *khandhas* plus ein Selbst.

3.2 Das Selbst als Prozess

Aber hat der Buddha damit wirklich gesagt, dass es kein Selbst gibt? Ist es nicht eher nur so, dass unser alltägliches Selbst eben etwas anderes ist als das, was wir uns normalerweise darunter vorstellen? In gewisser Weise ist das richtig. Die Nicht-Selbst-Theorie verlangt von uns, uns freizumachen von unseren falschen Vorstellungen darüber, was wir selbst sind. Was sich dann zeigt, ist, dass unser Selbst eben kein Ding ist, das ein intrinsisches

Wesen besitzt und somit allein und aus sich selbst heraus existiert. Überträgt man diese Theorie in die Sprache der Metaphysik, dann kann man sagen, dass das Selbst (das alltägliche Selbst, von dem wir reden, wenn wir „Ich" sagen) in Wirklichkeit keine *Substanz* ist, sondern ein *Prozess.*

Metaphysik: der Teil der Philosophie, der sich mit den fundamentalen Strukturen der Wirklichkeit beschäftigt – was ist die Realität?
Ontologie: der Teil der Philosophie, der sich dem beschäftigt, was existiert – was für Dinge gibt es und was heißt es zu sein?

Die Philosophie des Buddha ist eine Prozessontologie, im Gegensatz zur Substanzontologie, die in unterschiedlichen Formen schon seit der Antike das vorherrschende Modell in der westlichen Philosophie darstellt. Eine Ontologie hat die Aufgabe, die Frage zu beantworten: Was gibt es? Woraus besteht die Wirklichkeit? Welche Dinge sind real? Der Kerngedanke einer Substanzontologie lautet, dass alles, was existiert, letzten Endes Substanzen sind. Unter einer Substanz versteht man klassischerweise das, was von nichts anderem mehr ausgesagt werden kann.[8] Und was bedeutet das? Nehmen wir ein klassisches Beispiel für eine Substanz: mich. Ich bin Sebastian Gäb. Nun kann man über mich eine Menge sagen, z. B. dass ich braunhaarig bin oder bärtig oder 181 Zentimeter groß. All diese Dinge kann man von mir behaupten, und sie treffen nicht nur auf mich, sondern genauso auf viele andere Wesen zu. Aber dass ich Sebastian Gäb bin, kann korrekterweise nur von mir und nichts anderem behauptet werden.[9] Deswegen bin ich eine Substanz, und Braunhaarig-Sein oder Bärtig-Sein sind Eigenschaften, die dieser Substanz zukommen können oder auch nicht. Denn wenn ich beschließe, mich zu rasieren, verliere ich die Eigenschaft des Bärtig-Seins wieder. Aber was auch immer ich tue, ich könnte nicht aufhören, der zu sein, der ich bin. Für eine Substanzontologie zerfällt also die Realität in zwei große Kategorien, aus denen alles besteht, was existiert: Substanzen und Eigenschaften. Substanzen existieren selbständig, sind ontologisch distinkt

8 So erklärt es schon Aristoteles in seiner *Kategorienschrift* (2a).
9 Genaugenommen sollte man sagen, dass man von nichts anderem sagen kann, dass es *dieser* Sebastian Gäb ist, denn natürlich könnte es noch andere Menschen, deren Name ebenfalls „Sebastian Gäb" ist.

(existieren also unabhängig von ihren Eigenschaften und von anderen Substanzen) und sind die Träger wechselnder Eigenschaften. Eigenschaften hingegen existieren nur, insofern es Substanzen gibt, denen sie zukommen und von denen sie abhängig sind (viele Dinge können z. B. blau sein, aber es gibt kein Blau, ohne dass es irgendein Ding gibt, dem dieses Blau zukommt). Eigenschaften können sich wandeln und einer Substanz eine Zeit lang zukommen, später dann wieder nicht (ein Blatt kann im Sommer grün und im Herbst gelb sein), aber Substanzen selbst bleiben inmitten aller Veränderungen unverändert und mit sich selbst numerisch identisch. In diesem Sinne verstehen wir das Selbst unseres alltäglichen Denkens als Substanz, auch wenn wir vielleicht nicht genau diesen Begriff benutzen würden, um es zu beschreiben.

Im Gegensatz dazu behauptet eine Prozessontologie: Alles, was existiert, sind Prozesse. Ein Prozess ist selbst kein Ding, sondern eine Folge von miteinander verknüpften Ereignissen. Für eine Prozessontologie besteht die Wirklichkeit daher letzten Endes nicht aus Dingen oder Substanzen mit Eigenschaften, sondern aus Ereignissen: Alles, was existiert, existiert nur insofern es in Ereignisse verstrickt ist. Natürlich gibt es Dinge, aber eben nur, insofern es Ereignisse gibt. Die Vorstellung, es könnte etwas geben (ein Ding oder eine Substanz), das einfach nur existiert, aber mit dem nichts *passiert*, ist im Rahmen einer Prozessontologie absurd. Ereignisse sind die fundamentale ontologische Kategorie, nicht Substanzen. Ein simples Beispiel, an dem sich gut erklären lässt, was Prozesse sind, ist ein Fußballspiel. Ein Fußballspiel ist ein Prozess. Es ist kein Ding und hat keine Substanz, sondern ist nur eine Reihe von Ereignissen, die kontinuierlich miteinander verknüpft sind, also etwa: der Anpfiff, die Ecke in der 10. Minute, der Freistoß nach der Halbzeit und das Tor in der 88. Minute. All diese Ereignisse zusammengenommen *sind* das Fußballspiel – jenseits davon existiert nicht noch ein weiteres Ding, das man das Fußballspiel nennen könnte. Die Spieler, der Schiedsrichter, der Ball und die Eckfahne, all diese Dinge und das, was mit ihnen passiert, sind das Spiel – nichts weiter. Es wäre absurd, zu sagen: „Ich habe jetzt Leute gesehen, die auf dem Rasen rumlaufen und einen Ball kicken, aber wo bitte ist denn das Fußballspiel?“ Das Fußballspiel ist nichts, was noch zum Ball und den Spielern hinzukommt, sondern es ist das, was mit ihnen passiert – der Prozess eben.

Und weil ein Prozess eine *kontinuierliche* Folge von Ereignissen ist, hat er auch keine klaren Grenzen, denn jede Kette von Ereignissen kann ja prinzipiell bis an den Anfang des Universums zurückverfolgt oder in eine unendliche Zukunft verlängert werden. Wo wir die Einschnitte setzen, d. h. wo das eine Ereignis beginnt und das andere aufhört, ist eine mehr oder weniger willkürliche Entscheidung unsererseits. Bei Fußballspielen ist das nicht anders. Man könnte zwar meinen, dass das Spiel mit dem Anpfiff beginnt und mit dem Abpfiff endet, aber manchmal zählen eben auch Ereignisse, die nach dem Abpfiff passiert sind, zum Spiel dazu. Ein ideales Beispiel ist das legendäre Viertelfinale Deutschland gegen Argentinien bei der WM 2006. Nachdem die deutsche Elf dieses Spiel in einem nervenaufreibenden Elfmeterschießen gewonnen hatte, kam es auf dem Platz zu einer Rangelei zwischen den Spielern, und in der Folge tauchten Bilder auf, die zeigen sollten, wie Thorsten Frings einen argentinischen Spieler getreten haben soll. Die Fifa sprach für dieses Verhalten nachträglich eine rote Karte aus, so dass Frings im Halbfinale gegen Italien aussetzen musste, das dann prompt mit einer 0:2-Niederlage endete. Was also nach dem Abpfiff passiert, kann durchaus noch Teil des Spiels sein, sofern wir uns (wie in diesem Fall die Fifa) dazu entschließen, es so zu betrachten. Die Grenzen zwischen einzelnen Prozessen sind letzten Endes willkürlich, ebenso wie zwischen heute und morgen. Wir sagen zwar, dass um 0:00 Uhr in der Nacht der neue Tag beginnt und der alte endet, aber jeder andere Moment wäre genauso geeignet, denn im ununterbrochenen, fließenden Wechsel von Tag und Nacht gibt es keinen klaren Moment der Trennung von heute und morgen. Der neue Tag könnte ebenso gut am Morgen oder am Mittag beginnen, wenn wir es nur so entscheiden würden. Daher gibt es, so könnte man in Analogie zur Nicht-Selbst-Lehre des Buddha sagen, keinen heutigen Tag. Der heutige Tag ist eine Illusion, die entsteht, weil wir ein willkürlich abgestecktes Segment in der unendlich sich erstreckenden Zeit behandeln, als ob es ein reales Ding wäre. Natürlich sind Konzepte wie „heute" und „morgen" trotzdem praktisch, z. B. wenn man sich verabreden möchte. Und auch ein Konzept wie „Ich" ist praktisch, um sich in der Welt zu orientieren. Aber das heißt noch lange nicht, dass diese Konzepte auch Dinge beschreiben, die tatsächlich in der Realität vorhanden sind. Auf einer konventionellen Ebene ist es sinnvoll und praktisch, so zu tun, als ob gewisse Fiktionen wie „Heute", „Sommer" oder „Ich" tatsächlich real sind. Aber in einer Beschreibung der Realität auf ultimativer Ebene werden all diese Fiktionen verschwinden.[10]

---

10 Die spätere buddhistische Philosophie führt diesen Gedanken im Konzept der zwei Wahrheiten (*satyadvaya*) weiter aus: Demnach gibt es eine konventionelle (*samvrti*) Wahrheit und eine ultimative (*paramārtha*) Wahrheit. Unsere alltägliche Sicht der

Anders als Substanzen haben Prozesse auch keine stabile Identität, denn es gibt nichts, was in ihnen unverändert bleibt. Daraus ergibt sich aber für die Philosophie des Buddha ein schwieriges Problem: Was sorgt eigentlich dafür, dass ich im Verlauf der Zeit immer die gleiche Person bleibe, auch wenn ich mich ständig verändere? Warum bin ich heute noch dieselbe Person wie vor zehn Jahren und werde in zehn Jahren immer noch die Person sein, die ich heute bin? Wenn wir davon ausgehen, dass die Nicht-Selbst-Lehre korrekt ist, was begründet dann meine *personale Identität*? – Für eine Substanzontologie ist die Antwort nicht schwer: Meine Identität ergibt sich aus der Identität meines Substanz-Selbstes. Ich bin dieselbe Person wie früher, weil dieses Selbst immer dasselbe geblieben ist. Wenn ich eine Substanz bin, dann bleibe ich im Verlauf aller Veränderungen derselbe, weil mein Substanz-Selbst unveränderlich ist. Es ist beharrlich und überdauert stur alle Veränderungen seiner Eigenschaften. Aber diese Antwort kann eine Prozessontologie nicht geben. Denn wenn ich ein Prozess bin, dann gibt es nichts, was im Verlauf der Veränderungen konstant bleiben würde. Stattdessen müssen wir sagen: Was mich mit meiner Vergangenheit und Zukunft verbindet, ist nicht die Tatsache, dass mein Substanz-Selbst immer da gewesen und das gleiche geblieben ist, sondern dass mein Ich-Prozess bisher weitergelaufen ist, ohne abzureißen. Die Kontinuität des Ich-Prozesses ist das, was an die Stelle unserer alltäglichen Ideen von Identität tritt. Es gibt keine Identität in dem Sinne, dass eine Person einen stabilen und unveränderlichen Wesenskern hat. Es gibt nur einen ununterbrochenen Prozess, und solange er nicht abreißt, sagen wir eben zu allen Phasen und Abschnitten dieses Prozesses, dass wir es hier mit derselben Person zu tun haben. Identität ist also auch eine Fiktion, genau wie das Selbst. Und wenn Personen in Wirklichkeit Prozesse sind und keine Substanzen, dann ist es auch nicht sinnvoll, zwischen der Person und ihren wechselnden Eigenschaften zu unterscheiden, also zwischen dem, was die Person in Wirklichkeit ist und dem, was nur zufälligerweise gerade auf sie zutrifft. Wir sollten nicht sagen: „Der Apfel ist rot“, sondern: „Es gibt einen Prozess, der Apfel-Aspekte und Rot-Aspekte hat“. Und ebenso sollten wir nicht mehr sagen: „Ich bin traurig“, sondern: „Traurigkeit passiert“. Das mag sich seltsam anhören, aber dahinter verbirgt sich eine bedeutende Einsicht: Wenn ich mich selbst als Prozess betrachte, eröffnet das die Möglichkeit, mich nicht

---

Realität entspricht der konventionellen Wahrheit, die Sicht des Erleuchteten auf die Realität entspricht der ultimativen Wahrheit.

mehr mit dem zu identifizieren, was mir passiert und was ich empfinde, und so nicht mehr daran anzuhaften (mehr dazu in Kap. 6). Traurigkeit passiert, aber ich bin nicht diese Traurigkeit und sie bestimmt nicht, was ich bin, sondern ist nur ein flüchtiger Aspekt eines Prozesses, der ohnehin ständig in Bewegung ist.

Für den Buddha besteht die Welt also nicht aus Dingen, sondern aus Prozessen. Was existiert, auch Sie und ich, sind letzten Endes Prozesse, die keinen unveränderlichen Wesenskern haben, die permanent im Wandel sind und die keine klaren Grenzen zueinander haben. Bricht man die Prozesse immer weiter herunter, dann landet man auf der tiefsten Ebene bei den kleinsten Bausteine der Realität (sozusagen die ontologischen Atome des Buddhismus), die später in der buddhistischen Philosophie als *dhammas* bezeichnet werden (der Buddha gebraucht diesen Ausdruck noch nicht in diesem Sinn, aber der Gedanke selbst ist bei ihm wiederzufinden). Allerdings handelt es sich hierbei nicht um kleinstmögliche Materiepartikel (wie z. B. bei den Atomisten in der griechischen Antike), sondern um so etwas wie Elementarereignisse, d. h. fundamentale Kategorien von nicht mehr weiter reduzierbaren Ereignissen. Die *khandhas*, aus denen eine Person besteht, sind auch solche *dhammas*, aber darüber hinaus gibt es noch mehr.[11] Was wir normalerweise für die Dinge der Welt halten – Menschen, Bäume, Planeten –sind dann nichts anderes als fortlaufende, kontinuierliche Verwirbelungen von *dhammas*, die wir mit Namen versehen haben. Aber hinter diesen Verwirbelungen ist nichts. Die Dinge sind wie ein Strudel in der Badewanne – im Inneren leer. Und ähnlich wie der Strudel nichts anderes ist als Wassermoleküle, die von einer Kraft bewegt werden, ist alles, was existiert, auch nur ein Strudel von *dhammas*, die sich zusammenballen und wieder auseinandertreiben. Auch unser alltägliches Selbst ist nichts anderes als ein Strudel von *khandhas*, die durch die Kraft des Durstes zusammengehalten werden. Denn in unserer natürlichen Einstellung dreht sich die ganze Welt um uns selbst: Was auch immer wir wahrnehmen, wir bewerten es automatisch und unbewusst als gut oder schlecht für uns (und alles, was weder das eine noch das andere ist, ist im Prinzip nicht real für mich). Daraus entsteht dann der Durst: Was gut für mich ist, das will ich, was schlecht für mich ist, will ich nicht. Dieses „Ich will" (der Durst) hält alles zusammen und erzeugt damit die Illusion eines Ichs, das will. Aber das Ich bleibt eine

11 In den späteren Schulen des Buddhismus werden unterschiedlich lange Listen von *dhammas* erstellt, die teilweise 80, 81 oder 100 *dhammas* umfassen.

Illusion, und daher kann der Buddha auch sagen, dass Unwissenheit und Verblendung (*avijā*) der Ursprung des Leidens sind. Denn Durst als Ursprung des Leidens ist überhaupt nur möglich, wenn wir in der Illusion eines beharrlichen Selbst gefangen sind. In dem Moment, in dem wir einsehen, dass da kein Selbst ist, für das irgendetwas gut oder schlecht sein kann, gibt es keinen Grund mehr, etwas zu wollen. Die Befreiung von der Illusion des Selbst ist zugleich die Befreiung vom Anhaften und damit vom Leiden.

3.3 Prozess und Leid

Damit ist nun auch klar, warum wir gar nicht anders können als leiden: Denn Wesen wie wir – also Wesen, die glauben, ein Selbst zu sein – können gar nicht anders als Dinge zu wollen. Wir haben im vorigen Kapitel gesehen, dass wir endliche, begrenzte Wesen sind, deren Dasein von unterschiedlichsten äußeren Faktoren abhängt, über die wir keine Kontrolle haben. Unsere Existenz basiert auf Dingen, die wir nicht aus uns selbst heraus erzeugen können: Wir brauchen Sauerstoff und Wärme, um zu überleben (und morgens einen Kaffee), wir brauchen Freundschaften und Aufgaben im Leben, damit es uns gut geht. Aber ob ich diese Dinge bekomme oder nicht, steht letzten Endes nicht in meiner Macht. Mein Selbst ist also eine ziemlich prekäre Angelegenheit und immer *gefährdet*: Die Bedingungen, unter denen ich existieren kann, könnten jederzeit wegbrechen – und dann sterbe ich, oder verliere zumindest das Leben, das ich jetzt habe. Wenn mein Selbst weiterexistieren soll, muss es dafür sorgen, dass es bekommt, was es braucht, um seine Wünsche zu erfüllen, so dass der Selbst-Prozess weiterlaufen kann. Aber das bedeutet, dass ich immer irgendetwas wollen werde. Irgendetwas wird mir immer fehlen, um endlich wunschlos glücklich zu sein. Ich werde immer Wünsche und Begierden haben. Es bringt also nichts, auf den Tag zu warten, an dem alle Probleme gelöst und alle Wünsche erfüllt sind, denn für Wesen wie uns wird dieser Tag niemals kommen. Das macht übrigens auch aus einer ganz anderen Perspektive Sinn, nämlich unter dem Gesichtspunkt des evolutionären Überlebens: Ein Lebewesen, das niemals Bedürfnisse hätte (oder zu wenige oder die falschen), wäre schlecht an seine Umwelt angepasst und würde rasch zugrunde gehen. Leben heißt, sich gegen die Wirklichkeit behaupten. Und unter den Bedingungen biologischer Existenz in diesem Universum ist Bedürfnisse zu haben der einzig mögliche Weg, das zu tun und zu überleben – und damit das Leiden der unvermeidliche Preis des Daseins.

Es zeigt sich am Ende dieses längeren Gedankengangs, dass die erste edle Wahrheit – alles Dasein ist leidvoll – eine ebenso rationale wie realistische Position ist. Wenn wir erklären wollen, warum wir leiden und warum das Leiden trotz all unserer Bemühungen nicht aus der Welt verschwinden will, müssen wir kein übernatürliches Wesen annehmen, das uns bestrafen will. Wir sind nicht selbst schuld, weil wir gesündigt haben, und wir sind auch nicht der Kollateralschaden in einem mythischen Kampf zwischen den Mächten des Lichts und der Finsternis. Wir leiden einfach, weil wir uns darüber täuschen, was wir eigentlich sind, und weil wir uns einer Illusion über uns selbst und die Welt hingegeben haben. Diese Illusion hat zwei Aspekte, die beide in Kombination zum Leiden führen. Erstens der *metaphysische* Aspekt: Die Natur aller Dinge ist es, prozesshaft und daher unbeständig zu sein (also: nichts hat ein Selbst). Und zweitens der *anthropologische* Aspekt: Wir wollen Dinge und können nicht anders, als Dinge zu wollen (weil wir denken, wir hätten ein Selbst). Akzeptieren wir diese beiden Aussagen, dann sind wir wieder bei einem Satz angekommen, der im vorigen Kapitel bereits gefallen war: Wenn Wesen wie wir in einem Universum wie diesem existieren, dann werden sie notwendigerweise leiden. Wenn die metaphysische und die anthropologische Komponente zusammenkommen, garantieren sie die Unvermeidlichkeit des Leidens.

3.4 Ein Argument für die Nicht-Selbst-These

Soweit also die Theorie des Buddha, wonach es das, was wir normalerweise für unser Selbst halten, nicht gibt: Die Wirklichkeit ist ihrem Wesen nach prozesshaft und unbeständig, daher kann etwas, was wir ein Selbst nennen würden, nicht real sein. Nun drängt sich ein ziemlich naheliegender Einwand auf: *Aber es gibt mich doch!* Es ist doch vollkommen verrückt, etwas derart Offensichtliches zu bestreiten! Wer ernsthaft glaubt, dass es das Selbst nicht gibt, hat im besten Fall den Bezug zur Realität verloren und sich in eine weltfremde Theorie verstrickt oder ist, im schlimmsten Fall, verrückt geworden. Wie begründet denn der Buddha diese auf den ersten Blick ziemlich weit hergeholte Behauptung, dass es kein Selbst gibt?

Es stimmt natürlich – auf den ersten Blick sieht die These, dass das Selbst eine Illusion ist, nicht gerade plausibel aus. Aber zwei Punkte müssen wir uns klarmachen, bevor wir auf diesen Einwand reagieren: Erstens sagt der Buddha nicht, dass es *kein* Selbst gibt, sondern nur, dass das Selbst nicht das ist, für das wir es halten. In unserer natürlichen Einstellung denken wir, wir wären eine beständige Substanz, aber bei genauerer Analyse zeigt sich, dass wir nur ein fluktuierender Prozess sind. Das ist aber mehr als nichts – wir sollten also eigentlich nicht sagen, dass der Buddha behauptet, dass es überhaupt kein Selbst gibt. Richtiger wäre es zu sagen: Der Buddha behauptet, dass es ein *stabiles, ewiges, substanzielles* Selbst nicht gibt oder dass unser Selbst wie die gesamte Realität ein Prozess ist. Bloß zu sagen „Aber es gibt mich doch!" ist noch kein Einwand, denn das würde auch der Buddha nicht bestreiten wollen. Ja, es gibt uns, aber wir sind nicht das, wofür wir uns normalerweise halten. Wir sind Prozesse, keine Substanzen. Und zweitens muss die Nicht-Selbst-Lehre nicht allein deshalb falsch sein, weil sie unseren Intuitionen widerspricht. Ein philosophischer Realismus erfordert es, der Realität vorurteilsfrei ins Auge zu blicken und sie zu sehen, wie sie ist. Es bedeutet nicht, gutgläubig einfach das als korrekt anzusehen, was wir für die Realität *halten*. Und die Realität zu sehen, wie sie ist, heißt eben manchmal auch, zu akzeptieren, dass wir sie bisher nicht richtig gesehen haben. Unsere natürliche Einstellung genießt einen gewissen Bestandsschutz, aber sie ist nicht unantastbar. Zum Beispiel steht vor mir auf dem Tisch eine Kaffeetasse. Meine alltägliche Weltsicht sagt mir, dass diese Tasse ein einzelner Gegenstand ist, der glatt und weiß ist und aus Porzellan besteht. Aber das stimmt nicht. Die Tasse ist kein einzelner Gegenstand, sondern eine Ansammlung von Atomen, die aus einem Kern von Protonen und Neutronen bestehen, der von Elektronen umkreist wird. Dazwischen ist nichts als leerer Raum, und obwohl die Kaffeetasse fest und dicht erscheint, besteht sie doch zu mehr als 99 % nicht aus Materie, sondern aus Leere. Keines der Elementarteilchen, aus denen die Atome bestehen, hat einen klar bestimmbaren Platz im Raum, nur eine bestimmte Wahrscheinlichkeit, mit der ich es hier oder da finden werde, wenn ich es suche. Statt einer Kaffeetasse habe ich eigentlich nur eine nebulöse Wolke von Partikeln vor mir, die weder weiß noch glatt sind noch aus Porzellan bestehen. So zumindest sieht die Kaffeetasse aus, wenn man sie aus der Perspektive der modernen Physik betrachtet. Dieses Bild widerspricht ganz eklatant meiner alltäglichen Weltsicht, und auch wenn ich weiß, dass es eigentlich näher an der Realität wäre, schaffe ich es nicht, die Tasse nicht als Tasse, sondern als Wolke von Elementarteilchen zu sehen. Aber das bedeutet nicht, dass die Physik falsch liegt, sondern bloß, dass ich an einem natürlichen Weltverständnis festhänge, dem ich nicht blind vertrauen sollte. Wenn der Buddha Recht hat mit seiner Behauptung, dass es kein Selbst gibt, dann sollten wir das akzeptieren, auch wenn es unseren Intuitionen massiv widerspricht.

Aber *hat* er auch Recht? Woher soll ich denn wissen, dass die Nicht-Selbst-Lehre auch wirklich wahr ist? In seinen Reden liefert der Buddha immer wieder ein Argument für diese Position, das seinem Grundprinzip des Empirismus folgt: Schau genau hin und prüfe alles, was Du findest, ob es das ist, was man ein Selbst nennen kann: Der Körper? Die Gedanken? Du wirst feststellen, dass so etwas nicht zu finden ist. In einem Gespräch mit seinen Schülern erläutert der Buddha das Verfahren folgendermaßen:

> Ein wohlunterrichteter edler Schüler, der die Edlen beachtet und in ihrem *Dhamma* bewandert und geschult ist, der aufrechte Menschen beachtet und in ihrem *Dhamma* bewandert und geschult ist, betrachtet den Körper so: ‚Dies ist nicht mein, dies bin nicht ich, dies ist nicht mein Selbst.' Er betrachtet die Empfindung so: ‚Dies ist nicht mein, dies bin nicht ich, dies ist nicht mein Selbst.' Er betrachtet das Denken so: ‚Dies ist nicht mein, dies bin nicht ich, dies ist nicht mein Selbst.' Er betrachtet den Willen so: ‚Dies ist nicht mein, dies bin nicht ich, dies ist nicht mein Selbst.' Er betrachtet das Bewusstsein so: ‚Dies ist nicht mein, dies bin nicht ich, dies ist nicht mein Selbst.' (MN 22: i 136 [Me*])

Der Buddha gibt also seinen Anhängern die Anweisung, jedes einzelne *khandha* genau zu betrachten und zu prüfen, ob es sich dabei um ein Selbst handeln kann. Wenn es ein Selbst gibt, so die Annahme, dann sollte es sich in der Erfahrung nachweisen lassen. Aber wenn wir die einzelnen Kandidaten für ein Selbst, die sich in der Erfahrung zeigen, genau untersuchen, dann stellen wir fest, dass sie nicht das sind, was wir für ein Selbst halten würden. Aber welche Eigenschaften müsste etwas besitzen, um korrekterweise als Selbst bezeichnet werden zu können? Das Kriterium, das der Buddha annimmt, ist Beständigkeit und damit Leidfreiheit – wenn etwas ein Selbst ist, dann sollte es stabil, nicht unbeständig und daher frei von Leiden sein. Der Buddha erläutert das so:

> Ihr Bhikkhus, was meint ihr? Ist der Körper unvergänglich oder vergänglich? – ‚Vergänglich, ehrwürdiger Herr.' – ‚Ist das, was vergänglich ist, Leid oder Glück?' – ‚Leid, ehrwürdiger Herr.' – ‚Ist das, was vergänglich, leidvoll und der Veränderung unterworfen ist, geeignet, so betrachtet zu werden: „Dies ist mein, dies bin ich, dies ist mein Selbst"?' – ‚Nein, ehrwürdiger Herr.' (MN 22: i 139 [Me*])

Der Gedankengang, der hier auf den Körper bezogen ist, wird in der weiteren Folge auf alle anderen *khandhas* angewandt, mit dem gleichen Ergebnis: Sie sind unbeständig, leidvoll und daher nicht das Selbst. Insgesamt hat das Argument in etwa diese Form:

(1) Alle *khandhas* sind unbeständig.
(2) Wenn etwas das Selbst ist, dann ist es mit einem oder mehreren khandhas identisch.
(3) Wenn etwas das Selbst ist, dann ist es nicht unbeständig.
(4) Also: Es gibt kein Selbst.

Prämisse (1) ist kaum problematisch. Schauen wir uns z. B. den Körper an, dann stellen wir fest, dass er vergänglich und unbeständig ist wie alles andere auch. Der Körper verändert sich permanent, etwa wenn wir krank werden oder altern. Diese Unbeständigkeit führt – wie bei allen anderen Dingen – dazu, dass wir leiden. Gleiches gilt für die mentalen *khandhas* – Gedanken, Empfindungen oder Willensregungen. Der Strom unseres Bewusstseins ist permanent im Fluss und immer folgt ein Erlebnis auf das nächste. Prämisse (2) ist eine Konsequenz des mereologischen Nihilismus des Buddha: Die Einzelteile des vermeintlichen Selbst sind vollständig aufgelistet in den fünf *khandhas* – ein Selbst, das darüber hinaus existiert, wäre ein Ganzes, das zusätzlich zu den Teilen existiert, und das kann es nicht geben. Also muss das Selbst entweder eines der *khandhas* sein oder ihre Summe. Aber übersieht der Buddha hier nicht etwas? Könnte nicht die Gesamtheit der mentalen *khandhas*, der kontinuierliche Strom des Bewusstseins – der Geist also – das Selbst sein? In der westlichen Philosophie ist es René Descartes, der diese These prominent vertreten hat: „Also was bin ich nun?" fragt Descartes in seinen *Meditationen* und antwortet: „Ein denkendes Ding" (Descartes 1986: 87) Das Selbst wäre für Descartes also dasjenige, was die Gedanken und Empfindungen *hat* – die geistige Substanz, die zusätzlich zu allen mentalen Ereignissen als deren Träger existiert. Sollte Descartes Recht haben, dann wäre Prämisse (2) falsch, denn neben den fünf *khandhas* gäbe es noch einen weiteren Kandidaten für das Selbst: den Geist.[12] Einige indische Philosophien vertreten eine ähnliche

12 Achtung: der Geist in diesem Sinn nicht das gleiche ist wie das *khandha* des Bewusstseins. Bewusstsein meint für den Buddha die Qualität bestimmter Ereignisse, im mentalen Strom aufzutauchen, aber nicht einen substantiellen Geist, der diesen Strom realisiert.

Theorie und haben vergleichbare Einwände gegen die Nicht-Selbst-Lehre des Buddha vorgetragen. Seine Antwort auf diese Einwände lautet: Es ist ein Irrtum anzunehmen, dass es neben dem kontinuierlichen Strom mentaler Ereignisse noch ein substanzielles Selbst geben muss. Alles, was existiert, ist dieser Strom der Ereignisse, die Annahme eines substanziellen Selbst ist überflüssig:

> Wie wenn man zwei Hölzer aneinander reibt: Hitze wird erzeugt und eine Flamme entzündet. Aber wenn man die Hölzer trennt und zur Seite legt, hört die entsprechende Hitze auf und vergeht. Ebenso entsteht ein angenehmes Gefühl in Abhängigkeit von einem Kontakt, der als angenehm zu erleben ist. Mit dem Aufhören dieses Kontakts, der als angenehm zu erleben ist, hört das entsprechende angenehme Gefühl auf und vergeht. (SN 12.62 [Sa])

Woher kommen unsere Erlebnisse? Alles, was wir brauchen, um vollständig zu erklären, woher ein bestimmtes mentales Ereignis entsteht, ist seine Ursache. Wenn ich z. B. in ein Stück Schokolade beiße, ist das ein Kontakt, der eine Reihe mentaler Ereignisse kausal hervorruft, etwa die Wahrnehmung des süßen Geschmacks, eine angenehme Empfindung und der Wunsch, mehr davon zu bekommen. Ist die Schokolade gegessen, verschwinden diese mentalen Ereignisse wieder und werden von anderen Erlebnissen im Strom des Bewusstseins abgelöst. Alles, was es über dieses mentale Ereignis zu sagen gibt, ist damit bereits gesagt. Jenseits dieser konkreten Erlebnisse gibt es kein Bewusstsein, das unabhängig von ihnen existieren würde – genauso wie es keine Flamme gibt, die jenseits des konkreten Feuers existieren würde. Es gibt einzelne Flammen, aber es gibt nicht das Feuer an sich, das noch zusätzlich zu den einzelnen Flammen existiert. Ebenso gibt es für den Buddha zwar konkrete mentale Ereignisse, aber nicht einen Geist, der hinter den mentalen Ereignissen existiert. Eine solche Annahme ist genauso überflüssig und sinnlos wie die Annahme, ein immaterielles Feuer müsse noch weiterexistieren, nachdem die konkreten Flammen verloschen sind. Bleibt noch Prämisse (3) – wieso darf ein Selbst nicht unbeständig sein? Zum einen deshalb, weil ein unbeständiges Selbst auch zugleich leidvoll ist (aufgrund des Leidens durch Unbeständigkeit) und damit dem pragmatischen Anspruch der Philosophie des Buddha nicht gerecht wird: Wenn es ein Selbst gäbe, dann müsste es sich im Leben bewähren. Ein Selbst, das sich im Leben bewährt, müsste zur Freiheit vom Leiden führen und deshalb beständig sein. Daher betont der Buddha, dass nichts, was *dukkha* ist, ein Selbst sein kann. Zum anderen kann ein unbeständiges Selbst nicht den Anspruch an ein Selbst einlösen, den wir zu Beginn formuliert haben: Das Selbst soll dasjenige sein, was mir meine numerische Identität verleiht. Es soll das Element sein, das in allen Veränderungen beharrlich bleibt und garantieren kann, dass ich im Verlauf der Zeit und durch alle Veränderungen hinweg mit mir selbst identisch bleibe. Das kann es aber nur dann, wenn es selbst keinen Veränderungen unterworfen ist und konstant das gleiche bleibt. Mit anderen Worten: Wenn es unveränderlich ist.

3.5 Anattā und Neurowissenschaft

Die Nicht-Selbst-Lehre dürfte der Aspekt der buddhistischen Philosophie sein, der unserem alltäglichen Weltbild am stärksten widerspricht. Daher macht es Sinn, sich nicht nur die philosophischen Argumente des Buddha zugunsten dieser These anzuschauen, sondern auch einige Erkenntnisse moderner Hirnforschung, die seine Position überraschenderweise untermauern. Seit den 1960er Jahren ist das Phänomen des sogenannten *split brains*, des geteilten Gehirns, bekannt. Das menschliche Gehirn besteht bekanntermaßen aus zwei Hälften, einer rechten und einer linken. Diese beiden Hälften sind durch eine Art Brücke, das *corpus callosum*, verbunden, das wie ein Datenkabel funktioniert, über das die beiden Hirnhälften Informationen austauschen. Dieses *corpus callosum* wurde bei manchen Patienten, die unter schweren Formen von Epilepsie litten, chirurgisch durchtrennt, so dass sich epileptische Anfälle nicht mehr über das ganze Gehirn ausbreiten konnten. Im Alltag zeigen Patienten, die sich dieser Operation unterzogen haben, keinerlei bemerkenswerte Veränderungen. Das ändert sich aber, wenn man sie in bestimmte experimentelle Situationen bringt. Dazu muss man wissen, dass die beiden Hirnhälften sich die meiste Arbeit teilen: Die rechte Hälfte des Gehirns steuert die linke Körperhälfte und verarbeitet Signale von dort (also den linken Arm, das linke Auge usw.), die linke Hälfte des Gehirns ist für die rechte Körperseite zuständig. Beide Hirnhälften sind in der Lage, Sprache zu verstehen, aber bei den meisten Menschen übernimmt die linke Hälfte das Sprechen. Nun setzt man den Patienten vor einen Bildschirm, der eine Trennwand in der Mitte hat, so dass nur eines der beiden Augen sehen kann, was angezeigt wird. Zeigt man dem linken Auge (also der rechten Hirnhälfte) kurz das Wort „Hut" und fragt den Patienten, was er gesehen hat, wird er sagen, dass er nichts gesehen hat – denn für das Sprechen ist die linke Hirnhälfte zuständig, und die hat nichts gesehen. Bittet man ihn dann aber, aus einer Reihe von Gegenständen mit der linken Hand den passenden Gegenstand auszuwählen (spricht also die rechte Hirnhälfte an), dann wird er ohne Zögern den Hut ergreifen. In einem anderen Experiment zeigt man jeder Hirnhälfte des Patienten zwei geometrische Formen, z. B. ein Dreieck und einen Kreis, und fragt ihn dann, ob die beiden Formen identisch sind. Auf diese Frage kann er keine Antwort geben, denn jede Hirnhälfte hat nur eine der beiden Formen gesehen und weiß nicht, was die andere gesehen hat. Normalerweise würden sie über das *corpus callosum* miteinander kommunizieren, aber dieser Weg ist ja blockiert. Oder man sagt dem Patienten, dass man ihm eine Karte mit einer Aufforderung zeigen wird, und bittet ihn, dieser Aufforderung nachzukommen, sobald er sie sieht. Dann zeigt man dem linken Auge (der rechten Hirnhälfte) das Wort „Weggehen", und der Patient steht auf und geht weg. Fragt man ihn dann aber, warum er weggegangen ist, so antwortet er vielleicht so etwas wie: „Ich wollte mir was zu trinken holen." Die linke Hirnhälfte, die für das Sprechen zuständig ist, wusste nichts von der Aufforderung und muss notgedrungen eine Geschichte erfinden, um zu erklären, was passiert ist.

In diesen Beispielen sieht es frappierend so aus, als hätten die Patienten nicht *ein* Bewusstsein, sondern *zwei*. Nimmt man den beiden Hirnhälften die Möglichkeit, miteinander zu kommunizieren, scheint es, als würden sich zwei separate Bewusstseinszentren bilden. Wo aber ist dann das Selbst dieser Patienten? Kann der Patient im ersten Beispiel von sich sagen: „Ich habe das Wort ‚Hut' gesehen"? Seine rechte Hirnhälfte kann es nicht, denn sie kann nicht sprechen – aber so, wie er sich verhält, müssen wir wohl annehmen, dass sie es gesehen hat. Seine linke Hirnhälfte kann es auch nicht, denn sie kann zwar sprechen, hat aber nichts gesehen, und sagt daher „Ich habe nichts gesehen". Hat er also das Wort gesehen? Aber wer ist *er*? Welche der beiden Hälften ist das Ich des Patienten? Wenn wir jetzt sagen: „Keine!", dann sind wir nicht mehr weit von dem, was der Buddha lehrt. Denn dann ist das, was wir unser „Ich" nennen, nur ein Konstrukt, das sich im Prozess der Kommunikation und Abstimmung zwischen unterschiedlichen Hirnprozessen entwickelt, und in der radikalen Ausnahmesituation der *split-brain*-Experimente zeigt sich, was im Alltag unentdeckt bleibt: dass es das Selbst, so wie wir es uns vorstellen, nicht gibt.

Literaturhinweise:

Die Nicht-Selbst-Lehre und die *khandhas* werden in M 109 vorgetragen. In SN 22.59 präsentiert der Buddha das Argument für die Nicht-Selbst-These. Ähnlich auch SN 18.22. In MN 35 verteidigt der Buddha die Nicht-Selbst-Lehre gegen die Einwände eines Kritikers.

Zur Nicht-Selbst-Theorie des Buddha: Gowans 2003: Kap. 6–8. Siderits 2021: Kap. 2. Siderits 2015. Garfield 2015: Kap. 4. Ausführlich: Harvey 1995. Einführung in die Prozessphilosophie allgemein: Rescher 1996. Buddhismus als Prozessphilosophie: Inada 1975 und 1988. Eine ausführliche philosophische Verteidigung der Nicht-Selbst-Theorie: Garfield 2022b. Zu *split-brains*: Nagel 2008: 209–228. Bayne 2010: Kap. 9. Zu Konsequenzen für das Selbst: Parfit 1984: Kap. 10–12.

Diskussionsfragen

- Könnte es noch mehr Elemente eines Selbst geben als die fünf *khandhas*?
- Wie kann man einen Apfel als Prozess beschreiben?
- Warum ist nicht der kontinuierliche, ununterbrochene Strom der *khandhas* das Selbst?

4 *Kamma*: Karma, Kausalität und Wiedergeburt

Am Anfang der Philosophie des Buddha steht die Frage: Warum leiden wir? Wir leiden, weil wir Dinge wollen, die wir nicht bekommen können, weil die Welt unbeständig ist. Und warum ist sie unbeständig? Diese Frage hatte uns direkt in die Metaphysik des Buddha geführt: Sie ist unbeständig, weil die Dinge kein Selbst haben, was bedeutet, dass sie ihrem Wesen nach Prozesse sind: komplexe Zusammenballungen von Ereignissen, die sich ständig im Fluss befinden, die kontinuierlich fortlaufen und keine klaren Grenzen haben. Das gilt für alles, was existiert, besonders für uns selbst. Auch wir sind Prozesse, nämlich die andauernde Verwirbelung der fünf *khandhas*, aus denen das zusammengesetzt ist, was wir für unser Selbst halten. Was in der natürlichen Einstellung aussieht wie ein beständiges Selbst, entpuppt sich bei näherem Hinsehen als ein fluides Cluster von Prozessen, das zusammengehalten wird durch den Durst. Im Anhaften an etwas stabilisiert sich das flüchtige und prekäre Selbst für einen kurzen Moment. Nicht: Ich *denke*, also bin ich, wie Descartes meinte, sondern: Ich *will*, also bin ich. So sieht bisher das Bild aus, das der Buddha von uns als bedingten Wesen und von der Welt als komplexem Prozess zeichnet.

4.1 Das Entstehen in Abhängigkeit

Aber wie hilft uns dieses Wissen dabei, das Leiden zu überwinden? Denn genau darum geht es dem Buddha ja in letzter Konsequenz. Um das zu verstehen, müssen wir uns den Selbst-Prozess etwas näher anschauen und den letzten Baustein zur Metaphysik und Anthropologie des Buddha hinzuzufügen: die Lehre vom bedingten Entstehen und vom *kamma* (bzw. Karma – hier ist die aus dem Sanskrit entlehnte Form bereits als Fremdwort allgemein geläufig). Die Prozesse der Realität verlaufen nämlich nicht einfach chaotisch und zufällig, sondern folgen einer inneren Regelmäßigkeit, die durch das Gesetz von Ursache und Wirkung bestimmt ist. Innerhalb eines Prozesses und zwischen allen Prozessen besteht eine *kausale Abhängigkeit*: Jedes Ereignis ist in einen Prozess eingebunden, in dem es sowohl die Wirkung vorhergehender Ereignisse ist als auch die Ursache folgender Ereignisse. Oder, um es genauer zu sagen: Alle scheinbar einzelnen Prozesse sind eigentlich nur ein einziger, universaler Prozess, denn über das Band der Kausalität ist alles miteinander verflochten. Die Realität ist ein einziger, gigantischer Kausalnexus. Diese Idee der kausalen Verknüpftheit aller Dinge ist ganz entscheidend für die Philosophie des Buddha, denn sie bedeutet, dass der Mechanismus, der zur Entstehung der Illusion des Selbst und damit zum Anhaften und zum Leiden führt, verstanden werden kann. Und wenn er verstanden werden kann, dann kann man ihn auch aushebeln, wie man auch eine Krankheit nur dann heilen kann, wenn man versteht, was sie verursacht. Wenn ich z. B. Schmerzen im Knie habe, können die zwar mit Hilfe von Schmerzmitteln eine Zeit lang unterdrückt werden, aber erst, wenn ich verstehe, dass diese Schmerzen aus einer Fehlbelastung stammen, die mit einer einseitigen Muskelschwäche zu tun hat, kenne ich den Mechanismus, der die Schmerzen erzeugt, und kann an ihrer Ursache ansetzen, um sie endgültig zu beseitigen. Genauso kann ich die Illusion des Selbst nur dann überwinden, wenn ich verstehe, wie sie entsteht.

Und was ist dieser Mechanismus, der das illusorische Selbst erzeugt? Der Buddha nennt ihn das Entstehen in Abhängigkeit (*paticcasamuppāda*). Das Entstehen in Abhängigkeit ist auf der einen Seite eine spezielle Theorie, die erklärt, wie die Illusion des Selbst zustande kommt, auf der anderen Seite ist es ein fundamentales Gesetz, dem die gesamte Realität unterworfen ist und von dem die Entstehung des Selbst nur ein Spezialfall ist. Modern ausgedrückt könnte man das Entstehen in Abhängigkeit als ein *universales Kausalprinzip* bezeichnen, das besagt: Für jedes Ereignis *E* gilt: Wenn *E* existiert, dann gibt es eine Ursache für *E* und nur wenn es eine Ursache für *E* gibt, dann existiert *E*. Der Buddha formuliert es so:

> Wenn das entsteht, so wird jenes. Durch das Entstehen von jenem wird dies hervorgebracht. Wenn jenes nicht ist, so entsteht auch dies nicht. Durch das Aufhören von jenem wird dieses vernichtet. (Ud 1.3 [Sa])

Dieses Prinzip des Entstehens in Abhängigkeit ist für den Buddha so wichtig, dass es manchmal sogar als Quintessenz seiner Philosophie bezeichnet wird. Dabei besagt es eigentlich nicht mehr, als dass alles, was geschieht, eine Ursache hat, aus der es so und nicht anders geschieht. Das ist bestimmt nicht falsch, aber auch nicht besonders spektakulär, oder?

Schauen wir uns etwas näher an, was der Buddha damit meint. Der Grundgedanke ist, dass alles, was existiert, kausal bedingt ist, und anderes kausal bedingt – alles, was existiert, existiert insofern es Wirkung von anderem ist, und insofern es existiert, ist es auch Ursache von anderem. In der Sprache der Prozessontologie ausgedrückt bedeutet Entstehen in

Abhängigkeit: Alle Prozesse befinden sich permanent in Bewegung, sie entstehen, dauern an und vergehen wieder. In jedem dieser Stadien ist ein Prozess bedingt durch die einzelnen Ereignisse, die kausal miteinander verknüpft sind. Jedes einzelne Ereignis innerhalb der langen Kette von Ereignissen, die wir den Prozess nennen, ist zugleich die Wirkung früherer Ereignisse und die Ursache späterer Ereignisse. Das bedeutet auch, dass alles, was ein bestimmtes Stadium eines Prozesses ausmacht, von anderen Stadien des Prozesses abhängt und durch sie vollständig kausal erklärbar ist. Nehmen wir folgendes Beispiel: Am Samstag fühle ich mich müde und verkatert. Dieser aktuelle Zustand hat eine Ursache, nämlich dass ich am Freitagabend bis spät in die Nacht in einer Kneipe gesessen und Bier getrunken habe. Und die Müdigkeit des Samstags bewirkt, dass ich z. B. vormittags nicht Einkaufen gehe, wie ich es mir eigentlich vorgenommen habe, was wiederum bewirkt, dass ich mich am Abend darüber ärgere, dass ich keine Nudeln mehr habe, die ich eigentlich für das Abendessen brauche. Es gibt also eine lückenlose Kausalkette, die die einzelnen Stadien des Selbst-Prozesses (meine Stimmungen und Handlungen am Freitagabend, am Samstagvormittag und Samstagabend) miteinander verbindet, und jeden späteren Zustand durch den früheren erklärbar macht. Ich bin Samstagabend schlecht gelaunt, weil ich nicht eingekauft habe, und ich habe nicht eingekauft, weil ich müde war vom Freitag. Und da ich nun diesen Mechanismus verstehe, weiß ich auch, was ich am nächsten Freitag anders machen muss, um mich nicht am Samstagabend über das ausbleibende Abendessen zu ärgern – nämlich früher nach Hause gehen.

Für den Buddha unterliegt die gesamte Wirklichkeit dem Gesetz des bedingten Entstehens, und damit natürlich auch unser vermeintliches Selbst, das sich in Wirklichkeit als ein Cluster von Prozessen erwiesen hat und in seinen permanenten Veränderungen dem Gesetz des *paticca-samuppāda* folgt. Diesen speziellen Fall des universalen Kausalprinzips lohnt es sich genauer zu analysieren, denn das Verständnis dieses Prozesses ist der Schlüssel zur Überwindung des Leidens. Der Buddha beschreibt den Mechanismus, der zur Entstehung der Illusion des Selbst führt, in einer zwölfteiligen Formel.[13] Die zwölf Elemente des bedingten Entstehens erklären, wie sich der Selbstprozess konstituiet und wie daraus das Leiden entsteht:

13 In manchen Texten finden sich auch leicht abweichende, kürzere Formeln, aber die generelle Idee ist in allen die gleiche, so dass wir die zwölfgliedrige Kette als Standardmodell nehmen können.

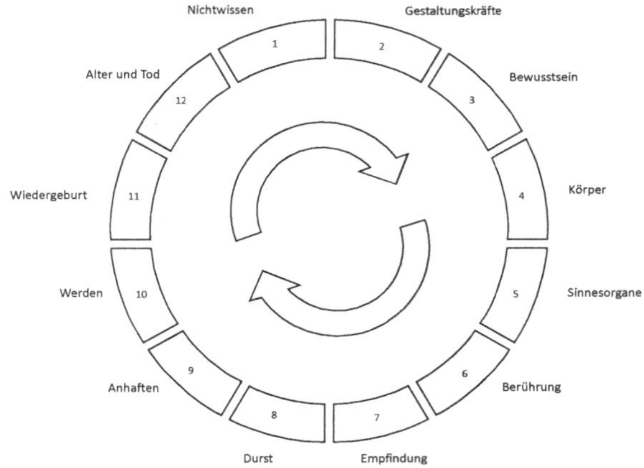

Abb. 1: Der Kreislauf des bedingten Entstehens (eig. Darstellung)

Die Grafik zeigt, dass das Schema des bedingten Entstehens als Zyklus zu verstehen ist: Jedes Element ist einerseits Ursache, andererseits Wirkung in einem in die Vergangenheit und die Zukunft offenen Prozess. Es gibt verschiedene Wege, dieses Schema zu deuten. Eine Möglichkeit ist, es als eine logische Abfolge zu lesen: Jedes Element ist die notwendige Bedingung des folgenden, d. h. wenn die Wirkung eintritt, muss auch die Ursache präsent sein. Empfindung ist beispielsweise die notwendige Bedingung des Durstes, denn wenn ich Durst empfinde, muss dem eine angenehme Empfindung vorausgehen (ohne Empfinden kein Durst). Genauso ist Durst die notwendige Bedingung des Anhaftens (ohne Durst kein Anhaften), Anhaften ist die notwendige Bedingung des Werdens... Kehrt man die Reihenfolge um und beginnt mit Punkt (12), Alter und Tod (bzw. Leiden), dann ergibt sich eine Erklärung des Leidens: Leiden entsteht, weil sich ein Lebewesen aus diversen Elementen gebildet hat, die von den karmischen Impulsen (Punkt (2), *sankhāra*) zusammengebracht wurden, die wiederum nur deshalb wirksam sind, weil eine Einsicht in die Ursachen des Leidens fehlt (1). Wieder zeigt sich, dass die ultimative Ursache des Leidens darin liegt, dass wir nicht durchschauen, woraus es entsteht. Befreiung aus dem Leiden muss deshalb eine Form der Erkenntnis sein, die Überwindung der Unwissenheit. Eine andere Möglichkeit ist, das Schema temporal zu lesen als Abfolge von Ereignissen im vergangenen, gegenwärtigen und zukünftigen Leben: Unwissenheit im letzten Leben führt dazu, dass die karmischen

Impulse weiterlaufen und ein neues Wesen entsteht (das gegenwärtige Leben). Dieses Wesen entwickelt aufgrund seiner Konstitution Durst und Anhaften, so dass es nach seinem Tod im Prozess des ewigen Entstehens verbleibt, wiedergeboren wird und wieder Alter und Tod erleidet (im nächsten Leben). Das *paticca-samupāda* zeigt in dieser Lesart, wie der Kausalnexus der Wirklichkeit sich lückenlos über alle Wiedergeburten und damit potenziell unendlich in die Vergangenheit und Zukunft erstreckt.[14] In all diesen Interpretationen ist das Entstehen in Abhängigkeit der zyklische Prozess, durch den immer wieder die Illusion eines Selbst entsteht und wodurch Anhaften, Leid und Wiedergeburt erzeugt werden. Damit ist eine detaillierte Theorie der Entstehung der Illusion des Selbst gefunden, die die einzelnen, kausal miteinander verbundenen Schritte beschreibt, nach denen sich der Prozess richtet. Und damit ist auch der Schlüssel gefunden, wie dieser Prozess unterbrochen werden kann. Wer den Bauplan für den Mechanismus des bedingten Entstehens kennt, weiß auch, an welcher Stelle man die Brechstange ansetzen muss, um den Mechanismus zu stoppen: Überwinde das Nichtwissen, und die karmischen Impulse verlieren ihre Wirkung, so dass alle nachfolgenden Elemente wegbrechen wie ein Kartenhaus.

1	Nichtwissen	*avijjā*	Unkenntnis der vier edlen Wahrheiten bzw. der Ursachen der Entstehung des Leidens.
2	Gestaltungskräfte	*sankhāra*	Karmische Dispositionen und Impulse, die zur Gestaltung neuer Phänomene/Prozesse führen.
3	Bewusstsein	*viññāna*	Das sechste *khandha*, das geistige Element, durch das erst ein Wesen entsteht.
4	Körper	*nāmarūpa*	Das verkörperte Lebewesen bzw. die psychophysische Einheit.
5	Sinnesorgane	*salāyatana*	Das mit den Sinnesorganen verbundene Bewusstsein und die Fähigkeit, mit der Welt zu interagieren.

14 Der Buddha gibt zwar keine Antwort auf die Frage, ob die Welt ewig ist oder nicht (MN 63), aber wenn man nur den Kreislauf der Wiedergeburten betrachtet, dann erstreckt er sich ohne erkennbares Ende in die Vergangenheit: „Das Umherwandern [*samsāra*] hat keinen bekannten Anfang. Ein Anfangspunkt für das Umherstreifen und Umherwandern der Lebewesen, die von Unwissenheit eingehüllt und von Verlangen gefesselt sind, ist nicht gefunden." (SN 22.99 [Sa])

6	Berührung	*phassa*	Der Kontakt mit der Realität, der durch die Sinnesorgane ermöglicht wird.
7	Empfindung	*vedanā*	Das zweite *khandha*, die angenehme, unangenehme oder neutrale Empfindungsqualität im Kontakt.
8	Durst	*tanhā*	Der Durst, der angenehme Empfindungen will und unangenehme Empfindungen ablehnt.
9	Anhaften	*upādāna*	Das Festhalten an den Empfindungen und Objekten.
10	Werden	*bhava*	Das Entstehen des Daseins, das durch die vorhergehenden Elemente erzeugt wird.
11	Wiedergeburt	*jāti*	Die Realisierung des Daseins in der Welt.
12	Alter und Tod	*jarāmarana*	Das Ende des Daseins, Inbegriff des Leidens und der Schritt, der wieder zurück zum ersten Punkt führt.

4.2 Das karmische Gesetz

Das Gesetz, nach dem der Prozess des bedingten Entstehens verläuft, ist das Karma (*kamma* auf Pali), was wörtlich so viel bedeutet wie „Handlung", hier aber das Gesetz meint, das die kausalen Zusammenhänge unserer Handlungen beschreibt. Für viele ist Karma das buddhistische Konzept überhaupt. Tatsächlich ist das Karma aber gar keine Entdeckung des Buddha, sondern eine Idee, die in der indischen Philosophie seiner Zeit bereits weit verbreitet ist. Viele Philosophien seiner Zeit setzen fast schon als selbstverständlich voraus, dass die Welt dem Gesetz des Karma gehorcht, und es wird relativ wenig Aufwand darauf verwendet, erst zu begründen, warum das Karma eigentlich real sein sollte. Das lässt sich ein wenig damit vergleichen, welchen Status für uns heute ein Begriff wie „Person" hat – käme ernsthaft jemand auf die Idee, sich zu fragen, ob es Personen wirklich gibt oder ob Menschen Personen sein können?[15] Natürlich ist prinzipiell

15 Die korrekte Antwort lautet natürlich: ja – aber solche Ideen beschränken sich auf exotische Zirkel in der Philosophie des Geistes, ebenso wie die Lehre, dass es kein Karma gibt, eine Randerscheinung in der intellektuellen Realität des Buddha gewesen sein dürfte.

eine Welt möglich, in der wir Menschen uns nicht als Personen verstehen würden, aber es fällt uns schwer, uns eine solche Welt vorzustellen. Ähnlich dürfte es dem Buddha und seinen Zeitgenossen bei der Idee einer Welt gegangen sein, die nicht dem Karma unterliegt. Daraus sollte man aber nicht schließen, dass der Buddha dieses Konzept einfach blind übernimmt, ohne dass es eine echte Relevanz für sein philosophisches Denken hat, denn es gibt in seiner Zeit auch Materialisten und Nihilisten, die das Karma ablehnen. Wenn der Buddha also (anders als sie) an diesem Konzept festhält, muss es einen Grund dafür geben.

Das Konzept des Karma ist längst im kulturellen Allgemeingut des Westens angekommen: Die meisten Menschen haben den Begriff schon einmal gehört und haben (selbst wenn sie sonst nichts über den Buddhismus wissen) wenigstens eine vage Vorstellung davon, was das Karma ist. Leider meistens eine falsche. Was ist also Karma? Das Karma ist zunächst einmal ein Naturgesetz, ähnlich wie die Schwerkraft oder der Magnetismus. Anders als diese beschreibt es aber nicht bloß Vorgänge in der physischen Natur, sondern es stellt einen kausalen Zusammenhang zwischen Handlungen, mentalen Zuständen und dem Wohlergehen eines Wesens her. Vereinfacht gesagt lautet das Gesetz des Karma: Tue Gutes, dann wird es dir gut gehen. Tue Schlechtes, dann wird es dir schlecht gehen. Es gibt also eine direkte kausale Verbindung zwischen dem, was wir tun und wie wir uns entscheiden, und dem, was wir sind und wie es uns ergeht. Allerdings müssen wir hier gleich mit einem Missverständnis aufräumen, denn das Karma ist wirklich nicht mehr als ein naturgesetzlicher Zusammenhang. Insbesondere ist es keine ausgleichende kosmische Gerechtigkeit, sondern einfach nur ein unpersönliches Naturgesetz, das beschreibt, wie die Dinge in der Realität nun mal laufen. Es wurde von keinem kosmischen Gesetzgeber erlassen, und daher hat es auch kein Ziel. Das Karma will nichts erreichen und niemand will *mit* dem Karma etwas erreichen. Es ist bloß eine Regularität, die man in der Wirklichkeit beobachten kann, ähnlich wie die Tatsache, dass Wasser unter null Grad zu Eis gefriert oder dass elektrischer Strom vom Pluspol zum Minuspol fließt. Und genau wie bei diesen physikalischen Naturgesetzen gibt es auch beim Karma keine Instanz, die darauf achten würde, dass es auch eingehalten wird, und es im Zweifelsfall durchsetzt – es gibt keine *karma police*, denn über Naturgesetze kann man sich gar nicht hinwegsetzen wie über die StVO. Dem Karma ist es daher auch herzlich egal, wer davon profitiert oder darunter zu leiden hat. Es ist eine Regularität der Wirklichkeit, keine Person, und hat daher weder Interessen noch Absichten, es straft nicht die Bösen und belohnt nicht die Guten, denn das Karma ist niemand und tut auch nichts. Es ist einfach nur ein Aspekt davon, wie die Dinge nun mal sind. Deswegen macht es auch wenig Sinn, das Karma um Gnade zu bitten oder zu hoffen, dass man ausnahmsweise einmal von seinen Konsequenzen verschont bleiben möge. Genauso absurd wäre es, zu hoffen, dass die Gesetze des Elektromagnetismus heute einmal großzügig die Augen zudrücken und mein Auto fahren lassen, obwohl die Batterie leer ist. In dieser Hinsicht unterscheidet sich das Karma nicht von anderen Naturgesetzen: Wenn ich über die Straße spaziere und der Wind einen Blumentopf von einem Fensterbrett weht, der dann auf meinem Kopf landet, dann habe ich die resultierende Beule nicht, weil die Gravitation es so will. Die Gravitation hatte kein bestimmtes Ziel im Sinn, als sie dafür sorgte, dass der Blumentopf auf meinen Kopf fällt. Und selbst wenn ich es aus irgendwelchen Gründen verdient hätte, einen Blumentopf auf den Kopf zu bekommen, dann wäre das doch nicht die Entscheidung der Gravitation gewesen. Nein, es ist einfach so, dass Dinge in der Nähe der Erdoberfläche sich nach unten bewegen, wenn nichts sie davon abhält – das nennt man eben „Gravitation", und manchmal führt diese Gravitation dazu, dass Dinge auf meinem Kopf landen. Das Karma ist ein reines Kausalgesetz, das dem Prinzip folgt: Wenn dies geschieht, passiert jenes. Wenn positive Dinge geschehen, werden sie andere positive Dinge verursachen, wenn negative Dinge passieren, dann werden sie andere negative Dinge verursachen. Einen wichtigen Unterschied zwischen dem Karma und allen anderen Naturgesetzen gibt es aber doch: Das Karma ist – im Gegensatz zu den physikalischen Naturgesetzen – ein *moralisches* Naturgesetz. Es beschreibt nicht einfach nur die Regeln, nach denen rein physische Ereignisse geschehen, sondern wie diese physischen Ereignisse und bestimmte moralische Qualitäten miteinander zusammenhängen.

Das hängt damit zusammen, dass das Karma in erster Linie ein Gesetz ist, das die kausalen Wirkungen mentaler Zustände betrifft, und erst in zweiter Linie die konkreten Handlungen, die sich daraus ergeben. Was die karmischen Auswirkungen einer Handlung sind, wird für den Buddha vor allem durch die Absichten (*cetanā*) des Handelnden bestimmt: „Absicht ist es, was ich *Karma* nenne. Denn nachdem man eine Absicht entwickelt hat, handelt man mit dem Körper, der Sprache und dem Geist." (AN 6.63: iii 415 [Sa*]) Handlungen sind immer *intentional*, d. h. sie werden mit einer mehr oder weniger bewussten Absicht vollzogen und haben damit ein Ziel, auf das sie sich richten. Diese Absicht ist auch der Grund, warum man jemanden für seine Handlungen verantwortlich machen kann, nicht aber für das, was er unabsichtlich verursacht hat. Intentional bedeutet allerdings nicht, dass eine Handlung wohlüberlegt und gründlich reflektiert sein muss – es bedeutet bloß, dass ich in der Lage sein muss, Gründe zu nennen, wenn mich jemand fragt, warum ich das getan habe, und zwar Gründe, die mit meinen Absichten und Motiven zu tun haben. Wenn ich beispielsweise aus Zorn eine Vase, die neben mir steht, auf den Boden werfe, dann war das eine Handlung, denn auf die Frage: „Warum hast du das getan?" kann ich antworten: „Weil ich wütend war." Wenn ich hingegen über eine Falte im Teppich stolpere und die Vase umstoße, war das keine Handlung, denn wenn ich erkläre, warum ich die Vase umgestoßen habe, spielen meine Absichten keine Rolle. Entsprechend ist das, was positive oder negative karmische Wirkungen nach sich zieht, die Absicht, so oder so zu handeln, und nicht so sehr der konkrete Akt des Handelns selbst. Das bedeutet einerseits, dass die karmischen Folgen geringer sind, wenn man etwas aus Versehen tut. Wer unbeabsichtigt auf eine Ameise tritt, handelt sich weniger negatives Karma ein als jemand, der das mit voller Absicht tut. Das bedeutet aber nicht, dass etwas, das man unabsichtlich tut, keinerlei karmische Konsequenzen hat. Wenn ich etwa nachts auf der Landstraße versehentlich ein Wildschwein überfahre, das über die Straße läuft, bin ich dann nicht dafür verantwortlich, weil es ja keine Absicht war? Nun, das negative Karma wird zwar geringer ausfallen, als wenn ich das Wildschwein mit voller Absicht getötet hätte, aber das bedeutet nicht, dass ich frei von Verantwortung bin. Denn es sind bewusste Entscheidungen gewesen (z. B. so schnell zu fahren, dass ich nicht mehr rechtzeitig bremsen kann), die mich überhaupt erst in die Situation gebracht haben, in der ein Unfall entstehen kann. Das negative Karma, dass sich aus diesen Entscheidungen ergibt, bleibt bestehen.

An dieser Stelle drängt sich ein Einwand auf: Wie sind denn das Karma und die Nicht-Selbst-Lehre miteinander vereinbar? Das Gesetz des Karma bedeutet doch, dass ich die Konsequenzen für meine früheren Handlungen und Entscheidungen zu tragen habe, weil ich für sie verantwortlich bin. *Ich* war es, der sich entschlossen hat, auf die Ameise zu treten, und *ich* bin es, der das schlechte Karma ertragen muss, das sich aus dieser Handlung ergibt. Aber wenn die Nicht-Selbst-Lehre korrekt ist, dann kann man gar nicht behaupten, dass die Person, die auf die Ameise getreten ist, und die Person, die die Konsequenzen erleidet, die gleiche Person sind. Ist damit das Karma nicht unfair? Es bestraft jemand anderen als den, der für das Vergehen verantwortlich ist! – Zunächst einmal beruht dieser Einwand auf einem Missverständnis: Das Karma bestraft nicht, und es ist auch nicht an ein Konzept von Verantwortlichkeit gebunden – es besagt lediglich: Wenn du *x* tust, passiert *y*. Es sagt nicht: Wenn du *x* tust, passiert *y*, *weil du für x verantwortlich bist*. Das Ereignis *y* ist lediglich die kausale Folge von *x* und keine Strafe für *x*. Aber darüber hinaus stellt der Einwand auch das buddhistische Verständnis des Verhältnisses von Karma und Selbst auf den Kopf. Der Einwand nimmt an, dass erst ein beharrliches Selbst da sein muss, das jetzt für seine früheren Handlungen verantwortlich gemacht werden kann. Dem hält der Buddha entgegen, dass das Selbst eine Illusion ist und dass diese Illusion überhaupt erst durch die karmische Verknüpfung von früheren und späteren Ereignissen entsteht. Er erklärt: „Wesen sind die Eigentümer ihrer Handlungen [*kamma*], Erben ihrer Handlungen; sie entstehen aus ihren Handlungen, sind an ihre Handlungen gebunden, haben in ihren Handlungen ihre Zuflucht." (MN 135: iii 203 [Me*]) Diese Passage ist doppeldeutig, denn „Handlung" und „Karma" sind im Original das gleiche Wort: *kamma*. Wesen entstehen also aus ihren Handlungen bzw. aus ihrem Karma, denn das Karma ist das, was die Kontinuität dieses Ereignisstroms herstellt. In seinen Gesprächen mit König Milinda macht der Mönch Nāgasena einen ähnlichen Punkt. Milinda fragt sich angesichts der Wiedergeburtslehre, ob denn das gleiche Wesen (*nāmarūpa*) wiedergeboren wird, das vorher existiert hat. Nāgasena verneint das und erklärt: „Nicht dieses Wesen [*nāmarūpa*] wird wiedergeboren, sondern dieses Wesen vollzieht gute oder schlechte Handlungen [*kamma*] und aufgrund dieser Handlungen entsteht ein neues Wesen." (Mlp 2.2.6 [Ny]) Wieder muss man sich klar machen, dass im Original nicht zwischen „Handlung" und „Karma" unterschieden wird, so dass man auch lesen kann: „... aufgrund dieses Karma entsteht ein neues Wesen." Das Karma ist also dasjenige, was frühere Stadien des Selbst-Prozesses mit späteren verbindet. Denn worin besteht überhaupt die Kontinuität meines Selbst-Prozesses? In der kausalen Verknüpfung der einzelnen Elemente. Z. B. spüre ich Hunger. Diese Empfindung verursacht in mir den Gedanken an ein Croissant. Dieser Gedanke verursacht, dass ich zur Bäckerei gehe. Warum sagen wir, dass ich es war, der Hunger hatte, ein Croissant wollte und zur Bäckerei gegangen ist? Weil all diese Ereignisse in einer kausalen Verbindung zueinander stehen. Dass es überhaupt einen kontinuierlichen Strom von Ereignissen gibt, den ich irrtümlicherweise mit einem Selbst verwechseln kann, liegt daran, dass das karmische Kausalgesetz diese Ereignisse miteinander verknüpft. Gäbe es diese Verknüpfung nicht, hätten wir nur einen disparaten Haufen einzelner

Ereignisse, und es gäbe nichts, was es erlauben würde, sie zu einer Einheit zusammenzufassen. Die Tatsache, dass bestimmte kausale Verbindungen zwischen meinen früheren Handlungen und meinen aktuellen Zuständen bestehen, ist also der entscheidende Grund dafür, überhaupt die Illusion eines Selbst bilden zu können. Die Frage „Wie kann es karmische Konsequenzen meiner Handlungen geben, wenn das Selbst eigentlich eine Illusion ist?“ ist also falsch gestellt. Denn dass es diese Illusion des Selbst überhaupt gibt, hängt von der Realität der karmischen Konsequenzen ab. Nicht: Wie kann es Karma ohne Selbst geben? Sondern: Wie könnte es ein Selbst geben ohne Karma, d. h. ohne ein kausales Band, dass dieses Selbst im Lauf der Zeit zusammenhält?

4.3 Determinismus und Willensfreiheit

Ein weiteres Problem: Wenn nun das Karma ein universales Naturgesetz ist, dem wir ausnahmslos unterworfen sind, bedeutet das dann nicht auch, dass alle meine aktuellen Zustände durch Ursachen in der Vergangenheit determiniert sind? Müsste der Buddha nicht, wenn er das Gesetz des Karma akzeptiert, zugleich auch bestreiten, dass es Willensfreiheit gibt? Ist der Buddha etwa ein Determinist? Aber das wäre doch fatal, denn würde dadurch nicht jede Möglichkeit zur Befreiung aus dem Leiden verloren gehen? Die gesamte Philosophie des Buddha setzt doch Freiheit voraus, nämlich die Freiheit, aktiv Kontrolle über das eigene Denken und Handeln auszuüben und so die Ursachen der Entstehung des Leidens zu beseitigen. Wenn es diese Freiheit gar nicht gibt, wäre dann der Weg zur Erlösung nicht für immer versperrt?

Drei Positionen zur Willensfreiheit

Libertarismus: Der Wille ist frei und nicht durch frühere Ursachen determiniert.

Determinismus: Der Wille ist nicht frei, da er vollständig durch frühere Ursachen determiniert ist.

Kompatibilismus: Der Wille ist zwar determiniert durch frühere Ursachen, aber Freiheit ist vereinbar mit Determinismus.

In der philosophischen Debatte über Willensfreiheit werden typischerweise drei mögliche Positionen unterschieden: Libertarismus, Determinismus und Kompatibilismus. Sowohl Libertarismus als auch Determinismus nehmen an, dass Freiheit und Determination unvereinbar sind. Ist der Wille durch vorhergehende Ursachen vollständig determiniert? Der Determinismus sagt: Ja, und daher sind wir nicht frei. Der Libertarismus sagt: Nein, und daher sind wir frei. Der Kompatibilismus behauptet dagegen, dass Freiheit und Determinismus einander nicht ausschließen, indem er zwischen zwei Typen von Freiheit unterscheidet: Willensfreiheit und Handlungsfreiheit. Handlungsfrei bin ich, wenn ich tun kann, was ich will. Ich kann mich z. B. entscheiden, ob ich in der Eisdiele Schoko oder Vanille bestellen will, denn niemand hindert mich daran. Säße ich im Gefängnis, hätte ich diese Freiheit nicht, denn ich komme gar nicht erst in die Eisdiele. Willensfreiheit bedeutet dagegen die Freiheit, zu wollen, was ich will, d. h. dass nichts anderes als mein Wille bestimmt, ob ich mich für Schoko oder Vanille entscheide, und dass ich mich immer hätte anders entscheiden können. Der Kompatibilismus sagt nun, dass der einzig sinnvolle Begriff von Freiheit der der Handlungsfreiheit ist, so dass wir immer noch (handlungs-)frei sein können, auch wenn unser Wille determiniert ist. Welche Position nimmt der Buddha in dieser Frage ein?

Das ist leider nicht völlig klar, denn der Buddha stellt die Frage nie wirklich. Weder er noch spätere buddhistische Philosophen haben besonderes Interesse an dieser für das westliche Denken so zentralen Thematik gezeigt. Zwar macht der Buddha einerseits klar, dass er den Fatalismus einiger anderer Philosophen seiner Zeit ablehnt (unter anderem aus moralischen Gründen, AN 3.61: i 173) und nicht davon ausgeht, dass alles vorherbestimmt ist (z. B. in MN 60: i 408). Andererseits geht er aber auch von einem universalen Kausalprinzip aus, und wie könnte es da eine Ausnahme für den menschlichen Willen geben?

Das Gesetz des Karma impliziert keinen Fatalismus und das Karma ist kein Schicksal, dem wir ausgeliefert sind. Das ist aber vor allen Dingen deshalb der Fall, weil das Karma nur ein Faktor unter vielen ist, der mein aktuelles Wohlergehen oder Leiden bestimmt. Als der Buddha vom Mönch Sīvaka gefragt wird, ob alles die Folge früherer Handlungen (d. h. des Karma) ist, verneint der Buddha das – manches ist Folge des Karma, ja, aber andere Dinge haben körperliche Ursachen, und wieder anderes liegt einfach am Stress oder am Wetter (SN 36.21). Das Karma allein bestimmt also nicht, was in Zukunft passieren wird. Wäre das so, dann würden tatsächlich vergangene Entscheidungen meine aktuellen Entscheidungen determinieren und ich wäre der machtlose Sklave des Karma. Das Karma ist aber nur ein Teil von vielen kausal wirksamen Faktoren, und kann allein nicht mehr als eine mehr oder weniger starke Neigung verursachen. Der Buddha verdeutlicht das oft mit einer Analogie zu Samen und Früchten: Wenn ich einen Tomatensamen in die Erde stecke, ihn gieße, dafür sorge, dass er genug Licht, Luft und Wärme bekommt, dann wächst irgendwann eine Tomatenpflanze aus ihm, die Früchte trägt. Aber eben nur, wenn die Bedingungen stimmen. Tun sie das nicht, etwa weil es zu kalt oder zu trocken ist, dann wächst keine Pflanze, auch wenn die Samen in der Erde natürlich das Potenzial haben, zu einer Tomatenpflanze heranzuwachsen. Aber dieses Potenzial kann sich nur dann realisieren, wenn die passenden Bedingungen gegeben sind. Nicht anders verhält es sich mit dem Karma: Was ich tue, erzeugt karmische Samen, und wenn die richtigen Bedingungen eintreten, dann werden diese Samen bestimmte Resultate erzeugen. Das Karma bestimmt damit nur, dass bestimmte Handlungen eine *Disposition* oder Neigung zu bestimmten Ereignissen verursachen. Damit diese Disposition sich auch realisiert, müssen aber geeignete Bedingungen bestehen.

Allerdings zeigt diese Analogie auch gleich ein Problem auf: Der Tomatensamen hat ja nicht die Freiheit, sich zu entscheiden, ob er nun keimen will oder nicht. Wenn einmal die richtigen Bedingungen vorhanden sind (und ob sie das sind, liegt nicht in seiner Hand), dann muss er keimen. Pflanzensamen sind ja gerade nicht frei. Selbst wenn also das Karma allein uns nicht determiniert, dann vielleicht die Gesamtheit aller Ursachen und Bedingungen, denen wir im universalen Kausalprinzip des bedingten Entstehens unterworfen sind? Tatsächlich argumentiert der Buddha manchmal in diese Richtung. So sagt er z.B.:

> Bewusstsein ist ohne Selbst. Denn wenn Bewusstsein das Selbst wäre, würde es nicht zu Leiden führen. Und man könnte das Bewusstsein veranlassen: ‚Mein Bewusstsein sei so! Mein Bewusstsein sei nicht so!‘ (SN 22.59 [Sa])

Es scheint, als würde Freiheit die Fähigkeit voraussetzen, unabhängig vom Kausalnexus des bedingten Entstehens zu handeln, sich über alle Ursachen und Bedingungen hinwegzusetzen und z. B. einfach zu beschließen: „Ich bin jetzt glücklich!“. Das wäre aber nur möglich, wenn wir ein Selbst besäßen, das nicht dem bedingten Entstehen unterworfen und deshalb nicht von vorhergehenden Ursachen bedingt ist. Aber das gibt es ja nicht – also kann es auch keine Willensfreiheit geben. Das ist allerdings nur die halbe

Wahrheit. Denn wenn das Selbst ein kontinuierlicher, komplexer Prozess ist, bedeutet das ja auch, dass es so etwas wie einen klar definierten Willen nicht gibt. Stattdessen gibt es einen Haufen verschiedener Ereignisstränge, die miteinander verflochten sind und durch das Prinzip der Kausalität zusammengehalten werden. Damit besteht auch die Möglichkeit, dass bestimmte Elemente dieses Prozesses andere Elemente beeinflussen und damit so etwas wie Autonomie durch Selbstmodifikation entsteht. Mein Gehirn kann ja auch z. B. den Entschluss fassen, dass ich jetzt laufen gehe, und durch dieses Training werden dann mein Herz und meine Muskeln gestärkt. Mag sein, dass mein Gehirn in dieser Entscheidung determiniert war, aber ich als komplexes System habe dadurch die Möglichkeit, meine weitere Entwicklung selbst zu beeinflussen. Ebenso müssen wir uns das Prozess-Selbst denken: Indem es die Elemente, die es konstituieren, beeinflusst, kann es sich selbst modifizieren und am Ende dadurch eine Befreiung vom Leiden bewirken. Auch hier geht der Buddha in seiner Philosophie wieder einen mittleren Weg, diesmal zwischen Freiheit und Determinismus (und gelangt zu einer Art Kompatibilismus). Einerseits sind die Faktoren real, die uns bestimmen und unser Denken und Handeln beeinflussen. Es gibt keine absolute Freiheit und wir müssen akzeptieren, dass wir durch innere und äußere Faktoren bestimmt werden. Andererseits haben wir als Cluster solcher Faktoren aber auch die Möglichkeit, Einfluss auf sie zu nehmen. In letzter Konsequenz können wir damit die Kausalität überwinden, indem wir dafür sorgen, dass die Bedingungen, unter denen sich die Dispositionen realisieren würden, nicht mehr eintreten. Der Zustand des Nirvana ist die Befreiung aus dem karmischen Kausalnexus (mehr dazu in Kap. 7) und damit auch ein Zustand wahrer Freiheit.

Für die konkrete Lebenspraxis gläubiger Buddhistinnen und Buddhisten spielt das Karma eine entscheidende Rolle. Viele streben das Ziel an, möglichst viel gutes Karma zu sammeln, um dadurch eine möglichst gute Wiedergeburt zu erlangen. Aber das sollte nicht darüber hinwegtäuschen, dass das Karma Teil des Problems und nicht der Lösung ist. Denn das Karma ist das Gesetz des Entstehens in Abhängigkeit. Alles, was dem Karma unterworfen ist, gehört in den Kreislauf der Wiedergeburt (*samsāra*) und damit in die Welt des Leidens. Das Leiden kann also nicht dadurch überwunden werden, dass wir möglichst viel positives Karma ansammeln, denn aufgrund der Unbeständigkeit der Welt wird das positive Karma (ebenso wie das negative) im Lauf der Zeit immer weiter abnehmen, bis es ganz verschwunden ist und neue karmische Faktoren bestimmen, wie mein

Selbst-Prozess weiter abläuft. Der einzige Weg der Befreiung aus dem Leiden führt über die Befreiung vom Gesetz des Karma – erlöst ist man nicht, wenn das karmische Konto maximal im Guthaben steht, sondern wenn man das Konto aufgelöst hat. Karma ist das genaue Gegenteil von Erlösung.

4.4 Wiedergeburt

Aber sieht es nicht so aus, als ob mit der Lehre vom Karma irgendetwas nicht stimmt? Oft ist es doch so, dass es Menschen, die Schlechtes tun, gerade nicht schlecht geht. Manchen geht es sogar ausgesprochen gut dabei. Widerlegt das nicht die Existenz des karmischen Gesetzes? Der Buddha würde darauf antworten, dass das nur die Ruhe vor dem Sturm ist, denn das Gesetz des Karma lässt keine Ausnahmen zu und die negativen Konsequenzen werden irgendwann folgen – wenn nicht in diesem Leben, dann im nächsten. Ein grausamer Tyrann, der sein Leben in Luxus und Wohlstand verbringt, wird die karmischen Früchte seines Handelns womöglich erst im nächsten Leben ernten und als Schlachtvieh oder Hungergeist (siehe unten) wiedergeboren werden. Die Annahme einer Wiedergeburt ist also ein wichtiges Element in der Theorie des Buddha von der kausalen Geschlossenheit der Realität, denn sie erklärt den scheinbaren Widerspruch zwischen schlechtem Handeln und gutem Leben (und umgekehrt): Die karmischen Ursachen und Wirkungen erstrecken sich über das aktuelle Leben hinaus. Einige Ursachen für Dinge, die in meinem aktuellen Leben geschehen, können in einem früheren Leben liegen, einige Wirkungen von Handlungen in meinem aktuellen Leben können sich erst in einem künftigen Leben zeigen. Wie das Karma ist auch die Idee der Wiedergeburt keine Erfindung des Buddha, sondern ein Gedanke, der in seinem kulturellen Umfeld bereits verbreitet ist.

Die Wiedergeburtstheorie des Buddha unterscheidet sich allerdings in einem Punkt massiv von anderen Vorstellungen, denn es soll ja gerade kein substanzielles Selbst geben, das zwischen verschiedenen Körpern hin und her wandern könnte, also auch keine unsterbliche Seele. Aber das stellt uns vor ein schwieriges Problem: Wie kann *ich* es dann sein, der in meinem nächsten Leben wiedergeboren wird? Es muss doch irgendeine Verbindung zwischen meinem jetzigen Ich und meiner Wiedergeburt geben, sonst gäbe es gar keinen Unterschied zwischen einem Szenario, in dem ich sterbe und als jemand anderes wiedergeboren werde, und einem Szenario, in dem ich einfach nur sterbe und nach meinem Tod jemand ganz anderes auf die Welt kommt. Wenn es nichts gibt, was garantieren kann, dass ich und diese neue Person dieselbe Person sind, warum sollte man sagen, dass die neue Person *meine* Wiedergeburt ist? Klar ist, dass es keinerlei körperliche Kontinuität zwischen uns beiden geben kann, denn mein Körper stirbt ja und hört auf zu existieren. Dann bleibt aber nur die Möglichkeit einer Verbindung durch ein psychisches bzw. mentales Element. Doch auch das lehnt der Buddha explizit ab, als er vom Mönch Sāti gefragt wird, ob es dasselbe Bewusstsein ist, das in der Wiedergeburt von hier nach da wandert (MN 38: i 258). Aber was garantiert dann noch die Kontinuität zwischen zwei Wiedergeburten? Wenn der Buddha bestreitet, dass es ein beständiges, substanzielles Selbst gibt – wie kann er da überhaupt eine Wiedergeburt annehmen?

Die Auflösung dieses Widerspruchs setzt wieder die Prozessontologie des Buddha voraus: Alles, was existiert, ist prozesshaft. Wir selbst sind komplexe Prozesse, zusammengesetzt aus unterschiedlichen Ereignissträngen, körperlichen und geistigen, den *khandhas*. Mit dem Tod reißt ein bestimmter Strang von Ereignissen in diesem Prozess plötzlich ab – der körperliche (*rūpa*) – aber eben nicht alles. Die anderen Elemente des Prozesses (*nāma*) können weiterlaufen, denn sie sind nicht vom Körper abhängig. Ein wesentlicher Aspekt der Prozesstheorie des Selbst ist ja, dass keines der einzelnen Elemente das Selbst ist. Sie sind nur einzelne Teile eines größeren Clusters von Prozessen, den wir insgesamt das Selbst nennen, aber keiner von ihnen ist essentiell, und alle sind veränderlich. Gäbe es ein Element, das das Fundament aller anderen ist, dann wäre das ein stabiles Selbst. Da es das aber nicht gibt, bleibt auch das Cluster insgesamt erhalten, wenn ein einzelnes Element verschwindet. Tod und Wiedergeburt sind damit nur eine relativ große Veränderung in der Struktur dieses kontinuierlich fortlaufenden Prozesses, etwas Besonderes sind sie aber nicht. Man kann sich dieses Konzept von Wiedergeburt am Beispiel eines viel alltäglicheren Phänomens klarmachen: dem Wetter. Das Wetter ist ein kontinuierlich fortlaufender Prozess, in dem wie in jedem Prozess die einzelnen Phasen nahtlos ineinander übergehen. Wenn es beispielsweise letzte Nacht ein Gewitter gab, dann ist das Wasser, aus dem die Gewitterwolken bestanden, in Form von Regen auf die Erde gefallen. Wenn dann heute wieder die Sonne scheint, erwärmt sie das Wasser, so dass es verdunstet und neue Wolken bildet. Die Wolken von heute sind damit so etwas wie die Wiedergeburt des Gewitters von gestern – sie sind die nächste Phase in einem kontinuierlich fortlaufenden Prozess und sind kausal mit den vorhergehenden Phasen verknüpft. Genau so sollten wir uns die buddhistische Idee einer Wiedergeburt vorstellen: als ungebrochene

Kontinuität eines durch das Gesetz des Karma kausal integrierten Prozesses, und eben nicht als eine Art Seelenwanderung – denn es gibt keine Seele, die irgendwohin wandern könnte. Damit wird auch klar, dass Wiedergeburt eigentlich gar nichts Besonderes ist, sondern nur eine etwas drastischere Variante von dem, was ohnehin die ganze Zeit passiert: Veränderung. Weil wir Prozesse sind, verändern wir uns permanent von jedem Moment zum nächsten, wenn auch in den meisten Fällen nicht so deutlich. Trotzdem ist jeder neue Moment im Prinzip nichts anderes als eine kleine Wiedergeburt, in der die vorherige Phase unseres Ich-Prozesses als die aktuelle Phase „wiedergeboren" wird. Auf die Frage: „Bin *ich* es, der wiedergeboren wird?" müsste man also antworten: Kommt drauf an. Der Buddha verdeutlicht diesen Zusammenhang mit der Analogie zu einer Flamme: Wenn ich auf ein Feuer ein neues Stück Holz lege, dann fängt es an zu brennen. Ist diese Flamme auf dem neuen Stück Holz dann dasselbe Feuer wie das, das vorher schon gebrannt hat? Ja und nein. Die Flamme, mit der das neue Stück Holz brennt, war vorher nicht da, aber trotzdem ist ja nicht plötzlich ein neues Feuer entstanden. In der Sprache der Prozessontologie: Der Feuerprozess setzt sich in leicht veränderter Form fort. Und da nur wir es sind, die einzelne Phasen dieses Feuerprozesses isolieren, ihnen einen Namen wie „die Flamme" geben, und glauben, es würde sich um ein konkretes Ding handeln, können wir diese Sichtweise einfach aufgeben, so dass die Frage „Ist es noch das gleiche Feuer oder ein anderes?" sinnlos wird. Genauso können wir einsehen, dass die Frage, ob ich es bin, der wiedergeboren wird, oder jemand anderes, keinen Sinn macht. Es gab ohnehin nie ein Ich, das wiedergeboren werden könnte, und auch von jemand anderem zu reden, macht keinen Sinn, wenn man sich klarmacht, dass das Einzige, was existiert, Phasen eines kontinuierlichen, nicht in sich unterteilten Prozesses sind.

Nun könnte man aber auch einwenden, dass die Annahme einer Wiedergeburt vor einem ganz praktischen Problem steht: Was ist mit der wachsenden Zahl von Menschen auf der Welt? Wenn jeder Mensch die Wiedergeburt eines anderen ist, müsste dann nicht die Zahl der Menschen mehr oder weniger konstant bleiben? Wenn aber die Bevölkerung wächst, wo kommen dann diese neuen Wesen her? – Die Lösung des Problems liegt in der komplexen Kosmologie, in die die Wiedergeburtslehre des Buddha eingebettet ist. Für den Buddha gibt es deutlich mehr Bereiche der Wirklichkeit als nur die menschliche Welt, und auch mehr als den Planet Erde, auf dem wir leben. Wiedergeburt ist nicht nur als Mensch möglich, sondern in diversen anderen Formen, und die Wiedergeburt in der

Menschenwelt ist nur eine von vielen Möglichkeiten. Das gesamte Reich der Wiedergeburt, das vollständig dem Gesetz des Karma unterliegt und das man auch als die Sphäre des Leidens bezeichnen könnte, wird im Buddhismus (und auch in anderen indischen Philosophien) als *samsāra* (Umherwandern) bezeichnet. *Samsāra* und Nirvana sind die beiden gegensätzlichen Sphären, die zusammen die gesamte Realität ausmachen: *samsāra* als Sphäre des Leidens, die dem Kreislauf des bedingten Entstehens und dem Karma unterliegt, und Nirvana als Sphäre der Freiheit vom Leiden, in dem bedingtes Entstehen und Karma aufgehoben sind. Das ist nebenbei gesagt auch der Grund, warum Wiedergeburt für den Buddha nichts ist, worauf man sich freuen sollte. Wiedergeburt ist kein Gegenstand der Hoffnung, sondern der Sorge, denn Wiedergeburt bedeutet nur die nächste Runde im *samsāra*, dem Kreislauf des Leidens. Für den traditionellen indischen Buddhismus besteht dieses *samsāra* aus den sechs Reichen der Wiedergeburt:

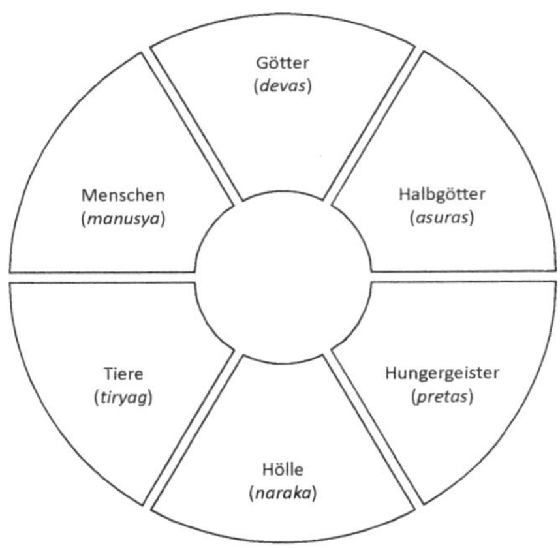

Abb. 2: Die sechs Reiche der Wiedergeburt (eig. Darstellung)

Diese sechs Reiche werden oft kreisförmig dargestellt und mit diversen anderen Elementen angereichert zum sogenannten *bhavacakra*, dem Rad des Lebens/Entstehens. Die Abbildung oben zeigt die typische Anordnung dieser sechs Reiche unterteilt in einen oberen, positiven Teil und einen unteren, negativen. Im positiven Teil finden sich die Reiche der Menschen, der Götter und der Halbgötter. Das Reich der Menschen kennen wir, denn wir leben selbst aktuell darin. Daneben gibt es das Reich der Götter, der angenehmste Ort für eine Wiedergeburt. Trotzdem bleibt es aber ein Teil des *samsāra*, und auch die Götter sind dem Gesetz des Karma und dem Leiden unterworfen. Zwar leiden sie deutlich weniger als alle anderen Wesen, und ihr Leben dauert viel länger als unseres, aber sie sind nicht unsterblich und nicht frei vom Leiden. Nach vielen Millionen Jahren ist ihr gutes Karma aufgebraucht und sie müssen sterben und wiedergeboren werden, so wie alle anderen auch. Neben den Göttern und den Menschen kennt der traditionelle Buddhismus noch das Reich der Halbgötter (*asura*), die zwischen Menschen und Göttern stehen und deren Dasein von Streit und Aggression geprägt ist. Im unteren Bereich befindet sich das Reich der Tiere, das üblicherweise als negative Wiedergeburt angesehen wird, da das Leben der Tiere meist kurz, leidvoll und vom permanenten Kampf ums Überleben geprägt ist. Daneben gibt es noch das Reich der Hungergeister (*peta*). Wesen, die hier wiedergeboren werden, leben als unsichtbare Geister, die von ständigem Hunger geplagt werden, denen aber gleichzeitig alles um sie herum abstoßend und widerwärtig erscheint. *Petas*, die von brennendem Durst gequält sind, sehen nicht das klare Wasser eines Bachs, sondern stattdessen einen Strom von Dreck und Eiter. Die schlechteste Wiedergeburt von allen ist die Wiedergeburt im Reich der Hölle als Resultat eines extrem negativen Karmas. Wesen, die hier wiedergeboren werden, leiden ununterbrochen höllische Qualen. Anders aber als in christlichen oder muslimischen Vorstellungen von der Hölle gibt es im buddhistischen Denken keine ewige Verdammnis. Auch die Hölle ist ein Teil des *samsāra*, und damit dem ewigen Kreislauf des Entstehens in Abhängigkeit unterworfen. Wesen, die in der Hölle wiedergeboren werden, leiden dort so lange, bis ihr negatives Karma ausgelaufen ist, und werden dann in einem der anderen Reiche wiedergeboren. Keine Station im Rad des Lebens ist also endgültig – es gibt immer eine zweite Chance. Allerdings ist die Wiedergeburt als Mensch ein seltener Glücksfall, denn sie bietet die besten Möglichkeiten, zur Erlösung zu gelangen: Tiere und Höllenwesen sind ganz vom Leiden absorbiert und kommen nicht dazu, überhaupt an Erlösung zu denken, während die Götter zu wenig leiden, um überhaupt ein Interesse an Erlösung zu haben. Die menschliche Existenz ist leidvoll genug, um zum Streben nach Erlösung zu motivieren, aber nicht so leidvoll, dass sie keine Chance bieten würde, überhaupt daran zu arbeiten.

4.5 Warum an Karma und Wiedergeburt glauben?

Warum sollten wir an die Lehren von Karma und Wiedergeburt glauben? Hat der Buddha Argumente, die uns gute, rationale Gründe geben, diese Theorien zu akzeptieren? Ja – in den *Suttas* sind zwei Argumente erkennbar, die die Realität des Karma bestätigen sollen: ein empirisches und ein pragmatisches Argument.

Das *empirische Argument* beruft sich (in Übereinstimmung mit dem prinzipiellen Empirismus des Buddha) auf die Autorität der eigenen Erfahrung. In der Nacht seiner Erleuchtung, so berichtet der Buddha, hat er die Realität von Karma und Wiedergeburt unmittelbar eingesehen:

> Als mein Geist gesammelt und konzentriert war [...] da streckte ich ihn aus auf die Erinnerung an frühere Leben. Ich erinnerte mich an viele Arten früherer Leben. [...] Mit geläuterter und übermenschlicher Hellsichtigkeit sah ich Lebewesen, wie sie hinscheiden und wieder geboren werden – gering oder hochstehend, schön oder hässlich, an einem guten oder einem schlechten Ort. Ich verstand, wie Lebewesen entsprechend ihrer Taten [*kamma*] wiedergeboren werden. (MN 4: i 22 [Sa*])

Für uns, die wir selbst keine Buddhas sind, hat dieses Argument nur begrenzte Überzeugungskraft, denn auch wenn jede und jeder von uns die Möglichkeit hat, durch intensive Meditation in einen Zustand zu gelangen, in dem wir selbst erkennen, dass der Buddha Recht hat – solange wir das nicht geschafft haben, bleibt uns nichts anderes übrig, als dem Buddha zu vertrauen. Nun ist es nicht grundsätzlich problematisch, auf die Erkenntnisse anderer zu vertrauen. Ich vertraue ja z. B. auch darauf, dass das Antibiotikum, das meine Ärztin mir verschreibt, tatsächlich gegen die Bakterien wirkt, die mich krank machen, und dass diese Wirksamkeit in wissenschaftlichen Untersuchungen bestätigt wurde, ohne erst selbst entsprechende Experimente zu machen. Aber während ich beim Antibiotikum mein Vertrauen auf ein komplexes System von wissenschaftlicher Forschung, klinischer Medizin und staatlicher Regulation gründen kann, habe ich beim empirischen Argument für das Karma erstmal nur das Wort des Buddha, überliefert in einem jahrtausendealten Text. Zudem habe ich andere Autoritäten, z. B. die moderne Naturwissenschaft, die das Gegenteil behaupten, nämlich dass es so etwas wie Karma nicht gibt. In dieser Situation empfiehlt es sich, zurückhaltend zu sein. Die Erfahrung des Buddha muss nicht falsch sein, aber betrachtet man sein Argument mit einer Haltung skeptischer Offenheit, dann muss man zugeben, dass es nicht genug ist, um an die Realität von Karma und Wiedergeburt zu glauben. Wenn es überhaupt Überzeugungskraft haben soll, dann muss es von anderen Argumenten unterstützt werden, die uns einen Grund geben, der Erfahrung des Buddha zu vertrauen (siehe auch Kap. 6).

Das *pragmatische Argument* geht von den praktischen Auswirkungen aus, die sich aus der Akzeptanz von Karma und Wiedergeburt ergeben, und behauptet, dass es in jedem Fall besser ist, an sie zu glauben, da wir selbst dann von dieser Überzeugung profitieren, wenn sie falsch sein sollte:

> Wenn sich herausstellt, dass es jene Welt nicht gibt und dass gute und schlechte Taten [*kamma*] keine Wirkung haben, dann werde ich mich in diesem Leben frei von Feindschaft und bösem Willen halten, frei von Sorgen und glücklich. (AN 3.65: i 192 [Sa])

Dieses Argument ähnelt dem bekannten Argument der Wette von Blaise Pascal. Pascal stellt sich die Frage, ob man an die Existenz Gottes glauben sollte, und antwortet: Ja, denn das ist in jedem Fall die bessere Option. Wenn es einen Gott gibt, dann gewinnen wir durch den Glauben an ihn die ewige Seligkeit, und wenn es keinen Gott gibt, dann verlieren wir nichts, wenn wir glauben. Wenn wir aber nicht glauben und es gibt einen Gott, dann verlieren wir sehr viel, und wenn wir nicht glauben und es gibt keinen Gott, dann passiert bestenfalls gar nichts, aber wir gewinnen auch nichts. Also: Wer glaubt gewinnt möglicherweise sehr viel, verliert aber nichts – und wer nicht glaubt, verliert möglicherweise sehr viel, gewinnt aber nichts.

Blaise Pascal (1623–1662): französischer Mathematiker, Physiker und Philosoph. Bekannt u. a. für die sogenannte Pascal'sche Wette: Es ist immer klüger, auf die Existenz Gottes zu setzen als auf den Atheismus, da man in jedem Fall mehr gewinnt als man verliert, wenn es keinen Gott gibt.

In ähnlicher Weise argumentiert der Buddha hier, dass wir immer vom Glauben an das Karma profitieren – auch dann, wenn es kein Karma gibt, denn wir haben bereits in diesem Leben einen Vorteil davon, weil wir uns besser gegenüber uns und anderen verhalten und dadurch glücklich werden. Ist das ein überzeugendes Argument? Zunächst einmal muss man feststellen, dass es nicht das beweist, worum es eigentlich geht: Selbst wenn es korrekt ist, folgt nur, dass es gut ist, an das Karma zu *glauben*, nicht, dass es auch real ist. Und selbst dieser Punkt ist nur dann korrekt, wenn man voraussetzt, dass ein moralischer Lebenswandel uns auch tatsächlich glücklicher macht. Möglicherweise steht dahinter der Gedanke, dass es nicht möglich ist, tugendhaft und unglücklich zugleich zu sein (was z. B. die Stoiker der griechischen Antike angenommen haben), aber das ist selbst eine diskussionswürdige Behauptung – kann man nicht auch trotz eines tadellosen Lebenswandels unglücklich sein, etwa durch Armut oder Krankheit? Und kann man nicht in manchen Fällen um einiges glücklicher sein, wenn man es mit der Moral nicht so genau nimmt? Auch das pragmatische Argument ist also nicht besonders überzeugend, wenn man nicht bereit ist, die These zu akzeptieren, dass moralisches Verhalten an sich bereits besser für uns macht.

Daneben sieht es auf der anderen Seite so aus, als könnte man ein ebenso pragmatisches Argument *gegen* die Theorie des Karma formulieren, und zwar ausgehend von den Prinzipien der buddhistischen Philosophie selbst: Der Buddha nimmt an, dass es kein Selbst gibt, und dass das Anhaften an einem illusorischen Selbst die Quelle des Leidens ist. Um also das Leiden zu beseitigen, sollten wir die Illusion des Selbst aufgeben und eine nicht egozentrische Perspektive auf die Welt entwickeln. Aber wird nicht gerade die Überzeugung, dass das Karma real ist, egoistisches Verhalten fördern? Denn wenn ich davon ausgehe, dass meine gegenwärtigen Handlungen mein zukünftiges Wohlergehen bestimmen, liegt es doch nahe, das System auszunutzen und möglichst gutes Karma zu erwerben, um sich eine optimale Wiedergeburt zu sichern. Hinzu kommt, dass der Glaube an Karma und Wiedergeburt auch dazu führen könnte, eine problematische Haltung zu sich selbst und anderen einzunehmen. Einerseits könnte die Überzeugung, dass der eigene Wohlstand die Folge guten Karmas ist, zu Arroganz und Selbstgefälligkeit führen, andererseits zu Hartherzigkeit und *victim-blaming* gegenüber denen, denen es nicht gut geht – denn wenn es Folge des Karma ist, dass es anderen nicht gut geht, sind die dann nicht selbst schuld? Beides zementiert eine egozentrische, selbstgerechte Sichtweise und damit das Anhaften an der leidverursachenden Illusion eines Selbst. Und hat der Buddha selbst nicht das Prinzip ausgegeben, man solle nur solche Lehren akzeptieren, die dazu beitragen, vom Leiden frei zu werden? Gerade deshalb sollte man doch die Lehre vom Karma ablehnen!

Der Buddha ist sich dieser Gegenargumente durchaus bewusst und warnt explizit davor, die Lehre vom Karma so zu verstehen, als könnte man aus ihr ein detailliertes Handbuch ableiten, welche Handlungen welches Karma generieren, und dann eine Strategie entwickeln, um auf dieser Basis das eigene Wohlergehen zu optimieren. Im Gespräch über das Karma erklärt er seinem Anhänger Ānanda:

> Wenn ein Mönch oder Brahmane sagt: ‚In der Tat, es gibt gute Handlungen, es gibt ein Ergebnis von gutem Verhalten', dann gestehe ich ihm dies zu. Wenn er sagt: ‚Ich sah eine Person, die sich enthielt, Lebewesen zu töten […'] und ich sehe, dass sie bei der Auflösung des Körpers, nach dem Tode an einem glücklichen Bestimmungsort wiedererschienen ist, […] dann gestehe ich ihm dies zu. Aber wenn er sagt: ‚Bei der Auflösung des Körpers, nach dem Tode erscheint jeder, der sich davon enthält, Lebewesen zu töten […] an einem glücklichen Bestimmungsort wieder', […] dann gestehe ich ihm dies nicht zu. (MN 136: iii 212 [Me])

Das bedeutet: Man kann zwar im konkreten Einzelfall einen karmisch-kausalen Zusammenhang herstellen zwischen vergangenen Handlungen und gegenwärtigen Zuständen, aber es ist nicht sinnvoll, von diesem Einzelfall zu einer generellen Regel überzugehen. Die genauen Prinzipien karmischer Verknüpfung bleiben vage (außer für einen Buddha). Nimmt man die eben bereits erwähnte These dazu, dass das Karma nur ein kausaler Faktor unter vielen ist, so dass nicht immer klar ist, welche Effekte überhaupt dem Karma zuzuschreiben sind und welche nicht, dann sind die Chancen für ein egoistisches *gaming the system* ziemlich schlecht. Genauso macht es wenig Sinn, zu erklären, jemand habe sein aktuelles Unglück selbst verschuldet, denn ob wirklich das Karma aus vergangenen Leben die Ursache meines aktuellen Elends ist oder nicht doch etwas anderes, ist letzten Endes nicht entscheidbar. Alles, was sich aus dem Gesetz des Karma ernsthaft ableiten lässt, ist die eher vage Feststellung, dass jeder von uns in der Vergangenheit bestimmte Dinge getan hat, die in irgendeiner Weise in Beziehung stehen zu dem, was wir gegenwärtig erleben. Und angesichts dessen besteht die moralisch richtige Reaktion auf das Leiden anderer nicht in einem selbstgerechten „Selbst schuld!", sondern in Mitleid und Hilfe.

Literaturhinweise

Die Formel für das *paticca-samupāda* findet man z. B. in SN 12.1 oder Ud 1.3. MN 135 und 136 sind die beiden *Suttas*, in denen das Konzept des Karma am ausführlichsten behandelt wird. MN 38 thematisiert die Wiedergeburtslehre.

Allgemeine Einführung in buddhistische Metaphysik: Siderits 2022. Kausalität im Buddhismus: Kalupahana 1976. Zum *paticca-samupāda*: Harvey 2013b. Allgemein zu Karma und Wiedergeburt: Carpenter 2014: Kap. 5. Gowans 2003: Kap. 9. Burton 2017: Kap. 2. Kausalität im Buddhismus: Kalupahana 1986. Jones 2011. Buddhismus und Willensfreiheit: Siderits 2008. Federman 2010. Repetti 2014. Philosophie der Wiedergeburt insgesamt: Burley 2016. Edwards 1996. Wiedergeburt in Buddhismus und Hinduismus: von Brück 1993. Zu Pascals Wette: Gäb 2022: Kap. 3.3.

Diskussionsfragen

- Könnte es eine rein naturwissenschaftliche Interpretation des Karma geben?
- Vertritt der Buddha einen Kompatibilismus oder doch eher einen Libertarismus?
- Ist Wiedergeburt für Sie wünschenswert? Was ist die Haltung des Buddha?

5 *Sila*: Ethik und richtiges Leben

Was wissen wir bisher? Vor allem, woher das Leiden kommt. Die Kurzfassung lautet: Das Leiden entsteht aus dem Anhaften. Wir wollen etwas, das wir nicht haben können, weil alles unbeständig ist. Und alles ist unbeständig, weil die Dinge kein Selbst haben, d. h. keine beständigen Substanzen, sondern fluide Prozesse sind, die dem karmischen Kausalprinzip folgen. Daraus entsteht der Kreislauf des Leidens, in dem wir gefangen sind, weil wir so sind, wie wir sind, und weil die Realität so ist, wie sie ist. Aber die Philosophie des Buddha ist nicht nur eine Lehre des Leidens (das wäre deprimierend), sondern eine Lehre der *Überwindung* des Leidens. Ja, das Dasein ist leidvoll, aber es gibt einen Ausweg. Die entscheidende Frage lautet also: *Wie* kommen wir raus aus dem Leiden? Wir haben inzwischen verstanden, welcher Mechanismus für die Entstehung des Leidens verantwortlich ist, und können dieses Wissen nutzen, um diesen Mechanismus auszuschalten. Alles, was wir brauchen, ist eine konkrete Methode, d. h. ein Weg, um das Anhaften zu überwinden und dadurch vom Leiden frei zu werden. Genau dieser Weg ist das Thema der vierten edlen Wahrheit, der Wahrheit vom Weg. Der Weg (oder die Methode) zur Überwindung des Anhaftens und des Leidens ist der sogenannte edle achtfache Pfad (*magga*). Man kann diesen Pfad verstehen als eine Art Acht-Punkte-Programm zur Entwicklung einer buddhistischen Lebensform, die am Ende zur Befreiung vom Leiden führen soll. Was der achtfache Pfad beschreibt, sind also die Grundzüge einer buddhistischen *Ethik*.

Manche Menschen reagieren leicht allergisch auf Worte wie „Ethik" oder (noch schlimmer) „Moral" und erwarten, dass es dabei vor allem darum geht, ihnen etwas zu verbieten, was Spaß macht. Das ist nicht ganz unberechtigt, auch nicht mit Blick auf die Philosophie des Buddha. Wie alle Weltreligionen ist auch der Buddhismus nicht frei davon und kennt lange Kataloge von Geboten und Pflichten, die teilweise sehr detailliert bestimmte erlaubte und unerlaubte Verhaltensweisen auflisten. Aber diese Seite der buddhistischen Ethik soll uns hier nicht interessieren – uns geht es nicht um Listen von Verhaltensregeln, sondern um eine *philosophische* Ethik, d. h. eine Theorie darüber, was gut ist und wie wir dieses Gute erreichen können. Aus einer solchen Theorie lassen sich in einem zweiten Schritt möglicherweise Listen von Geboten ableiten, aber deren Wert steigt und fällt mit der Überzeugungskraft der Theorie des Guten, die dahinter steht. Eine philosophische Ethik sollte also auch keinen göttlichen Gesetzgeber brauchen, der vom Himmel herab Gebote erlässt, deren Einhaltung streng überwacht und dann Belohnungen und Strafen verteilt, auch nicht einen Buddha. Überhaupt sollte eine Ethik nicht auf der wie auch immer begründeten Autorität desjenigen beruhen, der sie verkündet, sondern sich am Prinzip der Rationalität orientieren, d. h. Regeln aufstellen, die von rationalen und autonomen Personen als sinnvoll eingesehen werden und aus freien Stücken befolgt werden können – weil es besser für sie ist. Die gute Nachricht ist: Genau diese Erwartung erfüllt die Ethik des Buddha. Seine Ethik ist keine Sammlung von Vorschriften und göttlichen Geboten, die wir gefälligst zu befolgen haben, weil der Buddha es befiehlt, sondern eine Ethik der Lebensform, die uns eine Antwort auf eine Frage anbietet, die jeder Mensch sich stellen muss: Wie soll ich eigentlich leben?

Wir alle müssen irgendwie leben. Man kann nicht leben, ohne auf irgendeine Weise zu leben, genauso wie man nicht kochen kann, ohne irgendetwas zu kochen – ich kann Nudeln kochen, Kartoffeln oder Wirsing, aber nicht *einfach nur* kochen. Also muss ich mich entscheiden, was ich kochen will, und ebenso muss ich mich entscheiden, wie ich leben will: Wo soll ich wohnen? Welchen Beruf soll ich ergreifen? Und was mache ich am Samstagnachmittag? Ich kann in München oder Kiel wohnen, in einer Maisonette in der Altstadt (sofern ich mir das leisten kann) oder auf einem alten Bauernhof vor den Toren der Stadt, allein für mich oder mit anderen zusammen. Aber ich kann nicht einfach nur wohnen. Es bleibt mir also gar nichts anderes übrig, als mich für irgendeine Option zu entscheiden. Und das gilt für jeden Aspekt meines Lebens: Wenn es um die Praxis geht, dann muss ich mich in irgendeiner Weise entscheiden, egal wie. Man könnte zwar einwenden: Und was ist, wenn ich mich weigere, mich zu entscheiden, und einfach bleibe, wo ich bin? Aber selbst das ist eine Entscheidung – denn dann habe ich entschieden, mich von äußeren Faktoren bestimmen zu lassen und nicht einzugreifen. Indem ich sage, dass ich mich nicht entscheide, habe ich eigentlich gesagt: Ich entscheide mich dafür, die Entscheidung anderen zu überlassen. Und auch, wenn ich mir niemals bewusst die Frage gestellt habe, ob ich meinen Job hinschmeißen und stattdessen Reiseblogger werden soll – die Tatsache, dass ich meinen Job nicht kündige, sondern weiter arbeite (und über meinen Job jammere) *zeigt*, dass ich mich für den Job entschieden habe, wenn auch nie bewusst. Wir leben immer dieses oder jenes Leben, und auch wenn wir es nicht immer bewusst tun, entscheiden wir uns dafür, welches

Leben wir leben wollen. Wäre es da nicht besser, sich wenigstens hin und wieder bewusst so zu entscheiden, dass ich *möglichst gut* lebe? Genau darum geht es dem Buddha in seiner Ethik – um einen Weg, ein möglichst gutes Leben zu führen, was natürlich heißt, ein Leben, das möglichst wenig Leiden produziert und das uns dem Ziel der endgültigen Befreiung aus dem Leiden näher bringt. Der edle achtfache Pfad ist also nicht zu verstehen als eine Liste von Vorschriften, an die wir uns halten sollen, sondern als ein Vorschlag für diejenigen, die vom Leiden genug haben: „Wenn du ein Leben führen möchtest, das dich vom Leiden befreit und das anderen Wesen möglichst wenig Leiden zufügt", so der ethische Imperativ des Buddha, „dann befolge diesen Weg!"

Und wie sieht dieser Vorschlag aus? In welcher Form sollte ich mein Leben führen, um mich vom Leiden zu befreien? Schauen wir uns den achtfachen Pfad einmal im Detail an. Er umfasst die folgenden Punkte:

<table>
<tr><td>1</td><td>Richtige Ansicht</td><td>sammā ditthi</td><td rowspan="2">Weisheit/Theorie (paññā)</td></tr>
<tr><td>2</td><td>Richtiger Entschluss</td><td>sammā sankappa</td></tr>
<tr><td>3</td><td>Richtige Rede</td><td>sammā vācā</td><td rowspan="3">Moral/Praxis (sīla)</td></tr>
<tr><td>4</td><td>Richtiges Verhalten</td><td>sammā kammanta</td></tr>
<tr><td>5</td><td>Richtige Lebensführung</td><td>sammā ājīva</td></tr>
<tr><td>6</td><td>Richtige Anstrengung</td><td>sammā vāyāma</td><td rowspan="3">Meditation (samādhi)</td></tr>
<tr><td>7</td><td>Richtige Achtsamkeit</td><td>sammā sati</td></tr>
<tr><td>8</td><td>Richtige Konzentration</td><td>sammā samādhi</td></tr>
</table>

Üblicherweise unterteilt man den Pfad in drei Kategorien: die Punkte (1) und (2) betreffen die Weisheit (*paññā*) oder, moderner ausgedrückt, den theoretischen Teil; die Punkte (3) bis (5) befassen sich mit der Praxis oder Moral (*sīla*), und bei den Punkten (6) bis (8) geht es um die Meditation (*samādhi*). Die Nummerierung sollte aber nicht dazu verleiten, das Ganze als eine Art Stufenfolge von aufeinanderfolgenden Schritten zu verstehen. Die richtige Lebensform ist vielmehr eine Einheit, die in acht verschiedene Bereiche oder Aspekte aufgeteilt werden kann, die man dann einzeln angeht – aber es muss an allen zugleich gearbeitet werden. Die einzelnen Aspekte des Pfads sind nämlich nicht unabhängig voneinander. Beispielsweise gibt es ohne richtigen Entschluss auch kein richtiges Handeln, denn wenn ich zwar weiß, dass ich mit meinen cholerischen Wutausbrüchen meinen Mitmenschen schade, aber mich nicht entschließen kann, etwas dagegen zu unternehmen, dann werde ich andere auch weiterhin nicht richtig behandeln. Richte ich mich aber in allen Aspekten meines Lebens nach dem achtfachen Pfad, dann beginne ich damit einen Prozess, in dem sich nach und nach mein ganzer Charakter, mein Denken, Fühlen und Handeln, verändern werden, so dass die Wurzeln des Leidens, die in mir selbst liegen, beseitigt werden. Das geht nicht von heute auf morgen – für den Buddha umfasst dieser Prozess lange Zeiträume und etliche Wiedergeburten. Aber anfangen kann ich in jedem Moment, hier und jetzt.

5.1 Der achtfache Pfad

Bisher ist der achtfache Pfad nur eine Liste von Worten. Aber was bedeutet es, mein Leben so zu führen, dass es dem achtfachen Pfad folgt? Schauen wir uns zunächst die einzelnen Punkte etwas näher an, bevor wir uns dann im Anschluss der theoretischen Dimension der Ethik des Buddha zuwenden.

Punkt (1): richtige Einsicht (ditthi). Der Buddha erläutert: „Man kennt das Leiden, den Ursprung des Leidens, das Aufhören des Leidens und die Übung, die zum Aufhören des Leidens führt.“ (DN 22: ii 312 [Sa]) Richtige Einsicht heißt also einfach die Einsicht in die Realität des Leidens, oder die Einsicht, dass die vier edlen Wahrheiten eine korrekte Beschreibung der Realität sind. Richtige Einsicht bedeutet zu erkennen, was das Leiden ist, was seine Ursachen sind und wie es beseitigt werden kann. Gemeint ist also eine theoretische Einsicht in die fundamentalen Erkenntnisse des Buddha. Ähnlich wie in der zwölfteiligen Formel des bedingten Entstehens das Unwissen an erster Stelle steht, steht im achtfachen Pfad die Einsicht am Anfang, die diese Unwissenheit – und damit in letzter Konsequenz das Leiden – beseitigt. Obwohl allerdings die Einsicht ganz am Anfang steht, ist sie nicht der erste Schritt – denn es kann lange dauern, bis wir wirklich zu einer vollständigen Einsicht in die Wahrheit der Lehren des Buddha gelangen. Bis dahin können wir aber wenigstens provisorisch akzeptieren, dass die Philosophie des Buddha eine wichtige Erkenntnis darstellt, und fürs Erste annehmen, dass er möglicherweise Recht hat. Von da aus können wir dann weitermachen, denn ohne eine bestimmte Theorie vorauszusetzen, lässt sich keine Lebensform aufbauen: Keine Ethik ohne Theorie. Denn meine Entscheidungen und Handlungen benötigen immer ein Fundament von theoretischen Hintergrundüberzeugungen, die mir sagen, wie ich handeln und mich entscheiden soll. Denn wenn ich mich für etwas entscheide, dann habe ich Gründe dafür, auch wenn ich diese Gründe nicht offenlegen oder explizit durchdenken muss. Das ist bereits im Begriff der Entscheidung enthalten. Eine Entscheidung, die ohne Gründe getroffen wird, ist keine Entscheidung, sondern Zufall. Entscheide ich mich z. B. in der Cafeteria für Salat zum Mittagessen statt Rahmschnitzel – weil ich mich gerne gesünder ernähren möchte –, dann steht im Hintergrund eine Reihe von theoretischen Annahmen, auf denen diese Entscheidung basiert, etwa: „Es ist langfristig besser, gesund zu sein als gut zu essen“, oder: „Gemüse und pflanzliche Nahrung sind gesünder als Fleisch und Tierprodukte.“ Man muss sich diese Hintergrundannahmen nicht bewusst machen, und nicht alle werden ihnen zustimmen – andere Menschen könnten andere Hintergrundüberzeugungen haben und sich anders entscheiden. Man kann sie auch kritisieren und durch andere Hintergrundannahmen ersetzen. Nur: Ohne geht es nicht. Nichts anderes bedeutet die „richtige Einsicht“: akzeptieren, dass das Weltbild, das der Buddha in den vier edlen Wahrheiten ausdrückt, eine korrekte Einsicht in die Wirklichkeit ist und diese Wahrheiten als Fundament praktischer Entscheidungen annehmen. Alles Weitere kommt später.

Punkt (2): richtiger Entschluss (*sankappa*). Der Buddha beschreibt das so: „Es sind entsagende, wohlwollende und mildherzige Gedanken“ (DN 22: ii 312 [Sa]), also als bewusste Entscheidung, Kontrolle über die eigenen Emotionen und Handlungsmotive auszuüben. Damit ist gemeint, den bewussten Entschluss zu fassen, auch nach den Wahrheiten zu leben, die ich erkannt habe, d. h. ein Leben zu führen, in dem ich mich darum bemühe, möglichst kein Leid zu verursachen und mich vom Anhaften zu lösen. Ich muss nicht nur akzeptieren, dass die vier edlen Wahrheiten wirklich eine richtige Beschreibung der Wirklichkeit sind, sondern ich muss auch aktiv meine konkrete Lebenspraxis auf der Basis dieser theoretischen Einsicht gestalten. Der zweite Punkt ist demnach das Bindeglied zwischen der Theorie und der Praxis, denn die schönste Theorie nützt nichts, wenn ich sie nicht in meinem Leben umsetzen kann oder will. Es hilft nichts, wenn ich zwar weiß, was das Richtige wäre, aber nicht die Entschlusskraft aufbringe, es auch zu tun. Wenn ich also weiß, dass z. B. Langstreckenflüge extrem klimaschädlich sind und langfristig die Lebensgrundlagen der Menschheit bedrohen, aber trotzdem zweimal im Jahr nach Thailand in den Urlaub fliege, dann habe ich zwar die richtige Einsicht, aber nicht den richtigen Entschluss. Richtig zu leben setzt voraus, dass ich die Energie aufbringe, mein Leben selbst in die Hand zu nehmen, und bereit bin, die nötige Entschlusskraft aufzubringen. Wir alle kennen das Gefühl, zu wissen, was man eigentlich tun sollte, aber es doch nicht hinzukriegen. Der Punkt „richtiger Entschluss" erinnert uns daran, dass wir diese Trägheit nur überwinden können, indem wir selbst aktiv werden.

Punkt (3): richtige Rede (*vācā*). Hier beginnt der eigentliche Bereich der Ethik. In den Worten des Buddha: „Man unterlässt den Gebrauch falscher, entzweiender, harter oder unsinniger Rede." (DN 22: ii 312 [Sa]) Üblicherweise werden unter diesem Punkt alle Formen des Sprechens verstanden, die möglicherweise leidverursachend sind, also Lügen, Beleidigen, sinnloses Reden (MN 114: iii 47). Letzteres bedeutet, durch sinnloses Reden die eigene Zeit und die anderer zu verschwenden. Das ist nicht nur eine sinnvolle Handlungsmaxime für berufliche Meetings, sondern hat einen ernsten Hintergrund: Niemand von uns weiß, wieviel Zeit wir noch haben. Werde ich morgen noch am Leben sein? Auch wenn man davon ausgehen kann, dass die Wahrscheinlichkeit ziemlich hoch ist, kann man sich niemals sicher sein (und eines Tages werde ich denken, dass ich morgen noch am Leben sein werde, und es wird sich als Irrtum herausstellen). Daher sollten wir unsere kostbare und begrenzte Lebenszeit sinnvoll nutzen, und das bedeutet eben auch, sie nicht mit sinnlosem Geschwätz zu vergeuden. Das Gebot „Nicht sinnlos reden!" mag sich harsch anhören, aber im Kern ist es eine Erinnerung daran, dass unsere Lebenszeit endlich ist, und dass wir uns deshalb Gedanken darüber machen sollten, ob wir sie so nutzen, wie es gut für uns ist.

Punkt (4): richtiges Handeln (*kammanta*). Hier stoßen wir auf den Kernbereich der buddhistischen Ethik, der sich unter der Maxime zusammenfassen lässt: Handle so, dass du möglichst wenig Leiden verursachst! Der Buddha selbst nennt drei zentrale ethische Imperative, um diesen Punkt zu erläutern: „Man unterlässt es, lebende Geschöpfe zu töten, zu stehlen und sexuelle Verfehlungen zu begehen." (DN 22: ii 312 [Sa]) Traditionell werden diese drei Gebote noch um zwei weitere ergänzt (vgl. z. B. MN 123: iii 121) – nicht zu lügen und sich von bewusstseinsverändernden Substanzen zu enthalten – zu den sogenannten Fünf Geboten des Buddhismus (*pañcasīla*): nicht töten, nicht stehlen, kein sexuelles Fehlverhalten, nicht lügen, keine Drogen. Diese fünf Gebote bilden den praktischen Kern der buddhistischen Moral und stellen auch heute noch eine Art moralischen Kompass für praktizierende

Buddhistinnen und Buddhisten dar. Es lohnt sich daher, die einzelnen Gebote etwas genauer zu betrachten.

Die fünf Gebote (*pañcasīla*):
1. Nicht töten!
2. Nicht stehlen!
3. Kein sexuelles Fehlverhalten!
4. Nicht lügen!
5. Keine Rauschmittel!

Das *Tötungsverbot* ist das wichtigste der fünf Gebote und bezieht sich nach buddhistischem Verständnis auf alle empfindungsfähigen Wesen, schließt also explizit Tiere mit ein (aber keine Pflanzen). Eine Konsequenz ist, dass die meisten Buddhistinnen und Buddhisten eine vegetarische Lebensweise als optimal und wünschenswert ansehen, auch wenn längst nicht alle praktizierende Vegetarier sind. Eine andere Konsequenz des buddhistischen Tötungsverbots ist eine grundsätzliche Neigung zu Pazifismus und Gewaltlosigkeit, und auch die Idee eines gerechten oder gar heiligen Krieges wird im Buddhismus sehr skeptisch betrachtet. Auf der anderen Seite leiten viele Buddhisten aus dem traditionellen Tötungsverbot ab, dass Abtreibung, Sterbehilfe und Suizid moralische Verstöße sind, und in den Verhaltensregeln für Mönche und Nonnen (*vinaya*) untersagt der Buddha explizit jede Beihilfe dazu. Das *zweite Gebot* untersagt Diebstahl bzw. genauer: es verbietet, zu nehmen, was nicht freiwillig gegeben ist. Es umfasst nicht nur den Diebstahl von materiellem, sondern auch immateriellem Eigentum, also auch das Verschwenden der Lebenszeit anderer Menschen. Es wendet sich aber auch gegen Charakterhaltungen wie Neid und Eifersucht, die Menschen zum Stehlen motivieren können, und ebenso gegen Habgier, Betrug und Ausbeutung, also den Wunsch, sich mehr zu nehmen, als einem zusteht (auch wenn das kein Diebstahl im strengen Sinne ist). Das zweite Gebot hat damit auch wichtige sozioökonomische Implikationen, insofern es massive Ungleichheiten in einer Gesellschaft als unmoralisch ansieht. *Gebot Nummer drei* – kein sexuelles Fehlverhalten – wird recht uneinheitlich ausgelegt. Traditionell verbietet es jede Form von Sexualität, die Leiden verursacht, vor allen Dingen Ehebruch, sexualisierte Gewalt und Inzest. In konservativen Gesellschaften wurden oft auch Sex vor der Ehe und Homosexualität als Verstöße gegen dieses Gebot angesehen – eine Sichtweise, die in der

Gegenwart zunehmend unter Druck gerät und von vielen Buddhistinnen und Buddhisten gerade im Westen nicht mehr geteilt wird. Generell ist es allerdings die Haltung des Buddha, sich soweit möglich von sexuellen Beziehungen zu enthalten, und wenn schon, dann in der gesellschaftlich sanktionierten Form der Ehe (Sp. 2.14). Der Grund ist klar: Sexualität ist eine der stärksten Quellen des Anhaftens und hat damit mehr als vieles andere das Potenzial, Leiden zu verursachen. Für Mönche und Nonnen bedeutet das dritte Gebot vollständige Enthaltsamkeit von jeder Form von Sexualität. Das *vierte Gebot* – nicht lügen – greift im Prinzip den Punkt der richtigen Rede wieder auf und wird üblicherweise so verstanden, dass es nicht nur speziell das Lügen, sondern jede Form von leidverursachender Rede untersagt. Als problematisch gilt dabei nicht allein die Tatsache, dass Lügen anderen Schaden zufügen und dass hinter der Lüge oft eine Haltung der Gier oder Boshaftigkeit steht, sondern auch, dass die Lüge einer realistischen Geisteshaltung im Weg steht. Die Philosophie des Buddha verfolgt ja das Prinzip, die Wirklichkeit zu sehen, wie sie ist, was auch bedeutet, die Wahrheit nicht zu verbergen und nicht zu verdrehen. Umgekehrt heißt es aber auch, unangenehme Wahrheiten auch dann auszusprechen, wenn sie denen, die sie hören, keine Freude bereiten. Auf den ersten Blick mag es so aussehen, als ob hier die Wahrhaftigkeit sogar das Prinzip der Leidvermeidung übertrifft, aber dahinter steht der Gedanke, dass es auf lange Sicht besser ist (und weniger leidvoll), sich an die Wahrheit zu halten. Das *fünfte Gebot* richtet sich nach traditionellem Verständnis vor allem gegen den Konsum von Alkohol und anderen harten Drogen. Denn einerseits wird dadurch die Klarheit des Bewusstseins getrübt– man kann schlecht die Realität sehen, wie sie ist, wenn man gleichzeitig versucht, sie sich schön zu trinken. Und andererseits haben Alkohol und Drogen das Potenzial, massives Anhaften und damit Leiden zu verursachen. Darüber hinaus, so wird argumentiert, steigert Alkohol die Bereitschaft, auch andere Gebote zu verletzen. Während spätere buddhistische Philosophen kontrovers diskutieren, ob bereits der Genuss von Alkohol an sich oder nur der übermäßige Konsum verwerflich ist, haben in der Praxis die meisten buddhistischen Gesellschaften gerade das Alkoholverbot eher locker gehandhabt. Abgesehen von einigen zaghaften Versuchen im mittelalterlichen China hat es nie politische Maßnahmen gegen den Alkoholkonsum gegeben (anders als etwa im Islam), und auch heute haben die wenigsten Buddhisten ein ernsthaftes Problem mit dem ein oder anderen Bier.

Nun sind die Fünf Gebote der Kern einer buddhistischen Moral, d. h. sie sind in erster Linie Richtlinien für praktizierende Buddhistinnen und Buddhisten. Aber sind sie auch mehr als nur eine traditionelle Form der buddhistischen Lebensführung? Können Sie auf einer tieferen Ebene auf eine zugrundeliegende philosophische Theorie zurückgeführt werden? – Wenn wir die Lehre des Buddha als Philosophie rekonstruieren wollen, ist es sinnvoll, sich weniger auf die Details in der konkreten Praxis des gelebten Buddhismus zu konzentrieren, sondern nach dem ethischen Prinzip zu suchen, aus der sie hervorgehen. Dieses Grundprinzip der Ethik des Buddha lautet: Handle so, dass du es vermeidest, Leiden zu erzeugen! Die Fünf Gebote können, indem sie dieses abstrakte Prinzip in praktische Handlungsanweisungen übersetzen, eine simple Wahrheit verdeutlichen, die wir oft ignorieren: Das Dasein ist leidvoll, für uns selbst und andere. Wir alle sind in das Leiden verstrickt, aber eben nicht nur als Opfer, sondern auch als Täter. Jede und jeder von uns leistet einen Beitrag dazu, das Leiden in der Welt zu vermehren. Wesen leiden, und manche leiden eben auch wegen uns. Die Fünf Gebote sind eine Reaktion auf diese Tatsache. Blendet man die historisch und kulturell bedingten Details in der Umsetzung dieser Gebote einmal aus, dann beschreiben sie eigentlich nur exemplarisch Handlungsmaximen für eine Ethik, deren Ziel die Beseitigung des Leidens ist. Wer sich nicht zum Buddhismus in seiner religiösen Form bekennt, wird keinen Grund haben, den Fünf Geboten in jedem Detail zu folgen, aber es ist dennoch vernünftig, darauf zu achten, wenigstens so zu handeln, dass wir das Leben für andere nicht noch leidvoller zu machen, als es sowieso schon ist.

Punkt (5): richtige Lebensführung (*ājīva*). Das betrifft besonders die Berufswahl, also die Art und Weise, wie man sein Leben bestreitet. Der Buddha empfiehlt, sein Leben so einzurichten, dass man nicht gezwungen ist, gegen ethische Gebote zu verstoßen, also z. B. keinen Beruf zu wählen, in dem man Lebewesen töten muss (wie Metzger oder Soldat) oder zwangsläufig gegen andere moralische Gebote verstößt, z. B. indem man Alkohol verkauft oder Gift. Andererseits sollte man die Möglichkeit haben, an sich zu arbeiten und eine positive Lebenspraxis zu kultivieren. Hier gilt ähnlich wie beim vorherigen Punkt: Wir können die Details übergehen, die die buddhistische Tradition aus diesem Gebot abgeleitet hat, und uns auf den rationalen Gehalt für eine philosophische Ethik beschränken. Denn auch hinter diesem Punkt steckt eine grundsätzliche Erkenntnis, nämlich: Die konkreten Umstände meines Lebens machen einen Unterschied, wenn es darum geht,

Leiden zu verringern oder zu vermehren. Ethische Regeln, die eine positive Veränderung bewirken sollen, dürfen nicht vollkommen abstrakt bleiben, sondern müssen die tatsächliche Lebenswirklichkeit konkreter Menschen berücksichtigen. Wir sollten uns also bewusst machen, in welcher Weise unsere eigene Lebensführung dazu beitragen könnte, das Leiden in der Welt zu vermehren, und überlegen, wie wir sie ändern könnten, um das nicht mehr zu tun. Außerdem enthält der Punkt der richtigen Lebensführung einen wichtigen Gedanken zum Umgang mit anderen: Nicht alle Menschen haben die Möglichkeit, ihre Lebensumstände so zu wählen, dass sie ein ethisch optimales Leben führen können. Manche sind arm, andere sind krank, wieder andere können keinen guten Job finden. Wer einen Bürojob in der oberen Mittelschicht Europas im 21. Jahrhundert hat, der hat es leichter, sein Leben nach moralischen Maßstäben auszurichten, als jemand, der in einem westafrikanischen Slum davon leben muss, Plastikflaschen zu sammeln. Anzuerkennen, dass die richtige Lebensführung eine wichtige Rolle spielt, heißt auch nachsichtig sein gegenüber denen, deren Lebensführung es ihnen schwer macht, das Richtige zu tun.

Punkt (6): richtige Anstrengung (*vāyāma*). Hier beginnt der Bereich der Meditation. Richtige Anstrengung bedeutet die grundsätzliche Absicht, sich um eine Kontrolle über das eigene Bewusstsein zu bemühen, negative Geisteszustände wie Gier, Hass oder Verblendung zu bekämpfen und ihre positiven Gegenstücke zu fördern. Dieser Punkt verbindet wieder – ähnlich wie Punkt (2) – zwei Bereiche miteinander, in diesem Fall Praxis und Meditation. Denn eine effektive moralische Praxis kommt nicht ohne ein geistiges Fundament aus. Wenn ich gierig und habsüchtig bin, wird es mir schwerfallen, ein Leben zu führen, das sich an Regeln wie „Nimm dir nichts, was nicht freiwillig gegeben ist" orientiert. Ohne eine grundlegende Veränderung meines Charakters werden die ethischen Regeln keine vollständige Wirkung entfalten können, und ohne eine bewusste und konzentrierte Anstrengung, wie sie in der Meditation geübt wird, wird eine solche Veränderung nicht zu erreichen sein.

Punkt (7): richtige Achtsamkeit (*sati*). Dieser und der nächste Punkt beziehen sich auf die beiden grundlegenden Meditationstechniken, die der Buddha gelehrt hat. Da wir uns in Kapitel 6 ausführlich mit Meditation beschäftigen werden, will ich hier nur das Nötigste dazu sagen. Richtige Achtsamkeit bedeutet präzises, aufmerksames und urteilsloses Beobachten der körperlichen und geistigen Prozesse. Die Achtsamkeitsmeditation ermöglicht es, in einen Bewusstseinszustand zu gelangen, in dem es möglich ist, die Wirklichkeit so zu sehen, wie sie ist, frei von allen Illusionen und Verzerrungen, die durch das Anhaften erzeugt werden. Damit ist sie einerseits die Voraussetzung, um auf den theoretischen Abschnitten des achtfachen Pfades voranzukommen, denn erst durch Fortschritte in der meditativen Erkenntnis wird es möglich, wirklich zur richtigen Einsicht (Punkt (1)) zu gelangen. Andererseits ist sie auch eine Bedingung für eine funktionierende Praxis, denn wie wir gesehen haben, setzt moralisches Handeln eine theoretische Grundlage voraus. Wer die Unbeständigkeit und Leidhaftigkeit aller Dinge in der Meditation unmittelbar erkennt, wird es leichter haben, Mitleid mit anderen zu empfinden, und an seinem Charakter zu arbeiten, so dass er nicht mehr Quelle des Leidens für sich und andere ist.

Punkt (8): richtige Konzentration (samādhi). Diese Form der Meditation wird meistens als Ruhemeditation bezeichnet und beschreibt eine Methode, den Geist zu beruhigen durch die Fokussierung auf ein Meditationsobjekt wie z. B. den eigenen Atem. Indem der Geist sich immer weiter in diesem Objekt versenkt, werden Schritt für Schritt alle anderen Bewusstseinsprozesse heruntergefahren, bis nur noch ein klares, reines und vollkommen ruhiges Bewusstsein übrigbleibt, das sich sehr von unseren alltäglichen Bewusstseinszuständen unterscheidet. Innerhalb des Buddhismus gibt es später diverse Debatten darüber, wie die beiden Meditationstechniken zusammenhängen und in welcher Reihenfolge sie kultiviert werden sollten. Klar ist aber, dass die Einsicht, die aus richtiger Achtsamkeit entsteht, die Fähigkeit erfordert, diese veränderten Bewusstseinszustände hervorzurufen.

5.2 Eine systematische Perspektive

Eine naheliegende Frage lautet nun: Was sollen wir aus einer philosophischen Perspektive von einem solchen teilweise antiquiert, teilweise restriktiv wirkenden Katalog von Vorschriften halten? Einerseits scheint es zwar schon eine gewisse innere Kohärenz im achtfachen Pfad zu geben, andererseits steht aber doch der Verdacht im Raum, dass es sich nur um ein Lebensmodell handelt, dass seine Autorität allein aus der Person des Buddha bezieht. Handelt es sich hier etwa um eine Art *divine-command*-Ethik, also eine Ethik, für die die Gültigkeit moralischer Gebote von der Autorität eines Gottes abhängt, der sie verkündet hat? – Das wäre fatal, denn eine philosophische Ethik kann sich nicht mit dem Verweis auf göttliche

Autorität zufriedengeben, sondern erwartet eine rationale Begründung für die Gültigkeit moralischer Regeln.[16]

> *Divine-Command-Ethik*: Eine ethische Theorie, die behauptet, dass die Gültigkeit moralischer Gebote darauf beruht, dass sie von Gott verkündet worden sind (z. B. in Form der Zehn Gebote).

Eine externe Autorität, die die Gültigkeit moralischer Gebote begründen kann, gibt es nicht, und daran ändert es auch nichts, wenn diese Autorität der Buddha ist. Dostojewskis geflügeltes Wort „Wenn es keinen Gott gibt, dann ist alles erlaubt" hat sich als Irrtum herausgestellt: Auch wenn es keinen Gott gibt, ist längst nicht alles erlaubt. Aber was ist dann die Grundlage der Gültigkeit ethischer Normen? Hier gibt es im Wesentlichen zwei große Theorieansätze: *Subjektivistische* Theorien würden behaupten: Was richtig und was falsch ist, hängt von den aufgeklärten Eigeninteressen autonom handelnder Wesen ab. Ein Gebot wie „Vermeide es, anderen sinnloses Leid zuzufügen!" wäre also deshalb gültig, weil es rational betrachtet in unser aller Interesse liegt, sich daran zu halten. *Objektivistische* Theorien halten dem entgegen: Es gibt moralische Gebote, die unabhängig von allen Interessen bestehen. Was richtig und falsch ist, ist eine Tatsache, die genauso objektiv wahr ist wie die Tatsache, dass der Mount Everest 8848 Meter hoch ist. Ethik hat die Aufgabe, durch rationale Argumentation herauszufinden, was richtig und falsch ist, aber was richtig und falsch ist, ist unabhängig davon, ob wir es jemals herausfinden (oder daran glauben). Das Prinzip „Vermeide es, anderen sinnloses Leid zuzufügen!" bliebe also auch dann noch gültig, wenn niemand es anerkennen würde. Dann aber müssen wir uns fragen: Kann die Ethik des Buddha den Anforderungen einer rationalen Begründung gerecht werden? Gibt es Gründe für ihre Gültigkeit, die über die bloße Autorität des Buddha hinausgehen und die auch von denjenigen akzeptiert werden könnten, die sich gar nicht zum Buddhismus bekennen? Die Antwort lautet: Ja. Wenn man ihn von den traditionellen Formen befreit, in denen er präsentiert wird, zeigt sich, dass der achtfache Pfad eine Lebensform entwirft, die nur von der Tatsache ausgeht, dass alle Wesen dem

16 Was nicht bedeuten soll, dass es nicht auch philosophische Versuche gibt, eine *divine-command*-Ethik rational zu verteidigen, z. B. Quinn 1978.

Leiden unterworfen sind und den Wunsch haben, das Leiden zu überwinden, und die sich auf keine wie auch immer geartete Autorität berufen muss, um zu zeigen, dass diese Lebensform in einem moralischen Sinne gut ist.

Dazu muss man sich zunächst klar machen, dass es sich bei den acht Punkten des Pfades gar nicht um acht *Gebote* handelt. Wir sollten uns nicht am achtfachen Pfad orientieren, weil der Buddha es verkündet hat oder weil Gott, das Universum oder sonst jemand uns belohnt, wenn wir diese Regeln befolgen. Der achtfache Pfad präsentiert vielmehr ein Programm zur Transformation des Charakters, oder, etwas klassischer formuliert: zur Bildung von bestimmten Tugenden. Die Ethik des Buddha lässt sich also am besten als eine Form der *Tugendethik* verstehen. Üblicherweise werden ethische Theorien in drei große Klassen eingeteilt:

1. Deontologische Ethik
2. Konsequentialistische Ethik
3. Tugendethik

Die ersten beiden Typen von Ethik werden auch unter dem Oberbegriff der Regelethik zusammengefasst. Regelethiken gehen von der Frage „Was soll ich tun?“ als Kernproblem der Ethik aus und versuchen, eine Antwort auf diese Frage zu geben, indem sie eine Regel formulieren, die mir sagt, was ich tun soll. Eine deontologische Ethik nimmt an, dass es Typen von Handlungen gibt, die intrinsisch gut oder schlecht sind, ohne dass es auf die Konsequenzen dieser Handlungen ankommt. Eine deontologische Regel gibt mir ein Instrument an die Hand, mit dem ich erkennen kann, welche Typen von Handlungen in sich richtig und welche in sich falsch sind, ohne dass ich über die konkreten Einzelumstände der jeweiligen Handlung Bescheid wissen müsste. Das klassische Beispiel für eine deontologische Ethik ist Kants kategorischer Imperativ: „Handle nur nach derjenigen Maxime, durch die du zugleich wollen kannst, daß sie ein allgemeines Gesetz werde.“ (Kant 2016: 45/AA 421) Demnach sind alle Handlungen richtig, bei denen ich mir, ohne in einen Widerspruch zu geraten, vorstellen kann, dass alle Menschen so handeln würden. Sollte ich beispielsweise ein Versprechen, das ich gegeben habe, brechen, wenn es mir einen Vorteil bringen würde? Kant antwortet: Nein, denn wenn alle Menschen so handeln würden, könnte es gar keine Versprechen mehr geben – aber dann müsste ich einerseits wollen, dass es Versprechen gibt (wenn andere mir etwas versprechen und ich erwarte, dass sie sich daran halten), andererseits müsste ich wollen, dass es sie nicht gibt (wenn ich mein Versprechen anderen gegenüber nicht halten will).

Das ist ein Widerspruch, also ist es moralisch falsch, ein Versprechen zu brechen, und zwar unabhängig davon, was die konkreten Folgen sind. Selbst wenn ich eine Katastrophe verhindern könnte, indem ich mein Versprechen breche, dürfte ich es für Kant nicht tun. Im Gegensatz dazu nimmt eine konsequentialistische Ethik an, dass es an den Folgen einer Handlung liegt, ob sie als gut oder schlecht zu bewerten ist. Eine Handlung allein ist also nicht intrinsisch gut oder schlecht, sondern nur im Kontext der Folgen, die sich ergeben. Eine konsequentialistische Regel ist dementsprechend ein Instrument, mit dem ich entscheiden kann, welche Konsequenzen gut und wünschenswert sind. Das Standardbeispiel für diesen Typ von Ethik ist der Utilitarismus, den in seiner klassischen Form z. B. Jeremy Bentham und John Stuart Mill vertreten haben. Die utilitaristische Regel lautet: „Handle so, dass deine Handlung das größte Glück der größten Zahl befördert!" (vgl. Bentham 1891: 93) Wenn ich mir die Frage stelle, was ich tun soll, kann ich sie also beantworten, indem ich überlege, welche meiner Handlungen mehr Glück oder Zufriedenheit für möglichst viele Menschen bewirkt. Nehmen wir noch einmal das Beispiel vom gebrochenen Versprechen: Sollte ich mein Versprechen immer halten? Eine utilitaristische Ethik würde sagen: Wenn das Einhalten des Versprechens aufs Ganze gesehen dafür sorgt, dass mehr Menschen in höherem Ausmaß glücklich sind, dann ja. Wenn nicht, dann nicht.

Anders als diese beiden Regelethiken stellt eine Tugendethik nicht die Frage „Was soll ich tun?" ins Zentrum, sondern die Frage „Was für ein Mensch soll ich sein?". Im Gegensatz zu Regelethiken, die sich auf die Handlung konzentrieren, steht für die Tugendethik die handelnde *Person* im Zentrum. Dahinter steht der Gedanke, dass reale Handlungskontexte zu kompliziert sind, um anhand einer einfachen Regel eindeutig bewertet zu werden. Statt zu versuchen, unser Handeln an einer simplen Regel zu orientieren, sollten wir uns darum bemühen, die Art von Person zu werden, die in einer herausfordernden Situation in der Lage ist, das Richtige zu tun – was auch immer das dann sein mag. Tugendethiken sind in der Philosophie der Antike und des Mittelalters weit verbreitet – Aristoteles, Konfuzius oder Thomas von Aquin vertreten Varianten einer Tugendethik, und auch die Ethik des Buddha lässt sich in diese Kategorie einordnen. Der Fairness halber sollte man allerdings sagen, dass diese schematische Dreiteilung bei genauerem Hinsehen weniger eindeutig ist, als es hier den Anschein erweckt. Tugendethiken und Regelethiken stehen in keinem so klaren Gegensatz zueinander, und jede Seite greift auch in mehr oder weniger großem Ausmaß Elemente der anderen auf. Auch der Buddha ist hier keine Ausnahme, und auch wenn es sinnvoll ist, seine Ethik primär als Tugendethik zu beschreiben, gibt es doch klarerweise auch konsequentialistische und deontologische Elemente in ihr.

Was sind Tugenden? Aristoteles definiert Tugend als eine positive Haltung (*hexis*) des Charakters, durch die wir die Neigung haben, in kritischen Situationen das Richtige zu tun.[17] Etwas technischer ausgedrückt: Tugenden sind Handlungsdispositionen. Zu sagen, dass eine Person eine Disposition zu einer bestimmten Handlung hat, bedeutet, dass sie so handeln wird, wenn die geeigneten Umstände eintreten. Ein Glas z. B. ist zerbrechlich, hat also die Disposition zu zerbrechen. Das bedeutet: Wenn geeignete Umstände eintreten (es beispielsweise auf einen Steinfußboden fällt), dann wird es auch zerbrechen. Und wenn eine Person hilfsbereit ist, dann wird sie anderen helfen, sobald die entsprechenden Umstände eintreten (etwa, wenn sie Zeuge eines Verkehrsunfalls wird). Dass die Tugend eine Disposition ist, bedeutet auch, dass tugendhafte Personen nicht erst dazu aufgefordert werden müssen, das Richtige zu tun, sondern es aus eigenem Antrieb tun. Einem hilfsbereiten Menschen muss man nicht erst sagen, dass er anpacken soll, wenn man Hilfe braucht, er wird es einfach von sich aus tun. Dass Tugenden Haltungen sind, bedeutet darüber hinaus auch, dass sie stabil und dauerhaft sind. Es reicht nicht, ab und zu einmal aus einer Laune heraus hilfsbereit zu sein, um von sich sagen zu können, man sei ein hilfsbereiter Mensch. Erst, wenn ich konstant und in unterschiedlichen Situationen immer wieder Hilfsbereitschaft an den Tag lege, kann ich von mir sagen, dass ich hilfsbereit bin, eben weil es nicht bloß eine Laune, sondern Bestandteil meines Charakters ist. Tugenden sind also eng verknüpft mit dem Charakter einer Person oder ihrer Persönlichkeit, und man könnte sie auch als stabile Muster in unseren Handlungs- und Denkdispositionen beschreiben. Wer hilfsbereit ist, hat einen hilfsbereiten Charakter und wird aus sich heraus, ohne Zwang oder Androhung von Konsequenzen, anderen helfen, die in Not geraten sind, selbst wenn es vielleicht für ihn Nachteile mit sich bringt, ganz einfach deshalb, weil er die Art von Person ist, die hilfsbereit ist. Aber woher kommen die Tugenden? Aristoteles und auch der Buddha sind nicht so naiv, zu glauben, dass Menschen bereits tugendhaft auf die Welt kommen. Tugenden sind eine Sache der Wiederholung und der Gewöhnung. Man wird gut im Gitarre spielen, meint Aristoteles, indem man Gitarre spielt, und

17 Siehe die *Nikomachische Ethik*, insbesondere Buch II.

man wird hilfsbereit, indem man sich hilfsbereit verhält. Tugenden werden durch wiederholte, bewusste Entscheidungen gebildet, das Richtige zu tun. Aus der Summe einzelner, bewusster Entscheidungen wird dann im Lauf der Zeit ein Charakterzug, der von sich aus weitere Entscheidungen und Handlungen leitet.

Das Ziel einer Tugendethik ist es also, einen tugendhaften Charakter zu entwickeln und zu der Art von Person zu werden, die ein gutes Leben führen kann. Der Weg dazu ist die bewusste Einübung oder Kultivierung positiver, stabiler Haltungen, die in das alltägliche Leben integriert werden. In diesem Sinne kann die Ethik des achtfachen Pfads als eine Tugendethik verstanden werden, denn sie entwirft die Konzeption eines guten Charakters und eines darauf basierenden guten Lebens. Dieses Leben ist deshalb ein gutes Leben, weil es möglichst frei von Leiden ist. Damit haben wir eine Antwort gefunden auf die Frage, woher die Ethik des Buddha ihre Gültigkeit bezieht: aus ihrer Effektivität bei der Überwindung des Leidens. Das Prinzip, an dem sich die Ethik des Buddha orientiert, lautet: „Vermeide es, Leiden zu erzeugen!", und der achtfache Pfad ist eine Umsetzung dieses abstrakten Prinzips in der konkreten Lebensführung in Form einer Charakterbeschreibung. Der achtfache Pfad ist eine Antwort auf die Fragen: „Was für ein Mensch soll ich sein? Und was für ein Leben soll ich führen?" Er stellt ein Programm vor, das die praktischen Konsequenzen aus der theoretischen Einsicht in die Nicht-Selbst-Lehre zieht. Wenn das Leiden aus dem Anhaften entsteht, und dieses Anhaften seine Wurzel in der illusorischen Annahme eines beständigen Selbst hat, dann dient der achtfache Pfad dazu, die natürlichen, egoistischen Dispositionen unseres Charakters, die sich aus der Illusion des Selbst ergeben, zu überwinden und den Charakter in eine nicht-egoistische Haltung zu transformieren. Folge dem achtfachen Pfad, so die Aufforderung des Buddha, und du wirst deinen an den Dingen anhaftenden Charakter, der die Quelle des Leidens ist, Schritt für Schritt umwandeln in einen Charakter, der frei ist vom Anhaften und vom Leiden. Die vermeintlichen Gebote sind also gar keine Gebote, sondern Handlungs- und Denkmuster, die sich aus einem positiv geformten Charakter ergeben. Sie beschreiben, wie sich jemand verhalten würde, der auf dem achtfachen Pfad vorangekommen ist und der diese Lehre bereits verinnerlicht hat. Denn wenn ich wirklich erkannt habe, dass alles, was existiert, in gleicher Weise im Kreislauf des Leidens gefangen ist und dass alle Wesen genau wie wir den Wunsch haben, glücklich und frei von Leiden zu sein, dann werde ich nicht mehr den Wunsch verspüren, andere Wesen zu töten oder zu verletzen. Ich befolge das Gebot nicht, weil ich muss, sondern weil ich die negativen Aspekte meines Charakters unter Kontrolle gebracht habe, aus denen erst der Wunsch entsteht, anderen Wesen Leiden zuzufügen. Es geht also nicht darum, das Verhalten durch Vorschriften zu kontrollieren – das könnte auch gar nicht funktionieren, denn ein moralischer Rigorismus, der Gebote allein aus äußerem Zwang befolgt, wäre nur eine weitere Form des Anhaftens, diesmal eben an einem bestimmten Moralkodex. Es geht der Ethik des Buddha darum, eine Entwicklung zu der Art von Wesen zu vollziehen, die von sich aus das Richtige tut. Oder sagen wir mal: Am Ende geht es darum – am Anfang werden wir trotzdem bestimmten Regeln einfach aus Pflichtgefühl folgen oder weil irgendjemand uns gesagt hat, dass wir es tun sollen. Aber das ist nur ein Zwischenschritt. Die Regeln des achtfachen Pfades haben eine Art propädeutische Funktion: In der Praxis befolgt man sie zunächst aus Pflichtgefühl oder weil unsere Eltern es von uns verlangen. Aber mit weiter fortschreitender Einsicht (so zumindest der Plan) werden die Gebote nicht mehr befolgt, weil man sie befolgen muss, sondern weil man sich durch das stete Befolgen der Gebote und das wiederholte Einüben der tugendhaften Handlungsweise verändert hat. Die Persönlichkeit hat sich gewandelt und man ist zu einer Person geworden, die gar kein Interesse mehr hat, die Gebote zu verletzen. Andere Wesen nicht zu töten, weil der Buddha es vorschreibt, ist sicherlich richtig und garantiert besser als das Gegenteil – aber das eigentliche Ziel besteht darin, durch eine dauerhafte Übung in Mitleid und Wohlwollen, durch Einsicht in die Leidhaftigkeit allen Daseins dahin zu kommen, dass man jedes Potenzial verloren hat, überhaupt den Wunsch zu empfinden, ein anderes Wesen zu töten.

Die vierte edle Wahrheit bildet damit einen optimistischen Kontrast zur eher pessimistischen ersten edlen Wahrheit, der Wahrheit vom Leiden – wir sind der Realität des Leidens nicht komplett ausgeliefert. Durst, und damit Leiden, ist zwar eine Konstante des Lebens im *samsāra*, aber durch Einsicht und Übung können wir beide überwinden. Wir sind nicht auf jemand anderen oder eine Gottheit jenseits der Welt angewiesen, um unser Leben zum Besseren zu ändern und den Weg zur Überwindung des Leidens einzuschlagen – wir selbst haben es in der Hand. Das ist ein wesentlicher Unterschied zu monotheistischen Religionen wie dem Christentum oder dem Islam, die zwar auch eine Hoffnung auf Erlösung und Befreiung vom Leiden kennen, aber glauben, dass diese Erlösung letzten Endes eine Gnade Gottes ist und niemals von uns allein erreicht werden kann. Für den Buddha hingegen ist klar, dass Erlösung etwas ist, das jedes empfindungsfähige Wesen aus eigener Kraft erreichen kann.[18] Natürlich, einfach ist das nicht, denn wir sind bedingte Wesen und können nicht anders, als Dinge zu wollen, weshalb wir auch von Natur aus eine Neigung zu negativen, leidverursachenden Haltungen haben – der Buddha nennt diese negativen Charaktereigenschaften die drei Gifte: Verblendung (*moha*), Gier (*lobha*) und Hass (*dosa*). Aber wir müssen nicht so sein. Wir können lernen, diese negativen, natürlichen Haltungen zu durchschauen und zum Besseren zu verändern. Die Befreiung vom Durst ist keine einfache Sache. Die Rede vom achtfachen *Pfad* macht schon klar, dass es sich um einen langfristigen Prozess handelt, um einen Pfad, den man gehen muss. Der achtfache Pfad dient der Kultivierung einer neuen geistigen Haltung, was unvermeidlicherweise Zeit und Energie kostet, und nicht mit dem Lesen von ein oder zwei Büchern erledigt ist. Das Einzige, was wirklich funktioniert, ist stetige, jahrelange Übung.

5.3 Was für ein Mensch soll ich sein?

Und was ist das Ergebnis dieser jahrelangen Übung? Wie sieht der Charakter aus, den wir durch diese jahrelange Übung herausbilden sollten? Der Grundgedanke ist, dass es um einen Charakter geht, in den die Einsicht in die fundamentalen Wahrheiten des Daseins fest integriert ist: dass alle Dinge unbeständig sind, dass das Selbst eine Illusion ist, und dass alles Leiden aus dem Anhaften entsteht. Wer wirklich diese Tatsachen erkannt und akzeptiert hat, wird einen im buchstäblichen Sinne selbstlosen Charakter entwickeln, frei von den narzisstischen und egoistischen Neigungen, die sich aus der Illusion des Selbst ergeben. Wer dieses Ideal verinnerlicht hat, wird keinen Unterschied mehr zwischen der Sorge für sich selbst und der Sorge für andere erkennen können, und auch nicht zwischen dem eigenen Leiden und dem Leiden der anderen. Denn wenn es in Wirklichkeit kein Selbst gibt, was sollte dann den Unterschied ausmachen zwischen eigenem und fremdem Leiden?

---

18 Jedenfalls im Prinzip. Manche späteren Schulen des Buddhismus stellen die Frage, ob es Wesen gibt, die unheilbar dem Leiden verfallen sind und niemals zur Erlösung gelangen können (*icchantika*). Die dominierende Ansicht im Buddhismus ist aber, dass alle Wesen die Möglichkeit haben, zur Befreiung vom Leiden zu gelangen, sei es aus eigener Kraft, sei es mithilfe der Unterstützung anderer (*bodhisattvas*).

Die vier Tugenden (*brahmavihārā*)

Allgütige Liebe (*mettā*): allgemeines und bedingungsloses Wohlwollen allen Wesen gegenüber.

Mitleid (*karunā*): bedingungsloses, nicht urteilendes Mitleid mit allen Wesen.

Mitfreude (*muditā*): neidloses Teilen des Wohlergehens anderer Wesen.

Gleichmut (*upekkhā*): Haltung der Ausgeglichenheit gegenüber den positiven und negativen Aspekten des Daseins.

Das klingt reichlich abstrakt. Konkreter wird es, wenn man sich die vier klassischen Tugenden des Buddhismus anschaut, die sogenannten *brahmavihārās*. Üblicherweise übersetzt man diesen Begriff mit „himmlische Verweilzustände" (oder etwas Ähnlichem), denn *vihārā* bedeutet so viel wie „Wohnort" und *brahma* ist eine der zentralen Gottheiten der indischen Religion. Gemeint ist aber etwas deutlich Profaneres, nämlich: vier positive geistige Haltungen, die wir zu uns und anderen Wesen einnehmen sollten. Oder simpler: vier Charakterzüge, die beschreiben, was für eine Art Mensch ich sein sollte, um ein gutes Leben zu führen und mich aus der Verstrickung ins Leiden zu befreien. Diese vier sind: allgütige Liebe (*mettā*), Mitleid (*karunā*), Mitfreude (*muditā*) und Gleichmut (*upekkhā*).

Unter *mettā* versteht man eine Haltung des grundsätzlichen, bedingungslosen Wohlwollens allen Wesen gegenüber, egal wie nah oder fern sie uns stehen. Normalerweise sind wir mit unserem Wohlwollen anderen gegenüber deutlich zurückhaltender und machen klare Abstufungen: Ich wünsche meinen Kindern, dass es ihnen gut geht, weil es eben *meine* Kinder sind. Aber ich wünsche meinem Chef nicht, dass es ihm gut geht, weil er mir auf die Nerven geht. Im alltäglichen Leben sind Menschen normalerweise umso eher bereit, anderen Gutes zu wünschen, je enger ihre Beziehung zu ihnen ist, und je mehr sie davon ausgehen können, selbst etwas davon zurückzubekommen. Im alltäglichen Wohlwollen steckt deshalb für den Buddha immer ein egoistischer Hintergedanke. *Mettā* hingegen ist interesselos und bringt allen Wesen ohne Unterschied das gleiche, bedingungslose Wohlwollen entgegen. *Mettā* beruht auf der Einsicht, dass alle anderen genau wie wir selbst im Leiden festhängen und den gleichen Wunsch habe, dem Leiden zu entkommen. Und es ist der Wunsch, dass nicht nur ich, sondern auch alle anderen es schaffen mögen, sich aus dem Leiden zu befreien.

Mettā bedeutet aber nicht einfach, alles und jeden zu lieben – jedenfalls nicht so, wie Liebe oft verstanden wird. Denn Liebe bedeutet oft leidenschaftliches Begehren und damit wieder ein im Kern egoistisches Anhaften: Ich will das, was ich liebe, für mich. *Mettā* hingegen ist frei davon, so dass „Liebe" möglicherweise nicht die optimale Übersetzung ist – Alternativen wären „Freundlichkeit" oder „Wohlwollen", die besser ausdrücken, dass *mettā* frei von selbstbezogenen Interessen ist. In Ansätzen ist diese Haltung auch natürlicherweise bei vielen Menschen bereits vorhanden, etwa in der Beziehung zu den eigenen Kindern, Freunden oder Haustieren, denen man eine solche bedingungslose Liebe entgegenbringt und bei denen man den Wunsch verspürt, es möge ihnen gut gehen, ganz einfach deshalb, weil es ihnen gut gehen soll. Die Tugend von *mettā* zu kultivieren bedeutet, diese Haltung und das mit ihr verbundene Gefühl Schritt für Schritt auf alle empfindungsfähigen Wesen auszuweiten, ohne Bedingungen und ohne Hintergedanken. Wer diese Haltung entwickelt hat, wird sagen: Ich wünsche anderen Wesen nicht, dass es ihnen gut geht, um dadurch irgendein anderes Ziel zu erreichen, ich wünsche ihnen, dass es ihnen gut geht, Punkt.

Mitleid (*karunā*) ist das Gegenstück zum grundsätzlichen Wohlwollen. Mitleid bedeutet zum einen, das Leiden anderer anzuerkennen, ohne sie zu verurteilen, und einzusehen, dass dieses Leiden nicht anders ist als mein eigenes. Zum anderen bedeutet es den Wunsch, das Leiden anderer Wesen auch durch eigenes Handeln zu beseitigen. Alle Wesen sind genau wie wir selbst in das Schicksal des Leidens verstrickt, ohne dass es ihre Schuld wäre. Wer mitleidsvoll ist, teilt daher ihr Leiden. Aber nicht in dem Sinne, dass ich tatsächlich mit-leide, also genau das gleiche Leid fühle, dass sie auch fühlen – das wäre nur eine Vervielfältigung des Leidens, mit der niemandem geholfen wäre. Stattdessen geht es um eine Anerkennung des Leidens anderer verbunden mit dem Impuls, ihnen zu helfen. Wenn ich z. B. nach einem Verkehrsunfall verletzt in die Notaufnahme gebracht werde, erwarte ich nicht, dass der diensthabende Arzt von meinem Leid ergriffen wird und in Tränen ausbricht – das wäre gerade kein Mitleid –, sondern dass er mein Leiden erkennt und sich daran macht, mir zu helfen. Die Tugend des universalen Mitleids ist eine Haltung, die auf einer Erkenntnis beruht, dass es keinen relevanten Unterschied gibt zwischen meinem Leiden und dem Leiden der anderen, und dass es entsprechend keinen Sinn macht, das Leiden irgendeines Wesens privilegiert zu behandeln (oder zu ignorieren). Das Einzige, was uns trennt, ist ja die Illusion des Selbst.

Normalerweise sind wir ziemlich gut darin, das Leiden anderer zu ignorieren, solange es uns nicht betrifft. Hungersnöte, Kriege oder Erdbeben am anderen Ende der Welt wecken meist nur kurz und nicht besonders nachhaltig unser Mitleid. Und oft sind wir auch klammheimlich ein bisschen erleichtert, dass es die anderen getroffen hat und nicht uns. Nicht weniger gut sind wir darin, das Leiden anderer von uns fernzuhalten, indem wir sie dafür verurteilen oder sagen: selbst schuld. Wer das nicht glauben will, muss sich nur die Kommentare auf einer beliebigen Nachrichtenseite zu irgendeiner Katastrophen- oder Unfallmeldung durchlesen. Sie werden nicht lange suchen müssen, um den ersten Kommentar zu finden, der im Prinzip lautet: „Selbst schuld! Die hätten ja nur mal...!" Auch das ist nichts weiter als ein Ausdruck unseres egoistischen Anhaftens an der Illusion des Selbst: Indem ich anderen die Schuld für ihr eigenes Leiden gebe, tue ich so, als wüsste ich, woher das Leid kommt, und als könnte ich es kontrollieren. „Selbst schuld, wenn man ungeimpft auf der Intensivstation landet", bedeutet eigentlich: „Ich bin geimpft und deswegen kann mir nichts passieren". Ich verschließe mich gegenüber dem Leiden anderer, um das Leiden von mir selbst fernzuhalten. *Karunā* ist das Gegenmittel gegen diese Haltung. Es bedeutet, das Leiden anderer ohne Verurteilung, ohne Beschuldigung und ohne Herablassung wahrzunehmen und anzuerkennen, dass dieses Leiden ebenso real und unverdient ist wie mein eigenes, und dann daraus die Konsequenz zu ziehen und daran zu arbeiten, das Leiden zu beseitigen.

Die Mitfreude (*muditā*) kann man sich ganz analog dazu vorstellen. Wer Mitfreude in seinem Charakter verankert hat, kann neidlos und ohne Missgunst die Freude eines anderen teilen. Auch hier ist nicht gemeint, die gleiche Freude zu empfinden (und eventuell auch das damit verbundene Anhaften an den Grund der Freude), sondern es bedeutet, die Freude des anderen wahrzunehmen und zu erkennen, dass sie etwas Gutes ist (denn sie ist das Gegenteil zum Leiden) – auch, wenn ich selbst nichts davon habe, und ohne den Wunsch zu verspüren, ich möge es sein, der dieses Glück hat, und nicht der andere.

Gleichmut (*upekkhā*) schließlich beschreibt eine Haltung der Ruhe und Ausgeglichenheit gegenüber dem Auf und Ab des Lebens, die dadurch zustande kommt, dass die Realität nicht mehr aus der egozentrischen Perspektive der natürlichen Einstellung gesehen wird. Die Wirklichkeit ist ihrem Wesen nach unbeständig, so dass wir immer davon ausgehen müssen, dass weder das Gute noch das Schlechte von Dauer ist. Geht es mir gut, denke ich trotzdem nicht: „Ich wünschte, das würde nie aufhören!" – denn das wird es nicht. Und geht es mir schlecht, denke ich nicht: „Ich wünschte, das wäre vorbei!" – denn irgendwann wird es das sein. Geht es mir gut, wird es mir auch wieder schlecht gehen, und umgekehrt. Gleichmütig sein bedeutet, eine selbstzentrierte Sicht der Wirklichkeit aufzugeben und mit Gelassenheit das Gute wie das Schlechte zu akzeptieren, um so dem Anhaften an die Dinge jede Grundlage zu entziehen. Normalerweise neigen wir dazu, die Dinge immer ein wenig zu unseren Gunsten verzerrt zu sehen: Wenn ich einen Ausflug machen möchte und das Wetter schön ist, glaube ich, dass es bestimmt schön bleiben wird. Wenn es regnet, glaube ich, dass es bestimmt bald aufklaren wird. Was ich glaube, wird also teilweise auch davon bestimmt, was ich mir wünsche. Gleichmut ist dagegen die realistischste Tugend, denn sie bedeutet, sich von diesem subtilen Anhaften freizumachen und die Wirklichkeit zu sehen, wie sie ist – losgelöst von meinen Illusionen und Wunschvorstellungen darüber, wie die Wirklichkeit sein sollte. In meiner natürlichen Einstellung (siehe Kap. 3) sehe ich die Welt immer in konzentrischen Kreisen um mich herum, mit meinem Selbst im Zentrum. In den engsten Kreisen stehen die Personen und Dinge, die mir wichtig sind (z. B. meine Familie, mein Haus, meine Freunde), und je weiter ich mich davon entferne, umso weniger wichtig werden die Dinge und Personen für mich – ein flüchtiger Bekannter steht mir bedeutend weniger nahe als meine Kinder, und ein völlig fremder Mensch am anderen Ende der Welt ist so weit von mir entfernt, dass er für mich praktisch keine Rolle mehr spielt. Gleichmut bedeutet nun, diese natürliche Einstellung zu verlassen und eine Art neutrale oder unparteiische Perspektive einzunehmen, in der alle Wesen und Dinge gleichermaßen berücksichtigt werden, unabhängig davon, wie nah oder fern sie mir stehen. In dieser Perspektive ist kein Leiden und kein Glück privilegiert, nur weil es meines ist, und keines wird ignoriert, nur weil es nicht meines ist. So verstanden ist *upekkhā* der Kern der vier Tugenden, die alle zusammen verschiedene Facetten einer Art und Weise darstellen, der Wirklichkeit zu begegnen: aus einer nicht-egozentrischen Perspektive, die sich als natürliche Konsequenz aus der Einsicht in die Nicht-Selbst-Lehre ergibt.

5.4 Wer soll das schaffen?

Die Reaktionen auf dieses Bild des guten Lebens und des guten Charakters in der Philosophie des Buddha schwanken normalerweise zwischen zwei ganz unterschiedlichen Polen: Einerseits klingt das natürlich alles sehr schön, und bestimmt wäre die Welt eine bessere, wenn wir alle gütig, mitleidsvoll und gelassen wären. Andererseits scheint es aber, realistisch gesehen, vollkommen utopisch zu sein. Wie sollte man denn einem x-beliebigen Menschen auf der Straße mit dem gleichen Wohlwollen begegnen, das man auch den eigenen Kindern entgegenbringt? Die Realität sieht doch eher so aus: Wenn mir der x-beliebige Mensch auf der Straße den letzten Parkplatz vor der Nase wegschnappt, denke ich nicht, dass wir beide im Kreislauf des Leidens gefangen sind, und wünsche ihm, dass es ihm gut gehen möge, sondern eher so etwas wie: „Kann der verdammte Trottel nicht woanders parken?!" Ein wenig skeptische Zurückhaltung gegenüber dem Ideal des Buddha ist insofern nicht ganz unberechtigt. Allerdings: Nur weil unsere natürliche Einstellung konträr zu den ethischen Idealen des Buddha steht, bedeutet das noch nicht, dass unsere natürliche Einstellung auch gut ist, oder dass es keine gute Idee wäre, sie aufzugeben.

Auch wenn die meisten von uns sich in der Realität ziemlich schwer damit tun werden, dieses Ideal zu verwirklichen, sollten wir uns trotzdem zwei wichtige Punkte klarmachen. Erstens: Nur weil es uns schwerfällt, heißt das noch nicht, dass es unmöglich ist. Wenn die theoretische Beschreibung korrekt ist, die der Buddha von unserer Natur als bedingte Wesen gibt, dann sollten wir auch gar nichts anderes erwarten. Jede Ethik, die es uns scheinbar leicht macht, wäre nicht wirksam genug, um uns aus unserem natürlichen Egoismus und dem Anhaften an eine unbeständige Welt herauszuholen. Wir tun uns schwer damit, zu einer selbstlosen Lebensweise zu wechseln, weil wir an der Illusion des Selbst festhalten, und nicht anders können, als die Welt immer nur aus unseren Augen sehen. Wir fragen uns: Was habe *ich* davon? Wie geht es *mir* dabei? Was bedeutet das für *mich*? Aber wenn der Buddha recht hat, sind wir dieser natürlichen Einstellung nicht ausgeliefert. Wir können uns davon lösen und lernen, die Welt nicht mehr aus einer egozentrischen Perspektive zu sehen. Niemand sagt, dass es leicht wird (schon gar nicht der Buddha). Aber unmöglich ist es deswegen eben auch nicht. Und zweitens: Nur weil wir das Ideal nicht erreichen, heißt das noch nicht, dass wir ihm nicht wenigstens näherkommen können. Auch wenn ich es wahrscheinlich in diesem Leben niemals schaffen werde, Wohlwollen,

Mitleid, Mitfreude und Gleichmut zu kultivieren wie ein buddhistischer Heiliger, macht das diese Tugenden damit nicht wertlos. Hier gilt nicht das Prinzip: ganz oder gar nicht. Jeder kleine Schritt hin zu mehr Mitleid oder Gelassenheit ist bereits eine Verbesserung und eine reale Reduktion des Leidens in der Welt. Auch wenn man keinen Marathon schafft, ist es trotzdem für die Gesundheit besser, wenigstens einen Kilometer zu laufen als gar keinen. Man muss nicht davon überzeugt sein, ein Ziel auch erreichen zu können, um sich auf den Weg dahin zu machen.

Literaturhinweise

Eine schrittweise Erläuterung der einzelnen Punkte des achtfachen Pfads findet sich in DN 22. Siehe dazu auch MN 117. Der Buddha erklärt in MN 41 und MN 114 seine moralischen Gebote. Zu den fünf Geboten siehe Sp 2.14. *Mettā* wird im *Mettāsutta* in Sp 1.8 behandelt. Die vier Tugenden werden (ausführlicher als in den *Suttas*) in Buddhaghosas *Visuddhimagga,* Kap. IX diskutiert (Buddhaghosa 2010: 291–320).

Einführungen in die buddhistische Ethik: Harvey 2000 (sehr ausführlich). Keown 2005. Gowans 2015. Heim 2020. Garfield 2022a. Einführungen in Ethik und ethische Theorie allgemein: Fenner 2020. Hübner 2021. Zu Buddhismus als Tugendethik: Keown 1992. Buddhistische Ethik als Konsequentialismus: Goodman 2009. Buddhistische Ethik als moralische Phänomenologie: Garfield 2015: Kap. 9. Eine Interpretation des achtfachen Pfads in Burton 2004: Kap. 4.

Diskussionsfragen

- Fehlt in der Ethik des Buddha nicht der Aspekt der Gerechtigkeit?
- Welchen Sinn hat Ethik, wenn man dem karmischen Kausalgesetz unterliegt?
- Was spricht dafür, die Ethik des Buddha als Konsequentialismus zu deuten? Oder als Deontologie?

6 *Samadhi*: Meditation, Erkenntnis, Praxis

Machen wir ein kleines Experiment. Nehmen Sie sich ein Stück Schokolade, oder was immer Ihre aktuelle Lieblingssüßigkeit ist. Oder, falls es gerade heiß sein sollte und Sie durstig sind, nehmen Sie ein Glas kaltes Wasser oder Bier. Es kommt nicht wirklich darauf an, was genau Sie auswählen, solange es etwas ist, worauf Sie gerade Lust haben. Nehmen Sie das Stück Schokolade oder was auch immer in die Hand und betrachten Sie es. Vermutlich spüren Sie jetzt ein Verlangen danach, die Schokolade zu essen. Dieses Gefühl kennen wir inzwischen schon ganz gut – es ist das, was der Buddha den Durst nennt. Das Verlangen nach etwas, von dem wir glauben, dass wir es brauchen, und dass wir glücklich sein werden, wenn wir es endlich haben. Und wenn Sie sich auf die Erfahrung konzentrieren, merken Sie auch, dass Ihr Gehirn Ihnen gerade signalisiert: „Los, iss die Schokolade! Das wird super!" Aber wir wissen auch, dass der Durst die Quelle des Leidens ist, dass alles unbeständig ist, und dass kein Verlangen endgültig befriedigt werden kann. Und wir wissen, dass das Glück, dass sich einstellt, wenn Sie die Schokolade essen, nur von kurzer Dauer ist und sehr schnell dem nächsten unbefriedigten Bedürfnis Platz machen wird. Machen Sie sich das alles bewusst und schauen Sie weiter Ihre Schokolade an. Und, wird Ihr Verlangen danach, sie zu essen, weniger? Wenn es Ihnen so geht wie mir, lautet die Antwort: Nein. Es reicht nicht, theoretisch zu wissen, dass der Durst die Quelle des Leidens ist und dass all unsere Wünsche und Bedürfnisse in letzter Konsequenz auf der Illusion beruhen, es gäbe ein Selbst, das das Zentrum unseres Universums ist. Es reicht auch nicht, zu wissen, dass dieses Selbst gar nicht real ist, sondern nur ein Cluster instabiler und vergänglicher Prozesse. Man kann all diese Dinge auf einer rein kognitiven Ebene wissen und trotzdem weitermachen wie bisher. Genauso kann man wissen, dass regelmäßig Sport zu treiben gut für die Gesundheit ist, ohne deshalb sportlicher oder gesünder zu werden. Wissen alleine ist nicht genug, um wirklich etwas zu ändern. Es muss auch in die Realität umgesetzt werden. Genau das ist die Aufgabe, die Meditation in der Philosophie des Buddha übernimmt.

6.1 Was ist Meditation?

Meditation ist längst in der westlichen Populärkultur angekommen und hat ebenso einen Platz in der Psychotherapie wie im Wellness-Hotel gefunden. Völlig zu Recht, denn Meditation hat positive Auswirkungen auf die körperliche und seelische Gesundheit und ist ein zuverlässiges Mittel gegen Stress und Anspannung. Aber Meditation ist mehr als nur eine Entspannungstechnik, sie ist eine unerlässliche geistige Übung. Im philosophischen System des Buddha übernimmt Meditation zwei zentrale Rollen. Erstens in Bezug auf die Praxis: Meditation dient dazu, das theoretische Wissen effektiv in praktisches Handeln umzusetzen und die notwendigen Voraussetzungen zu schaffen, um eine ethische Lebensform zu kultivieren. Zweitens in Bezug auf die Theorie: Meditation hat die Funktion, bestimmte veränderte Bewusstseinszustände zu erzeugen und zu kultivieren, die es überhaupt erst ermöglichen, die zentralen Einsichten des Buddha unmittelbar in der eigenen Erfahrung als wahr zu erkennen. Meditation ist also eine mentale Technik (oder vielleicht noch passender: ein Training), um die geistigen Grundlagen moralischen Handelns und unmittelbarer Erkenntnis zu kultivieren (der typische Ausdruck für Meditation im Pali-Kanon lautet *bhāvanā*, was wörtlich „Kultivieren" bedeutet). Wenn Sie einen Marathon laufen wollen, müssen Sie dafür trainieren. Ein menschlicher Körper ist zwar dazu in der Lage, gut 42 Kilometer am Stück zu laufen, aber diese Fähigkeit ist bei den meisten Menschen nicht einfach so bereits ausgebildet. Wir haben das Potential, aber es ist normalerweise nicht realisiert – dazu braucht es konstantes, beharrliches Training. Wenn Sie aber Woche für Woche Ihre Kilometer abspulen und jahrelang trainiert haben, wird Ihnen irgendwann das Laufen zur zweiten Natur. Andere schwitzen, keuchen und kollabieren, wenn sie fünf Kilometer am Stück laufen müssen, Sie hingegen laufen entspannt nebenher. Die stetige Übung hat Sie verändert und das Training macht es Ihnen möglich, Leistungen zu erbringen, die vorher undenkbar waren.

Analog dazu kann man auch Meditation verstehen – nur, dass hier nicht der Körper trainiert wird, sondern der Geist. Zu meditieren bedeutet, das eigene Bewusstsein zu kultivieren und sich darin zu üben, so zu denken, zu empfinden und zu handeln, wie es sinnvoll ist, wenn man sich aus dem Leiden befreien möchte. Meditation bedeutet daher, Distanz zum eigenen Geist zu schaffen und zu erkennen, dass ich nicht dieser Geist bin. Es bedeutet, sich von den eigenen Geisteszuständen zu emanzipieren und zu üben, sich nicht mehr den Schwankungen des eigenen Denkens und Fühlens hilflos auszuliefern. Die meisten Menschen sind zwar prinzipiell dazu in der Lage, sich die Vorgänge in ihrem Geist bewusst zu machen und aktiv auf sie einzuwirken, aber diese Fähigkeit ist im Normalfall ziemlich unterentwickelt, ähnlich wie die meisten Menschen auch grundsätzlich laufen können, aber deshalb noch lange keinen Marathon schaffen. Vielleicht kennen Sie die Situation, vor dem Fernseher zu sitzen und ihre Lieblingsserie zu schauen. Währenddessen greifen Sie zu einer Tüte Chips, die neben Ihnen liegt, und wenn die Episode vorbei ist, stellen Sie fest, dass die Chips leer sind, und fragen sich dann, ob Sie die wirklich alle gegessen haben. Offensichtlich hatten Sie das Bedürfnis, Chips zu knabbern und haben die angenehmen Empfindungen gespürt, die der Geschmack in Ihrem Mund ausgelöst hat – aber all das hat sich irgendwo am Rand Ihres Bewusstseins abgespielt. Sicher, Sie hätten innehalten und reflektieren können: darauf, dass Sie einen Wunsch verspüren, Chips zu essen, darauf, wie es sich anfühlt, die Chips zu essen, darauf, wie der erste Bissen in Ihnen das Bedürfnis nach mehr hervorruft... Aber wer macht das schon? Die meiste Zeit lassen uns in unserem Bewusstseinsstrom treiben und mitnehmen, wohin auch immer er gerade fließt. Durch Meditation können wir lernen, dieses Dahintreiben zu reflektieren und dadurch Autonomie gegenüber dem eigenen Geist zu entwickeln. Und ähnlich wie das Laufen für einen trainierten Läufer irgendwann zur zweiten Natur wird, wird auch das bewusste, reflektierte Erleben des eigenen Geistes für trainierte Meditierende ihre zweite Natur werden. Im natürlichen, untrainierten Zustand sind wir unseren Launen und Stimmungen ausgeliefert und laufen den meisten Impulsen mehr oder weniger gedankenlos hinterher. Durch Meditation, so der Buddha, trainieren wir unseren Geist, die Gedanken, Gefühle und Handlungsimpulse nur zu beobachten, ohne auf sie zu reagieren, und entscheiden erst dann, ob wir handeln wollen oder nicht.

Als Technik ist Meditation vergleichbar damit, ein Instrument zu erlernen. Beides hat eine theoretische und eine praktische Seite. Wer lernen will, Gitarre zu spielen, muss nicht nur regelmäßig üben, die Finger richtig auf das Griffbrett zu setzen, die Saiten richtig anzuschlagen und Tonleitern zu spielen, sondern auch verstehen, was Akkordfolgen, Rhythmen und der Quintenzirkel sind. Ebenso muss jemand, der meditieren will, lernen, den Geist zu fokussieren und sich seiner Tendenz zum Anhaften bewusst zu werden, aber ebenso muss er ein grundlegendes Verständnis der buddhistischen Einsichten in die Natur der Realität erwerben, d. h. in Leidhaftigkeit,

Unbeständigkeit und Nicht-Selbst. Meditation steht damit zwischen der Theorie und der Praxis. Sie baut auf theoretischen Erkenntnissen auf und ermöglicht eine direkte Einsicht in die Wahrheit dieser Erkenntnisse. Aber sie unterstützt auch einen moralischen Lebenswandel, indem sie die geistigen Grundlagen schafft, um ein moralisches, auf Leidensminimierung ausgerichtetes Leben überhaupt durchzuhalten.

Aber wie kann Meditation das leisten? Wir haben gesehen (siehe Kap. 2), dass das Leiden für den Buddha durch zwei Faktoren verursacht wird (bzw. die Unkenntnis dieser Faktoren): einen metaphysischen Faktor – die Unbeständigkeit der Realität – und einen anthropologischen Faktor – das Anhaften. Das Leiden ist also nicht einfach ein Aspekt der objektiven Realität, sondern entsteht erst dadurch, dass wir als Subjekte in irgendeiner Weise auf diese objektive Realität reagieren, nämlich mit Anhaften. Nur Wesen wie wir, die fähig sind zu denken und wahrzunehmen, können überhaupt anhaften. Stellen wir uns vor, im gesamten Universum gäbe es keinerlei bewusstseinsfähiges Leben – nur Sterne, Gas und Staub. Gäbe es in einer solchen Welt Leiden? Nein, denn niemand ist da, der irgendetwas empfinden und dann daran anhaften könnte. Anhaften und damit Leiden setzen Bewusstsein bzw. einen Geist voraus.[19] Das bedeutet, dass ein wesentlicher Faktor für das Entstehen des Leidens in uns selbst liegt: in den mentalen Mechanismen, die den Durst und das Anhaften erzeugen und damit das Leiden verursachen. Hier gilt, ähnlich wie beim Entstehen in Abhängigkeit (siehe Kap. 4): Wenn es uns gelingt, diese Mechanismen offenzulegen und die Kontrolle über sie zu gewinnen, dann enden damit Durst und Anhaften, und das Leiden hört auf. Daher ist Meditation ein essentieller und unerlässlicher Bestandteil des achtfachen Pfads.

6.2 Der natürliche Zustand des Geistes

Aber was genau geschieht durch Meditation? Um das zu verstehen, müssen wir uns zunächst anschauen, was für den Buddha der natürliche Zustand unseres Geistes ist, wenn er nicht durch Meditation trainiert, sondern sich

---

19 „Geist" sollte hier ähnlich wie das englische *mind* verstanden werden als Gesamtheit der mentalen Vorgänge, was (im Gegensatz zu „Bewusstsein") auch unbewusste und subliminale mentale Prozesse einschließt. Das soll aber nicht heißen, dass dieser Geist auch ein substanzielles Ding (wie z. B. eine Seele) sein soll – denn das wäre ein Selbst, das es für den Buddha nicht gibt.

selbst überlassen wird. In seinem natürlichen Zustand ist der Geist geprägt durch zwei Dinge: Unruhe und Trägheit.

Unruhe bedeutet, dass der Geist permanent zwischen verschiedenen Objekten hin und her springt. Wir alle kennen dieses Phänomen nur zu gut – es ist so normal, dass wir es in den meisten Fällen gar nicht bemerken, sondern erst dann, wenn wir versuchen, uns zu konzentrieren, aber es nicht schaffen. Ein Beispiel: Sie stehen morgens auf und gehen in die Küche, um sich einen Kaffee zu machen. Sie fühlen sich müde. Sie nehmen das Kaffeepulver aus der Dose und stellen fest, dass nur noch wenig da ist. Sie denken sich, dass Sie neuen Kaffee kaufen müssen. Dann erinnern Sie sich, dass Sie letztens beim Einkaufen ihre Schwester getroffen haben. Dann fällt Ihnen ein, dass sie bald Geburtstag hat, und dass Sie noch das Buch besorgen müssen, dass Sie ihr schenken wollten. Eigentlich finden Sie Bücher als Geschenke zu unkreativ, aber Ihnen fällt auch nichts Besseres ein. Dann juckt ihre Nase und Sie finden, Sie sollten noch mal Gesichtscreme besorgen, wenn Sie schon einkaufen gehen. Dann hören Sie im Radio einen Song, der Ihnen gefällt, und erinnern sich daran, wie sie damals immer mit Ihren Freunden am See waren und dieser Song immer lief. Dann haben Sie Lust auf Erdbeeren. Dann denken Sie, dass Sie noch eine halbe Stunde haben, bis Sie zur U-Bahn müssen. Dann juckt wieder Ihre Nase. Der Punkt dieses Beispiels ist, dass es keinen Punkt gibt: Der Geist springt immer von einem Objekt zum nächsten in einer endlosen, ununterbrochenen Folge von immer neuen mentalen Phänomenen. Der Fokus der Aufmerksamkeit ist zittrig und instabil und bleibt nie lange auf einem einzelnen Punkt. Ohne besonderen Anlass springt er weiter, verweilt kurz und ist dann schon wieder fort. Der Buddha nutzt ein einprägsames Bild, um diesen natürlichen Zustand des Geistes zu beschreiben: ein Affe in einem Baum:

> Aber das, was man ‚Geist' [*citta*] und auch ‚Empfindungsvermögen' [*mano*] und auch ‚Bewusstsein' [*viññāna*] nennt, entsteht als ein Ding und hört als ein anderes auf, bei Tag und bei Nacht. Wie ein Affe, der sich durch den Wald bewegt: Er greift nach einem Ast, lässt ihn los und greift nach einem anderen; lässt diesen los und greift wieder nach einem anderen. (SN 12.61 [Sa])

Ein Affe in einem Baum ist niemals ruhig, sondern schwingt sich ständig von Ast zu Ast, klettert rauf oder runter, findet etwas zu fressen, kreischt oder kratzt sich. Genauso kehrt in unserem Geist niemals Ruhe ein – ein Gedanke jagt den nächsten und solange wir wach sind, ist unser Bewusstsein ein Durcheinander von unterschiedlichen Gedanken, Gefühlen und Empfindungen, die alle nacheinander vom Bewusstsein kurz ergriffen, festgehalten und dann zugunsten des nächsten verworfen werden. In gewisser Weise ist das nichts anderes als eine Erscheinungsform der universalen Unbeständigkeit der Dinge – warum sollte unser eigener Geist eine Ausnahme davon sein? Der Motor, der diese permanente Unruhe in Gang hält, ist die Empfindung (*vedanā*). Jedes Erlebnis, jeder Gedanke wird sofort vom Geist geprüft: Ist es angenehm, neutral oder unangenehm? Wenn es angenehm ist, dann soll es bleiben, und wenn es vorbei ist, dann bitte mehr. Wenn es neutral ist, ist es langweilig – dann bitte schnell die nächste Empfindung. Und wenn es unangenehm ist, dann weg damit, und das nächste, bitte! Ununterbrochen bewertet der Geist die Erlebnisse, und je nachdem, wie das Urteil ausfällt, halten wir an ihnen fest oder versuchen, ihnen zu entkommen, d. h. wir haften an ihnen an, in der einen oder anderen Form.

Die andere Seite des natürlichen Zustands unseres Geistes ist seine *Trägheit*. Das bedeutet, dass jeder Versuch, den Geist aus seinem natürlichen Zustand der Unruhe zu holen, mit allen Mitteln bekämpft wird. Der Geist will, solange es irgendwie geht, in dem Zustand bleiben, in dem er ist. Das kann man analog zum physikalischen Prinzip der Trägheit verstehen, das besagt, dass ein Körper seinen Bewegungszustand so lange beibehält, bis eine Kraft auf ihn einwirkt, die eine Veränderung auslöst. Ebenso bleibt der Geist sprunghaft und unbeständig, solange wir nicht aktiv versuchen, ihn aus seiner natürlichen Unruhe herauszuholen, indem wir uns konzentrieren. Die buddhistische Meditationslehre spricht hier auch von den fünf Hindernissen (vgl. SN 46.37), die der eigene Geist uns in den Weg stellt, wenn wir versuchen, ihn unter Kontrolle zu bringen und zu fokussieren. Auch das ist ein Phänomen, das wir nur zu gut aus dem eigenen Leben kennen, z. B. wenn Sie eine Hausarbeit schreiben müssen und versuchen, sich darauf zu konzentrieren:

1. Verlangen (*kāmacchanda*): Die Gier nach Ablenkung, die sich praktisch unmittelbar einstellt, sobald Sie versuchen, sich an die Arbeit zu machen. Kaum haben Sie die ersten Zeilen getippt, überkommt Sie das Verlangen, Ihren Instagram-Feed zu prüfen oder den Kühlschrank zu putzen.
2. Groll (*vyāpāda*): Der Ärger oder die Genervtheit, die irgendwann aufkommt, über alles, was Ihnen anscheinend das Leben schwer macht. Sie ärgern sich über das viel zu schwere Thema Ihrer Hausarbeit oder über Ihren Computer, der zu lange zum Hochfahren braucht.

3. Müdigkeit (*thīna-middha*): Sie sitzen über Ihrer Arbeit und fühlen sich müde, energielos, und können es kaum erwarten, endlich ins Bett zu kommen – aber kaum ist der Feierabend da, haben Sie keine Probleme, einen Netflix-Serienmarathon durchzustehen oder bis Mitternacht mit Freunden im Biergarten zu sitzen.
4. Aufregung und Depression (*uddhacca-kukkucca*): An irgendeinem Punkt Ihrer Arbeit werden Sie entweder begeistert feststellen, dass Sie schon so viel geschafft haben und deswegen auch mal eine Pause einlegen können, oder Sie werden verzweifeln, weil Sie noch so gut wie nichts haben. In beiden Fällen ist es Ihrem Geist wieder gelungen, Sie aus der Konzentration zu bringen.
5. Zweifel (*vicikicchā*): Der Zweifel am Sinn der Tätigkeit: Wozu mache ich das hier eigentlich? Durch nagende Zweifel am Sinn und an den Erfolgsaussichten für das, was Sie tun, werden Sie von dem abgelenkt, auf das Sie sich eigentlich konzentrieren wollten.

Diese Hindernisse tauchen auf, sobald wir versuchen, den Geist aus seinem natürlichen Zustand der Unruhe zu bringen. Aber der natürliche Zustand ist eben nicht nur ein Zustand der Unruhe, sondern auch des Anhaftens und damit des Leidens. Deswegen müssen wir lernen, diese Hindernisse zu überwinden und uns den Launen und Neigungen unseres eigenen Geistes zu entziehen. Meditation hat also nichts mit übernatürlichen Bewusstseinszuständen zu tun, mit der Kultivierung paranormaler Kräfte oder mit einer mystischen Versenkung in die innersten Tiefen der Seele.[20] Meditation ist schlicht und einfach eine mentale Technik zur kontrollierten und gezielten Veränderung des natürlichen Zustands unseres Geistes. Im natürlichen Zustand ist der Geist gefangen in der Illusion des Selbst. Wir glauben, dass es ein Selbst gibt, und identifizieren uns mit unseren geistigen und körperlichen Zuständen. Wir bewerten alles, was wir erleben, danach, ob es für dieses Selbst gut oder schlecht ist. Das Resultat ist bekannt: Wir haften an den Dingen an und erzeugen so das Leiden. Meditation ist nichts weiter als eine Technik, um dieses destruktive Muster zu durchbrechen.

---

20 Wobei man nicht verschweigen sollte, dass der traditionelle Buddhismus tatsächlich behauptet, dass Meditierende auf fortgeschrittenen Stufen quasi-übernatürliche Kräfte wie Hellsehen oder Bilokation entwickeln. Aber für ein philosophisches Verständnis von Meditation sind diese Aspekte überflüssig und können verlustfrei ausgeblendet werden.

6.3 Samatha und Vipassanā

Grundsätzlich kennt der Buddhismus zwei verschiedene Formen von Meditation, die unterschiedliche Ziele verfolgen, und die für das Training des Geistes kombiniert werden sollten: Ruhemeditation (*samatha*) und Einsichtsmeditation (*vipassanā*). Während bei der Ruhemeditation eine Beruhigung der mentalen Vorgänge durch Konzentration und Fokussierung auf ein einziges Objekt im Zentrum steht, geht es bei der Einsichtsmeditation um eine direkte Erkenntnis der Wirklichkeit, wie sie von den vier edlen Wahrheiten beschrieben wird. In welchem Verhältnis zueinander die beiden Meditationsformen stehen und in welcher Reihe sie praktiziert werden sollten, wird bereits in den klassischen buddhistischen Meditationshandbüchern unterschiedlich betrachtet. Ein Ansatz besteht darin, als erstes mit Hilfe von *samatha* die nötige Ruhe und Klarheit des Geistes herzustellen, um ihn dann als effektives Instrument der Erkenntnis einzusetzen; ein anderer Ansatz geht davon aus, dass letzten Endes nur Erkenntnis zur Befreiung vom Leiden führen kann, so dass *vipassanā* wichtiger ist und von Anfang trainiert werden sollen, mit nur so viel *samatha* wie nötig. Dass jedoch beide Aspekte – Ruhe und Erkenntnis – unerlässliche Elemente jeder Meditationspraxis sind, ist unstrittig: „Keine Versenkung [*jhāna*] ohne Erkenntnis, keine Erkenntnis ohne Versenkung!“ (Dhp 372)

Eine einfache Meditationsübung:
Finden Sie einen ruhigen Ort, an dem Sie eine Zeitlang ungestört sein können. Stellen Sie einen Timer auf 5 oder 10 Minuten. Knien oder setzen Sie sich auf den Boden. Falls das zu unbequem ist, legen Sie eine Decke oder ein Kissen unter Ihre Beine oder setzen Sie sich auf einen Stuhl. Sitzen Sie aufrecht, mit geradem Rücken, aber entspannt. Legen Sie die Hände locker in den Schoß und schließen Sie Ihre Augen. Konzentrieren Sie sich auf Ihren Atem, z. B. indem Sie beobachten, wie sich Ihr Brustkorb hebt und senkt, oder indem Sie spüren, wie der Atem an Ihren Nasenflügeln vorbeistreicht. Versuchen Sie nicht, Ihre Atmung zu kontrollieren oder zu steuern. Betrachten Sie einfach nur genau den Prozess des Atmens. Wenn Sie feststellen, dass Sie abgeschweift sind in Gedanken oder Tagträume, stellen Sie das kommentarlos fest und bringen Sie Ihre Aufmerksamkeit zurück zum Atem. Immer und immer wieder. Es ist normal, ständig abgelenkt zu werden. Entscheidend ist

nur, dass Sie diese Ablenkung bemerken und das Bewusstsein wieder fokussieren.

Jede Meditation beginnt damit, einen ungestörten Ort zu finden, sich in einer aufrechten, aber entspannten Position hinzusetzen, und den Geist auf ein bestimmtes Objekt zu fokussieren. Das kann der eigene Atem sein, aber auch andere Gegenstände sind möglich, etwa der eigene Körper oder ein physisches Objekt wie eine farbige Scheibe. Die eigentliche Meditationspraxis besteht dann darin, das Bewusstsein auf diesen Gegenstand zu fokussieren und immer dann, wenn es abschweift, wieder zurückzubringen. Das klingt einfach, ist aber alles andere als leicht, denn in seinem natürlichen Zustand hat der Geist die Tendenz, diese Fokussierung immer wieder zu stören und pausenlos neue mögliche Objekte des Anhaftens zu präsentieren, z. B. körperliche Empfindungen wie schmerzende Knie oder juckende Ohren, Erinnerungen an Erlebnisse in der Vergangenheit, Tagträume oder mentale Einkaufslisten. Das Ziel der Ruhemeditation besteht darin, den Geist dadurch zu beruhigen, dass allen neu aufkommenden Unruhefaktoren die Aufmerksamkeit und mentale Energie entzogen wird, so dass das Bewusstsein irgendwann von diesen störenden Faktoren frei wird, die immer wieder neue Momente des Anhaftens auslösen. Dahinter steht der Gedanke, dass die ursprüngliche Natur des Geistes vollkommen klar ist und nur durch negative Faktoren (*kilesa*) getrübt wird. Oft wird das mit dem Bild einer Schale voll Wasser illustriert: Ist das Wasser schlammig und trüb, dann spiegelt man sich nicht darin, wenn man hineinschaut – erst wenn es klar ist, kann man sich selbst sehen. Aber das Wasser wird nicht klar, wenn wir Dinge tun, die den Schlamm immer wieder aufwirbeln. Der einzige Weg, das Wasser klar werden zu lassen, besteht darin, die Schale in Ruhe zu lassen, so dass der Schlamm von alleine absinken kann. In der Meditation wird das irgendwann an einem Punkt erreicht, der als Singularität des Geistes oder „Einspitzigkeit" (*ekaggatā*) bezeichnet wird. In diesem Zustand ist das Bewusstsein vollständig auf einen einzelnen Gegenstand fokussiert und frei von allen Ablenkungen. Das Potenzial dieser Singularität ist in jedem Moment des Bewusstseins bereits vorhanden (es ist das, was es uns erlaubt, uns für einen Moment auf das zu konzentrieren, was gerade unsere Aufmerksamkeit fesselt), aber erst in den tiefsten Formen der Ruhemeditation wird es vollständig vom gesamten Bewusstsein realisiert. Der Zustand der Versenkung, in den das Bewusstsein dann eintritt, wird als *jhāna* bezeichnet. Der Buddha nennt vier *jhānas*, die jeweils tiefere Stufen der Versenkung beschreiben (vgl. MN 141: iii 252):

1. Freiheit von angenehmen und unangenehmen Empfindungen, ein Gefühl der Entrückung, in dem das normale, diskursive Denken (*vitakka-vicāra*) noch vorhanden ist.
2. Zustand der Entrückung, Ende des diskursiven Denkens, reine und mühelose Singularität des Geistes.
3. Völlige Ruhe, Gleichmütigkeit und Heiterkeit ohne ein Gefühl der Entrückung.
4. Zustand jenseits von Gegensätzen wie angenehm und unangenehm, Freude und Traurigkeit, reine Gleichmütigkeit und Achtsamkeit.

An anderer Stelle (MN 26: i 174) spricht der Buddha davon, dass auf das vierte *jhāna* fünf weitere Stufen einer Versenkung folgen, in der die sinnliche Wahrnehmung aufhört, die Unendlichkeit des Raums und des Bewusstseins erfahren wird, in der das Nichts und ein Zustand jenseits von Wahrnehmung und Nicht-Wahrnehmung erlebt werden. Diese tiefste Form der Versenkung, die in der Ruhemeditation erfahren werden kann, ist das, was dem Nirvana in diesem Leben am nächsten kommt. Aber alle Versenkungszustände sind, so angenehm sie auch sein mögen, nur temporär und genauso unbeständig wie alles andere und können allein keine dauerhafte Befreiung aus dem Leiden ermöglichen. Dazu ist die Einsichtsmeditation notwendig.

Die Klarheit des Bewusstseins, die durch *samatha* erzeugt wird, ist die Voraussetzung für die Erkenntnis, die in *vipassanā* gewonnen werden soll. Ziel dieser Meditation ist eine direkte, unmittelbare Erkenntnis der Realität, wie sie ist, insbesondere der drei Merkmale des Daseins: Leidhaftigkeit, Unbeständigkeit, Nicht-Selbst. Die Grundprinzipien der Philosophie des Buddha sind Empirismus, Pragmatismus, Realismus (siehe Kap. 1). Alle drei manifestieren sich in der Einsichtsmeditation: Sie ist eine mentale Technik, um eine unmittelbare Erfahrung (Empirismus) der Realität zu ermöglichen. Sie zeigt die Realität unverfälscht und so, wie sie ist (Realismus). Dadurch beseitigt sie das Unwissen über die Faktoren, die zur Entstehung des Leidens führen und befreit uns vom Anhaften (Pragmatismus). Es ist wichtig, den Erkenntnisaspekt der Meditation zu betonen: Für den Buddha ist eine echte Erkenntnis der Wirklichkeit ohne meditatives Training gar nicht möglich, denn in seinem natürlichen Zustand ist der Geist durch Anhaften und Verblendung so eingeschränkt, dass er dazu gar nicht fähig ist. Wenn Befreiung vom Leiden also eine Überwindung der Unwissenheit voraussetzt, dann ist dies nur durch Einsichtsmeditation zu erreichen. Dabei wird das beruhigte und fokussierte Bewusstsein auf ein bestimmtes Objekt gerichtet, das dann genau analysiert wird. Allerdings nicht in einem diskursiven Sinn – vielmehr wird die Art und Weise, wie das Objekt vom Bewusstsein erlebt wird, in ihre feinsten Aspekte unterteilt und in seiner ganzen Komplexität wahrgenommen. Für diesen Zustand intensiver, analytischer Aufmerksamkeit des Bewusstseins hat sich der Ausdruck „Achtsamkeit" etabliert (*sati*). Ähnlich wie mit einem Mikroskop werden durch Achtsamkeit Strukturen des bewussten Erlebnisses erkennbar, die sonst nicht zu sehen gewesen wären. Der Buddha nennt vier mögliche Gegenstände der Einsichtsmeditation: den Körper (auch körperliche Vorgänge wie den Atem), Empfindungen (und die Objekte, mit denen sie verbunden sind), das Bewusstsein und die Emotionen, die Phänomene und *Dhammas* (das umfasst einzelne Phänomene wie die fünf *khandhas* aber auch die vier edlen Wahrheiten). Jeder dieser Gegenstände kann gleichermaßen als Untersuchungsobjekt dienen. Durch die konzentrierte Analyse des Gegenstands zeigt sich dann in der unmittelbaren Erfahrung, dass er wirklich die Eigenschaften hat, die der Buddha ihm zuschreibt, nämlich unbeständig, prozesshaft und leidvoll zu sein. Nehmen wir die Meditation über den Körper als Beispiel. In der Meditation zerfällt der Körper, der normalerweise als eine Einheit erlebt wird, in unterschiedliche Bestandteile: Es gibt Prozesse wie Atem und Puls, es gibt Empfindungen von Wärme und Kälte, von Schmerzen an unterschiedlichen Stellen, es gibt verschiedene Organe und Gliedmaßen... Durch die meditative Analyse zeigt sich, dass wir all diese unterschiedlichen Elemente, die sich in permanenter Veränderung befinden, zu einem Konstrukt namens „Körper" zusammengefügt haben, das in der Analyse selbst nicht mehr zu finden ist. *Vipassanā* zerlegt dieses Konstrukt in seine Bestandteile und löst es damit auf. Damit entzieht die Meditation aber auch der Illusion des Selbst die Grundlage. Natürlicherweise identifizieren wir uns mit unserem Körper. Wenn sich aber zeigt, dass „mein Körper" bloß ein Konstrukt ist, gibt es nichts mehr, mit dem ich mich identifizieren könnte. Und wenn man diese Praxis nicht nur auf den Körper, sondern auf alle Phänomene ausweitet, zeigt sich am Ende, dass es nichts gibt, mit dem ich mich noch identifizieren könnte: „Dies bin nicht ich, das ist nicht mein." (MN 62: i 421) Körperliche Vorgänge, Gedanken und Empfindungen sind zwar da, und ich erlebe sie als *meine* Gedanken und Empfindungen – aber das darf mich nicht dazu verleiten, mich auch mit ihnen zu identifizieren, also zu glauben, dass ich diese Gedanken und Empfindungen *bin*. Das Ziel der *Vipassanā*-Meditation besteht in der unmittelbaren Erkenntnis, dass das tatsächlich nicht der Fall ist. *Vipassanā* ist also ein Prozess der kontrollierten Transformation der kognitiven Prozesse, die unsere bewusste (und unbewusste) Wahrnehmung der Realität ausmachen und unsere Art und Weise, auf sie zu reagieren. Die Erfahrung der Einsicht in der Meditation ist zwar ein bestimmter Typ von Erfahrung, aber keine sinnliche Erfahrung, sondern ein veränderter Modus des bewussten Erlebens der Realität. Diese transformierte Form des bewussten Erlebens generiert eine Erkenntnis, aber keine intellektuelle Erkenntnis – denn dass alle Dinge leidvoll, prozesshaft und unbeständig sind, wussten Sie bereits seit Kapitel 2. Es ist nur so, dass eine bloß intellektuelle Erkenntnis nicht hinreichend ist, sondern erst im direkten Erleben als wahr erwiesen werden muss. In der Erkenntnistheorie spricht man hier von einem Wissen durch Bekanntschaft (*knowledge by acquaintance*), das nicht durch bestimmte als wahr eingesehene Aussagen vermittelt ist, sondern durch die unmittelbare bewusste Begegnung mit dem Objekt. Beispielsweise ist es eine Sache, zu wissen, dass das Feuer heiß ist, und eine andere, sich daran die Finger zu verbrennen. Was haben Sie erkannt, wenn Sie sich die Finger verbrannt haben – dass das Feuer heiß ist? Nein, denn das wussten Sie schon. Aber sie haben verstanden, was es wirklich bedeutet, dass das Feuer heiß ist, d. h. Sie haben ein Wissen durch Bekanntschaft (mit dem Feuer) erworben, das über das rein intellektuelle Wissen hinausgeht.

6.4 Meditation und Erkenntnis

Was sollen wir von dieser Behauptung halten? Gemäß seinem empiristischen Grundprinzip (siehe Kap. 1) geht der Buddha davon aus, dass sich bestimmte Inhalte seiner Philosophie nur durch meditative Erfahrungen als wahr einsehen lassen. Diese Erfahrungen sind aber nicht leicht zu haben, sondern setzen intensives und zeitaufwändiges Training voraus, und sie unterscheiden sich auch deutlich von unseren alltäglichen Erfahrungen. Aber trotz ihres exotischen Charakters behauptet der Buddha, dass meditative Erfahrungen nicht bloß subjektive Erlebnisse sind, sondern eine *noetische Qualität* haben, d. h. dass sie eine Erkenntnispraxis sind und zu objektivem Wissen führen – auch wenn dieses objektive Wissen nur von denjenigen verstanden werden kann, die diese Erfahrungen gemacht haben. Angesichts dieser Behauptung lautet die naheliegende Frage: Schön und gut, aber warum sollten wir das *glauben*? Sofern wir nicht selbst zu denjenigen gehören, die diese Erfahrungen selbst gemacht haben, haben wir nichts als die Berichte derer, die sie gemacht haben – und ihre Beteuerung, dass das, was sie in der Meditation erkannt haben, wirklich wahr ist. Ist das schon genug, um diese Erfahrungen als glaubwürdig anzuerkennen?

Darauf könnte der Buddha schlicht erwidern: Warum sollten wir es denn *nicht* glauben? Denn eigentlich akzeptieren wir ja eigene Erfahrungen und auch die Erfahrungen anderer Menschen ganz selbstverständlich und unhinterfragt als zuverlässige Quellen von Erkenntnis. Ich weiß z. B., dass mein Nachbar Gitarre spielt, weil ich gesehen und gehört habe, wie er Gitarre spielt. Diese Erfahrung an sich ist bereits genug, um mein Wissen zu begründen und muss nicht erst noch durch andere Argumente unterstützt werden. Das erkenntnistheoretische Prinzip, das am Werk ist, wenn wir von der Zuverlässigkeit der Erfahrung ausgehen, wird manchmal als „Prinzip der Glaubwürdigkeit" (vgl. Swinburne 2004: 303) bezeichnet. Es besagt: Eine Erfahrung ist grundsätzlich glaubwürdig, solange nichts dagegenspricht. Wenn ich wahrnehme, dass *x* der Fall ist, dann ist *x* wahrscheinlich auch der Fall, es sei denn, es gibt Gründe, daran zu zweifeln. Im Alltag akzeptieren wir dieses Prinzip implizit immer schon, denn täten wir das nicht, könnten wir gar nichts mehr aus Erfahrung wissen – was sollten wir denn machen, wenn wir davon ausgehen, dass unsere Erfahrungen grundsätzlich *nicht* glaubwürdig sind? Man könnte auch sagen, dass das Prinzip der Glaubwürdigkeit die Beweislast auf diejenigen verschiebt, die die Glaubwürdigkeit einer Erfahrung bezweifeln. Alle Erfahrungen gelten erst einmal als glaubwürdig bis zum Beweis des Gegenteils. Nicht derjenige, der seinen Erfahrungen traut, muss das rechtfertigen, sondern derjenige, der Zweifel hat, muss diese Zweifel begründen. – Aber an dieser Stelle werden Skeptiker einwenden: Genau das ist doch das Problem! Es *gibt* diverse gute Gründe, an der Glaubwürdigkeit meditativer Erfahrungen zu zweifeln: Sie sind nicht universal verbreitet, sie sind nicht verifizierbar, sie können auf eine natürliche Ursache zurückgeführt werden, und sie widersprechen anderen Erfahrungen. Schauen wir uns diese Kritikpunkte kurz an – sind das wirklich hinreichende Gründe, an der Glaubwürdigkeit meditativer Erfahrungen zu zweifeln?

Erster Einwand: Meditative Erfahrungen sind nicht intersubjektiv nachvollziehbar – anders als Sinneswahrnehmungen wie Sehen und Hören sind sie selten und nur wenigen Menschen nach intensivem Training zugänglich. – Das ist zwar richtig, aber warum sollte das Zweifel an meditativen Erfahrungen begründen? Es gibt ja auch im Bereich normaler

Sinneswahrnehmung Fähigkeiten, die besonderes Training erfordern und nur wenigen Menschen zugänglich sind, z. B. die Fähigkeit, am Geschmack eines Weins die Rebsorte zu erkennen oder anhand eines Röntgenbilds eine Diagnose zu stellen. Niemand käme auf die Idee, die Diagnose einer Radiologin allein deshalb anzuzweifeln, weil man selbst auf dem Bild nichts erkennen kann. Aber vielleicht ist die Idee, dass es *prinzipiell* möglich sein muss, die Glaubwürdigkeit zu überprüfen, auch wenn nicht jedes Subjekt in jedem Einzelfall dazu in der Lage ist? Dann aber könnte der Buddha erwidern, dass er dem zustimmt – prinzipiell sind Einsichten aus meditativen Erfahrungen allen zugänglich, die bereit sind, sich auf das entsprechende Training einzulassen.

Zweiter Einwand: Meditative Erfahrungen sind nicht verifizierbar. Die angeblichen Erkenntnisse lassen sich nicht unabhängig bestätigen, weil sich jede Bestätigung auf andere meditative Erfahrungen berufen muss. – Hier ist die Frage, was genau unter Verifikation zu verstehen ist. Denn der Buddha nimmt ja durchaus an, dass es ein Kriterium gibt, um authentische Erfahrungen zu erkennen, nämlich ihre pragmatische Wirksamkeit bei der Befreiung aus dem Leiden (siehe Kap. 1) – das war der Maßstab, den er den Kālāmern empfohlen hatte, um die Glaubwürdigkeit verschiedener Lehren zu prüfen (vgl. AN 3.65). Man könnte natürlich erwidern, dass das gar keine echte Verifikation ist, denn sie ist einerseits fehleranfällig – vielleicht führen manchmal auch tröstliche Illusionen dazu, das Leid zu vermindern? – und andererseits geht sie bereits von der Wahrheit der buddhistischen Lehre aus, weil sie Leidfreiheit zum Kriterium macht – aber gerade das steht ja in Frage. Gegen dieses Argument spricht ein prinzipieller, wissenschaftstheoretischer Punkt: Es gibt prinzipiell keine Methode der Verifikation, die Fehler notwendig ausschließt, da eine Methode immer einen theoretischen Hintergrund voraussetzen muss, der mithilfe dieser Methode selbst nicht verifiziert werden kann (das sogenannte Problem der Theoriegeladenheit). Wenn ich z. B. prüfen will, ob ein bestimmtes Medikament tatsächlich antibiotisch wirkt, kann ich ein Experiment machen, um diese Annahme zu verifizieren. Aber das setzt voraus, dass ich an die Zuverlässigkeit meiner Sinnesorgane und Messinstrumente glaube, und daran, dass die Natur unveränderlichen Gesetzen unterliegt (dass also eine Substanz, die letzte Woche Bakterien getötet hat, es auch diese Woche wieder tun wird). Doch das sind Annahmen, die ich im Experiment nicht verifizieren kann, sondern als gegeben voraussetzen muss – sonst könnte ich gar kein Experiment machen. Natürlich könnte ich eine andere Methode finden, sie zu verifizieren, aber die würde dann wieder andere Annahmen voraussetzen... Wenn also der Buddha bestimmte Annahmen voraussetzt, um daraus ein Kriterium der Verifikation abzuleiten, ist das erst einmal gar nichts Besonderes.

Dritter Einwand: Es gibt eine natürliche Erklärung. Gerade die wissenschaftliche Meditationsforschung der letzten Jahrzehnte zeigt, dass meditative Erfahrungen mit typischen Gehirnzuständen einhergehen, die vom Subjekt als Auflösung des Selbst interpretiert werden, aber z. B. dadurch erklärt werden können, dass die Hirnareale, die für die Abgrenzung von Ich und Außenwelt zuständig sind, ihre Tätigkeit vorübergehend einstellen. – Darauf ließe sich erwidern, dass allein aus dem Vorhandensein solcher neuronaler Korrelate erst einmal gar nichts folgt, denn jede Erfahrung hat ein neuronales Korrelat. Wenn ich Schokoladeneis esse, geht diese Erfahrung mit bestimmten Hirnvorgängen einher, aber daraus folgt nicht, dass das Schokoladeneis nicht real ist und alles nur in meinem Gehirn passiert. Es wäre also eher ein Problem, wenn meditative Erfahrungen kein neuronales Korrelat hätten – wie sollten sie dann zustande kommen? Dass es neurologische Mechanismen gibt, die mit meditativen Erfahrungen verknüpft sind, hat also für sich genommen keine Konsequenzen für ihre Glaubwürdigkeit.

Vierter Einwand: Die Erkenntnisse in meditativer Erfahrung stehen im Widerspruch zu anderen Erkenntnissen, die in ähnlichen Erfahrungen gewonnen werden. Wenn in buddhistischer Meditation erlebt wird, dass alle Dinge leidvoll und ohne Selbst sind, während z. B. christliche Mystiker erleben, dass alle Dinge ihr Sein in Gott haben, dann sind die beiden Erkenntnisse nicht widerspruchsfrei miteinander vereinbar. Es kann also höchstens eine von beiden wahr sein. Und wenn sich zwei Erfahrungen widersprechen (z. B. zwei widersprüchliche Berichte über denselben Verkehrsunfall), ist es vernünftig, erst einmal keiner von beiden zu glauben. – Dem könnte der Buddha entgegenhalten, dass diese anderen Formen von Erfahrung eine andere Qualität haben als buddhistische Meditation und deswegen nicht in gleicher Weise berücksichtigt werden sollten. Wenn ein Spannungsmesser mir zeigt, dass Strom auf der Steckdose ist, jemand anderes aber sagt, dass die Steckdose nicht so aussieht, als wäre Strom drauf, ist das zwar ein Widerspruch, aber ein unproblematischer. Denn beide Erfahrungen (die Anzeige des Spannungsmessers lesen und die Steckdose anschauen) sind in epistemischer Hinsicht nicht von der gleichen Qualität und daher nicht gleichermaßen glaubwürdig. Aber muss man davon ausgehen, dass

Meditation und andere religiöse Erfahrungen eine unterschiedliche epistemische Wertigkeit haben? Läuft das nicht auf die Behauptung hinaus, dass meditative Erfahrungen glaubwürdig sind (und andere nicht)? Aber gerade das soll doch erst begründet werden! Das stimmt natürlich, aber hier könnte der Buddha wieder auf die anderen Kriterien verweisen, die er zur Unterstützung der Glaubhaftigkeit seiner Meditation anführt: ihre pragmatische Wirksamkeit und die prinzipielle Möglichkeit, sie empirisch in der eigenen Erfahrung zu prüfen – diese Eigenschaften sind Grund genug, an die epistemische Überlegenheit der Meditation zu glauben. Es sieht also so aus, als ob meditative Erfahrungen im Hinblick auf ihren Erkenntniswert alles in allem nicht viel schlechter dastehen als gewöhnliche Erfahrungen. Sicher, sie sind möglicherweise fehleranfällig und müssen durch weitere Theorien plausibel gemacht und unterstützt werden – aber das gilt eben für alle Formen der Erfahrung genauso.

6.5 Meditation und Ethik

Eine einfache *Mettā*-Meditation:
Begeben Sie sich in eine Position wie in der vorherigen Meditation (S. 130). Konzentrieren Sie sich einige Minuten lang auf den Atem, um den Geist zu beruhigen. Stellen Sie sich dann jemanden vor, für den Sie ungetrübte, positive Gefühle empfinden – z. B. Ihre Mutter, einen guten Freund, oder Ihren Hund. Konzentrieren Sie sich auf Ihr unbedingtes Wohlwollen dieser Person gegenüber und denken Sie: „Ich wünsche Dir, dass Du glücklich bist. Ich wünsche Dir, dass Du gesund bist. Ich wünsche Dir, dass es Dir gut geht und dass Du von Leiden verschont bleibst." Im nächsten Schritt stellen Sie sich eine Person vor, gegenüber der Sie neutrale Empfindungen haben, z. B. jemanden, den Sie im Alltag hin und wieder sehen, aber nicht wirklich kennen. Weiten Sie das Gefühl des Wohlwollens auf diese Person aus und wiederholen Sie die vier Wünsche. Als nächstes stellen Sie sich eine Person vor, der gegenüber Sie negative Gefühle haben. Weiten Sie wieder das Gefühl des Wohlwollens auf diese Person aus und wiederholen Sie die vier Wünsche. Wenn Ihnen das schwer fällt, bedenken Sie: Was immer die Person Schlechtes getan hat, hätte sie wahrscheinlich nicht getan, wenn sie wirklich glücklich wäre. Als nächstes stellen Sie sich sich selbst vor, weiten das Wohlwollen

auf sich aus und wiederholen die vier Wünsche. Im letzten Schritt weiten Sie ihr Wohlwollen auf alle Wesen aus und wiederholen noch einmal die vier Wünsche: „Mögen alle Wesen glücklich sein."

Meditation ist einerseits ein unerlässliches Instrument, um zu bestimmten, fundamentalen Erkenntnissen zu gelangen. Andererseits ist sie aber auch ein unerlässlicher Bestandteil einer ethischen Lebensweise. Das könnte auf den ersten Blick überraschend wirken, wenn man davon ausgeht, dass Ethik sich in erster Linie mit richtigen Handlungen beschäftigt und nicht mit richtigen Geisteszuständen. Aber für den Buddha ist beides nicht voneinander getrennt. Das karmische Kausalprinzip (siehe Kap. 4) besagt ja unter anderem, dass unsere mentalen Zustände und unsere Handlungen in einer wechselseitigen Beziehung stehen: Wenn ich z. B. zornig und aggressiv bin, werde ich Dinge tun, die anderen schaden. Und wenn ich anderen schade, ist die Wahrscheinlichkeit groß, dass sie auch zu mir nicht unbedingt nett sein werden – was wiederum zu Zorn und Aggression bei mir führt. Meine negativen Emotionen und Gedanken führen zu negativen Handlungen, d. h. Handlungen mit negativen karmischen Konsequenzen. Umgekehrt bedeutet das, dass ich andere und mich selbst nur dann wirklich gut behandeln kann, wenn ich eine richtige Einstellung zu ihnen entwickelt habe und mich zuverlässig in einem Geisteszustand befinde, der mich dazu geneigt macht, mühelos und aus mir selbst heraus das Richtige zu tun. Daher ist das Ziel der Meditation auch eine schrittweise Transformation des Charakters (siehe Kap. 5), so dass die Dispositionen zu negativem, leidverursachendem Handeln beseitigt und durch positive Dispositionen ersetzt werden. Schauen Sie sich beispielhaft die *mettā*-Meditation im Kasten an. Eine solche Meditation ist kein Gebet und keine Magie. Weder bittet man ein höheres Wesen darum, dafür zu sorgen, dass es den anderen gut geht, noch bewirkt die Meditation auf magische Weise, dass es ihnen gut geht. In der objektiven Realität ändert sich durch die Meditation erstmal gar nichts. Ihre Wirkung liegt allein auf der subjektiven Ebene: Sie reduziert den Einfluss, den Emotionen wie Hass und Ärger auf mein Denken und Handeln ausüben und ersetzt sie durch Wohlwollen und Freundlichkeit. Auf diese Weise vermindert sie die Neigung, anderen aggressiv und feindselig gegenüberzutreten und macht mich stärker geneigt, freundlich und verständnisvoll zu sein. Wird sie regelmäßig geübt, bewirkt diese Meditation eine schrittweise, aber tiefgreifende Veränderung meiner emotionalen Dispositionen, d. h.

des mentalen Zustands, in dem ich mich normalerweise befinde. Das wiederum wird eine grundlegend andere Handlungspraxis nach sich ziehen, denn Handlungen sind durch die ihnen vorausgehenden Geisteszustände – Gedanken, Emotionen, Willensregungen – bedingt. Meditation hat also eine explizit praktische Seite: Sie ist das Instrument der Transformation des Charakters, die für eine ethische Lebensweise unerlässlich ist.

Literaturhinweise:

Diverse *Suttas* befassen sich mit der Meditation, insbesondere MN 10, DN 22, MN 118 (Atemmeditation) und MN 119 (Körpermeditation). MN 51 beschreibt die *jhanās*. MN 62 thematisiert Meditation als Auflösung des Anhaftens am Selbst.

Allgemein zu buddhistischer Meditation: Conze 1956. Shaw 2014. Auswahl aus buddhistischen Texten: Shaw 2009. Praktische Einführung in die Meditation: Goodman 2013 (kurz). Gunaratana 2002. Ähnlich, aber aus rein naturwissenschaftlicher Perspektive: Ott 2010. Die Ausgabe 1 (2011) der Zeitschrift *Contemporary Buddhism* enthält eine Reihe sehr guter Artikel zu diversen Perspektiven auf Achtsamkeitsmeditation. Zur Philosophie von Meditation allgemein: Repetti 2022. Zur Psychologie und Neurologie von Meditation: Goleman/Davidson 2018. Moderne Adaptionen buddhistischer Meditation als therapeutische Praktik: Kabat-Zinn 2013a und 2013b. Zum Erkenntniswert religiöser Erfahrungen: Gäb 2022: Kap. 4. Rowe 2007: Kap. 5.

Diskussionsfragen

- Unter welchen Bedingungen würden Sie in der Meditation gewonnene Erkenntnisse als glaubwürdig ansehen? Macht es einen Unterschied, wer die Erkenntnis gewonnen hat?
- Warum ist der Geist von Natur aus unruhig und träge?
- Braucht man wirklich Meditation für eine moralische Lebensweise? Wenn ja, warum?

7 *Nibbana*: Nirvana und Erlösung

Im *Kevattasutta* (DN 11) erzählt der Buddha eine kuriose Geschichte über einen Mönch, der sich fragt, wie ein Zustand der Auflösung aller Elemente (d. h. der Zustand der Befreiung vom Leiden) erreicht werden kann, und beschließt, die Götter danach zu fragen. Also versinkt der Mönch in eine tiefe Meditation, findet einen Weg zu den Göttern, und fragt sie, wo dieser Zustand der Auflösung zu finden sei. Doch die Götter, die er fragt, stehen nur auf der untersten Ebene des Götterreiches und wissen es nicht. Also verweisen sie ihn auf die nächsthöhere Ebene. Der Mönch versinkt weiter in seiner Meditation und wendet sich an diese höheren Götter, die aber auch nichts wissen und ihn wieder weiter nach oben schicken. Nachdem der Mönch ein Dutzend immer höherer Götter abgeklappert hat und immer wieder die Auskunft bekommen hat, man wisse es einfach nicht, schlagen ihm die Götter schließlich vor, den Gott Brahma zu fragen – den höchsten Gott des indischen Pantheons, den allmächtigen Schöpfer und Beherrscher aller Universen. Also begibt sich der Mönch zu Brahma, fragt ihn nach dem Zustand der Auflösung, und Brahma antwortet: „Ich bin Brahmā, der Große Brahmā, der Bezwinger, der Unbezwungene, der allumfassende Seher, der, der die Macht hat, Gott der Allmächtige, der Macher, der Schöpfer, der Erste, der Erzeuger, der Lenker, der Vater derer, die geboren sind und noch geboren werden." (DN 11: i 222 [Sa]) Der Mönch antwortet, das sei ja schön und gut, aber das war nicht die Frage – wo ist der Zustand der Auflösung zu finden? Brahma wiederholt seine bombastische Selbstbeschreibung und wieder protestiert der Mönch, dass er immer noch keine Antwort bekommen hat. Da nimmt ihn Brahma beiseite und muss kleinlaut zugeben, dass er eigentlich auch keine Ahnung hat, aber nicht vor den anderen Göttern als Dummkopf dastehen wollte. Am besten, meint Brahma, solle er den Buddha fragen – der würde es sicher wissen.

Was ist dieser Zustand, der so geheimnisvoll ist, dass nicht einmal die Götter wissen, wie er zu erreichen ist? Es ist das letzte Element, das uns noch fehlt, um die Philosophie des Buddha zu verstehen – das höchste Gut der Philosophie des Buddha oder das Ziel, auf das sein Denken ausgerichtet ist: das *Nirvana*. Das Nirvana ist vielleicht der wichtigste, aber zugleich auch einer der schwierigsten Aspekte seiner Philosophie, denn es ist der Punkt, der am schwierigsten mit den Ansprüchen philosophischer Rationalität vereinbar ist. Fakt ist, dass der Buddha das Nirvana als Ziel aller Bemühungen ansieht – der ganze Zweck seiner Philosophie ist es, diesen ultimativen Zustand zu erreichen: „[Das] Nirvana ist der Höhepunkt, der Zielpunkt und der Endpunkt des geistlichen Lebens" (SN 23.1. [Sa*]), sagt der Buddha, und an anderer Stelle heißt es über ihn und seine Lehre: „Der Erhabene hat das Nirvana erlangt und lehrt das *Dhamma* um der Erlangung des Nirvana willen." (MN 35: i 236 [Me*]) Aber was ist das Nirvana?

Das Wort *nirvāna* bedeutet im Sanskrit wörtlich so viel wie „Verlöschen" oder „Ausblasen", z. B. bei einer Kerze, die ausgeblasen wird oder ausgeht (die indogermanische Wurzel *-va* ist noch im deutschen Wort „wehen" wiedererkennbar). Die Pali-Form zu *nirvāna* ist *nibbāna*, aber da sich die Sanskrit-Form im Deutschen längst als Fremdwort etabliert hat, werde ich (ähnlich wie bei Karma statt *kamma*) die geläufigere Form verwenden. Die wörtliche Bedeutung könnte allerdings leicht zu einem Missverständnis führen, dass nämlich das Nirvana einfach das Nichts ist – die Auslöschung oder Vernichtung, das Ende von allem. Aber wäre dann das Nirvana nicht einfach gleichbedeutend mit dem Tod? Nein, denn das Nirvana ist ganz ausdrücklich nicht das Nichts, sondern die Vernichtung *des Leidens* (vgl. Mlp 3.4.8), das Verlöschen aller Wirkungen des Karma und damit auch das Ende des Kreislaufs der Wiedergeburt und des immer neuen Todes. Es ist das, was in der dritten edlen Wahrheit als Aufhebung des Leidens angekündigt wird. Tatsächlich wird das Nirvana vom Buddha auch immer wieder als „das Todlose" (*amata*) bezeichnet, weil im Zustand des Nirvana Tod und Wiedergeburt aufgehört haben. In gewisser Weise ist das Nirvana also genau das Gegenteil des Todes, nämlich die Unsterblichkeit (im wörtlichen Sinne – wer das Nirvana erreicht hat, wird nicht mehr wiedergeboren werden und deshalb auch nicht mehr sterben). Damit lässt sich auch gleich ein weiteres Missverständnis ausräumen: Das Nirvana ist kein Leben nach dem Tod und kein Jenseits. Manchmal wird es analog zu christlichen und muslimischen Vorstellungen von Himmel oder Paradies interpretiert als ein Ort der Erlösung nach dem irdischen Leben, aber für den Buddha ist das Nirvana etwas ganz anderes. Erstens ist das Nirvana kein Ort, sondern ein *Zustand*. Es ist kein besonderer, transzendenter Bereich der Realität, zu dem man irgendwann, irgendwie gelangen könnte, sondern es ist der Zustand der Erleuchtung (*bodhi*), in dem man sich nach der Erfahrung der Erleuchtung befindet, in dem die Unwissenheit (*avijjā*) überwunden ist und alles daraus resultierende Leiden und Anhaften zu Ende gegangen ist. Zweitens beginnt dieser Zustand bereits vor dem Tod, im Leben (wo auch sonst?), mit der

Erleuchtungserfahrung. Der Buddha selbst erlebte seine Erleuchtung mit 35 Jahren und lebte danach noch 45 Jahre weiter im Zustand des Erlösten, erst danach ging er in den Zustand des endgültigen Nirvana ein.

Dementsprechend müssen wir zwei Formen des Nirvana unterscheiden, die der Buddha als *saupādisesā* und *anupādisesā* bezeichnet, was wörtlich bedeutet: „Nirvana mit (materiellem) Rest" und „Nirvana ohne (materiellen) Rest" (vgl. Itv 44). Das Nirvana mit Rest ist das Nirvana im Leben, der Zustand zwischen der Erfahrung der Erleuchtung dem physischen Tod. Das Nirvana ohne Rest ist der Zustand des Nirvana nach dem physischen Tod. Meist wird dieser Zustand auch als endgültiges Nirvana (*parinibbāna*) bezeichnet. Wie sollen wir uns diese beiden Formen des Nirvana vorstellen und in welchem Verhältnis stehen sie zueinander?

7.1 Das Nirvana im Leben

Der Buddha bezeichnet jemanden, der die Erleuchtung erlangt hat und nicht mehr wiedergeboren werden wird, als *arahant* (wörtlich: der Würdige). Im Gegensatz zum Buddha, was ja eigentlich „der Erwachte" bedeutet, sind *arahants* diejenigen, die nicht aus eigener Kraft, sondern durch die Anleitung des Buddha zur Erleuchtung gekommen sind. Der Buddha beschreibt diesen Zustand so:

> Da ist ein Mönch ein Vollendeter [*arahant*], dessen Befleckungen aufgelöst sind, der das geistliche Leben erfüllt hat, der getan hat, was zu tun war, die Last abgelegt, sein eigenes wahres Ziel erreicht, der die Fesseln der Wiedergeburt endgültig gelöst hat und durch Erleuchtung richtig befreit ist. Seine fünf Sinne bleiben noch da. Solange seine Sinne nicht vergangen sind, erfährt er weiterhin das Angenehme und das Unangenehme, fühlt weiterhin Glück und Schmerz. Die Auflösung von Gier, Hass und Verblendung in ihm nennt man das Element des Nirvana mit einem Rest. (Itv 44 [Sa*])

Erleuchtung stellt sich also ein als Ziel der diversen Faktoren, die im achtfachen Pfad benannt werden (siehe Kap. 5): intellektuelle Einsicht in die Leidhaftigkeit, Unbeständigkeit und Prozesshaftigkeit des Daseins, ein ethischer Lebenswandel, meditative Versenkung und Kontrolle des Bewusstseins. Durch konsequente und unermüdliche Arbeit an all diesen Faktoren wird irgendwann der Punkt erreicht, an dem das gesamte Denken und Erfahren sich radikal transformiert und sich eine völlig neue

Einstellung zur Wirklichkeit bildet. Das, was den Durchbruch zu dieser neuen Einstellung ermöglicht, ist die Erfahrung der Erleuchtung, wie sie der Buddha in seinen drei Nachtwachen erlebt hat. Erleuchtung ist deshalb ein subjektives, epistemisches Ereignis, d. h. bei der Erleuchtung handelt es sich um eine Erkenntnis, die eine Transformation des Subjekts bewirkt. An den objektiven Fakten des Daseins ändert sich dadurch nichts, weder für den *arahant* noch für den Rest der Welt. Das faktische Leben des *arahant* nach seiner Erleuchtung ist immer noch von Leid und Unbeständigkeit geprägt, wie jedes andere Leben auch. Dem Buddha ging es da nicht anders – die *Suttas* berichten immer wieder, dass auch er müde und krank wurde oder von Leuten genervt war. An dieser Realität hat sich nichts geändert, auch nicht durch die Erleuchtung. Das Einzige, was sich geändert hat, ist die Einstellung, die ein erleuchtetes Wesen zu dieser Wirklichkeit einnimmt, weil sie eingesehen hat, was die wahre Natur der Wirklichkeit ist. Der spätere Buddhismus verdeutlicht das oft mit einer Analogie: Stellen Sie sich vor, sie kommen im Halbdunkel in ihre Wohnung und sehen plötzlich eine Schlange auf dem Fußboden (die Menschen im antiken Indien konnten sich vermutlich besser in diese Situation einfühlen). Sie erschrecken sich und haben Angst. Dann machen Sie das Licht an und erkennen, dass es in Wahrheit nur ein Stück Seil war, das auf dem Boden liegt, und das Sie im schlechten Licht für eine Schlange gehalten haben. Ihre Angst verschwindet, weil Sie erkannt haben, dass da nichts war. Erleuchtung funktioniert genauso: Vor der Erleuchtung sehen wir die Wirklichkeit durch die Brille des illusorischen Selbst und erzeugen so das Anhaften und das Leiden. Dann erkennen wir, dass dieses Selbst eine Illusion ist, und entziehen so dem Anhaften die Grundlage. In der Folge hört das Leiden auf, weil uns klar wird, dass da nichts war.

Die Erleuchtung befreit uns also vom Leiden – aber nicht, indem sie uns unempfindlich macht oder alles beseitigt, was leidvoll sein könnte. Auch ein *arahant* spürt noch etwas, hat Schmerzen, wird krank und altert. Der Buddha betont, dass auch der oder die Erleuchtete immer noch Empfindungen hat, angenehme wie unangenehme. Allerdings mit dem entscheidenden Unterschied, dass das Anhaften an diesen Empfindungen aufgehört hat, weil die Grundlagen des Anhaftens (die Illusion des Selbst) in der Erleuchtung beseitigt worden sind. Der Buddha beschreibt diesen veränderten Zustand des Erlebens so:

> Wenn man ein angenehmes Gefühl fühlt, versteht man, dass es unbeständig ist; man hängt nicht daran und findet kein Vergnügen daran. Wenn man ein schmerzhaftes Gefühl fühlt, versteht man, dass es unbeständig ist; man hängt nicht daran und findet kein Vergnügen daran. Wenn man ein neutrales Gefühl fühlt, versteht man, dass es unbeständig ist; man hängt nicht daran und findet kein Vergnügen daran. (MN 140: iii 245 [Sa])

Die Empfindungen sind also noch da, aber es gibt kein Anhaften mehr, das von ihnen hervorgerufen wird (vgl. Mlp 3.2.4). Alle Erlebnisse der erleuchteten Person fließen einfach durch ihr Bewusstsein durch, ohne eine Spur zu hinterlassen. Insofern ändert sich durch die Erleuchtung eigentlich nichts, denn alles bleibt mehr oder weniger so, wie es ist: Die Wirklichkeit ist immer noch dieselbe, und auch die Erleuchtete ist niemand anderes geworden. Das Einzige, was sich geändert hat, ist die Einstellung, die sie zu ihren Empfindungen, Wahrnehmungen und den anderen Elementen des Prozess-Selbst einnimmt. Ist erst einmal klar, dass es sich hier nicht um *meine* Empfindungen und Wahrnehmungen handelt, sondern bloß um einen komplexen Strom vorüberziehender mentaler Ereignisse, wird das Anhaften sinnlos: Schmerzen passieren, aber es sind niemandes Schmerzen. Jack Kornfield, ein bekannter amerikanischer Buddhist und Meditationslehrer, drückt das sehr schön im Titel eines seiner Bücher aus: *After the ecstasy, the laundry* – Nach der Erleuchtung kommt die Wäsche. Die Wirklichkeit und das Leben bleiben, wie sie sind, und auch nach der Erleuchtung wäscht sich die Wäsche nicht auf magische Weise von selbst. Das Einzige, was sich geändert hat, ist die Perspektive auf die Realität und die Einstellung zu ihr, also die Art und Weise, wie das Wäschewaschen (und alles andere) erlebt werden.

Eine wichtige Ausnahme gibt es allerdings: Durch die Erleuchtung befreit sich die erleuchtete Person aus dem Gesetz des Karma, d. h. sie generiert keine karmischen Wirkungen mehr. Das ist vielleicht die wichtigste Veränderung, die auch klar macht, warum die Erleuchtungserfahrung eigentlich Erlösung bedeutet. Das Karma und der Prozess des Entstehens in Abhängigkeit, der von ihm angetrieben wird, ist der Mechanismus, der immer wieder die Abfolge von Unwissenheit – Anhaften – Leiden generiert. Mit dem Wegfall der Unwissenheit aber verliert dieser Mechanismus seinen Motor. Wer es geschafft hat, diese Dynamik zu durchbrechen, der befreit sich damit aus dem Leiden, da dem leidgenerierenden Prozess die Energie entzogen ist. Und indem diese Energie erlischt, gibt es nichts mehr, wodurch die

Handlungen der erleuchteten Person karmischen Wirkungen produzieren könnten. Ihr Handeln generiert also kein neues Karma – weder positives noch negatives, sondern schlicht gar keins. Der Lebensprozess des Erleuchteten läuft aber trotzdem weiter, denn das „alte" Karma, das noch aus den vorausgegangenen Handlungen mitgeschleppt wird, verschwindet ja nicht einfach, sondern es muss noch sozusagen auslaufen. Es gibt also im Leben des Erleuchteten noch karmische Wirkungen, die aus Ursachen entstehen, die vor dem Zeitpunkt der Erleuchtung gelegen haben, aber es werden keine neuen karmischen Ursachen mehr erzeugt. Und weil die erleuchtete Person nur noch Wirkungen des Karma erfährt, aber keine Ursachen mehr generiert, gibt es für sie auch keine Wiedergeburt mehr. Der Zustand des Nirvana im Leben ist also eine Übergangsphase zwischen dem Leben im Kreislauf der Wiedergeburt und dem endgültigen Nirvana, die so lange dauert, bis die vergangenen karmischen Ursachen ihre Wirkung verloren haben. Nehmen wir ein einfaches Beispiel, um das zu illustrieren: Wenn ich einen Ball trete, der auf dem Boden liegt, dann rollt er ein Stück weit und bleibt irgendwann liegen. Will ich ihn weiterrollen lassen, muss ich ihn noch einmal treten, und wenn ich immer hinter dem Ball herlaufe und ihn immer wieder erneut trete, kann er ohne Ende immer weiter rollen. Wenn ich aufhöre, den Ball zu treten, kommt er zum Stillstand – aber eben nicht unmittelbar nach dem letzten Tritt, sondern erst, wenn die Bewegungsenergie aus diesem letzten Tritt aufgebraucht ist. Ganz ähnlich verhält es sich mit dem *arahant*: So wie der Ball durch stetiges Treten weiterrollt, so bewegen wir uns durch unser Karma, das wir durch unsere Handlungen immer wieder neu generieren, weiter im Kreislauf des *samsāra*. Und so wie der Ball erst ausrollt und dann liegenbleibt, wenn er nicht mehr getreten wird, so läuft das Leben der erleuchteten Person langsam aus und mündet dann ins endgültige Nirvana, nachdem sie aus dem Gesetz des Karma entkommen ist und keine neuen karmischen Ursachen mehr generiert. Aus diesem Grund kann übrigens auch das Nirvana nicht das Produkt des achtfachen Pfads sein, denn das würde ja bedeuten, dass es eine kausale Wirkung des richtigen Denkens, Handelns und Meditierens wäre. Aber wenn das Nirvana gerade darin besteht, aus diesem Kausalnexus zu entkommen, dann kann es nicht selbst kausal verursacht sein. Im Gespräch mit König Milinda vergleicht daher Nāgasena den Weg zum Nirvana mit einem Pfad, der auf einen Berg führt: Am Ende des Pfades wird man auf dem Berg sein, aber der Pfad hat den Berg nicht erzeugt (vgl. Mlp 4.7.5).

Wie sieht ein Leben nach der Erleuchtung aus? Der Kern der Erleuchtung ist die Einsicht in die vier edlen Wahrheiten, die nicht bloß auf einer rein kognitiven Ebene verstanden, sondern unmittelbar als wahr eingesehen werden. Für die erleuchtete Person ist also mit einer unmittelbaren Evidenz klar, dass die Realität leidvoll, unbeständig und ohne Selbst ist. Gemäß dem empiristischen Grundprinzip der Philosophie des Buddha bedeutet das, dass die Erleuchtung eine direkte Erfahrung der Realität ist, so wie der Buddha sie beschreibt – die Erkenntnis, dass die Realität unbeständig ist und dass es keine beharrlichen Substanzen, sondern nur kontinuierliche Prozesse gibt, ist keine Schlussfolgerung, die aus Sinnesdaten gezogen wird, sondern sie ist selbst der unmittelbare Inhalt der Erfahrung. Wenn ich z. B. sehe, wie ein Stück Butter in einer Pfanne schmilzt, dann sehe ich damit auch, dass die Pfanne heiß ist (denn das ist die beste Erklärung dafür, warum die Butter schmilzt). Ich erfahre die Hitze der Pfanne aber nicht direkt, sondern ich leite sie aus dem ab, was ich sehe. Ich könnte auch ein Thermometer an die Pfanne halten, die Temperatur ablesen und dann zum gleichen Ergebnis kommen. Das ist aber etwas grundsätzlich Anderes, als die Pfanne anzufassen und sich die Finger zu verbrennen – in diesem Fall erfahre ich genauso, dass die Pfanne heiß ist, aber ich erfahre es direkt, ohne die Vermittlung einer besten Erklärung oder Schlussfolgerung. Ich erfahre die Hitze der Pfanne selbst, ebenso wie ein *arahant* in seinem Erleuchtungserlebnis unmittelbar und direkt erfährt, dass es kein Selbst gibt und alles, was existiert, unbeständig und prozesshaft ist. Diese Einsicht ist das zentrale Element, das das weitere Leben eines *arahant* bis zum endgültigen Nirvana bestimmt. Die erleuchtete Person lebt ein im wahrsten Sinne selbstloses Leben – sie lebt, als ob es kein Selbst gäbe, weil sie erkannt hat, dass es wirklich kein Selbst gibt. Für einen *arahant* bedeutet das, dass er von jedem Anhaften an der Unterscheidung von Selbst und Nicht-Selbst frei wird und dadurch die vier Tugenden allgütige Liebe, Mitleid, Mitfreude und Gleichmut (siehe Kap. 5) verwirklicht. Sie sind die natürlichen Begleiterscheinungen der Einsicht ins Nicht-Selbst und ergeben sich mühelos und ohne bewusste Anstrengung aus dieser Erkenntnis. Es ist nicht so, dass die Erleuchtung den *arahant* besonders freundlich macht – vielmehr verschwinden durch die Erleuchtung die negativen Faktoren, die die Realisierung der vier Tugenden natürlicherweise verhindern. Erleuchtung ist vergleichbar damit, einen Staudamm einzureißen – sie beseitigt nur, was dem natürlichen Lauf der Dinge im Weg steht. Mit dem Verschwinden der drei Übel Hass, Gier und Verblendung und aller anderen negativen Geistesfaktoren (*kilesa*) gibt es keine Quellen mehr, aus denen weiteres Anhaften hervorgehen könnte: „Die Auflösung von Gier, Hass und Verblendung nennt man Vollendung [*arahatta*]. (SN 38.2 [Sa*])" Mit dem Anhaften an den Dingen verschwindet auch das Anhaften an der Vergangenheit und der Zukunft: „Sie trauern der Vergangenheit nicht nach, noch sehnen sie die Zukunft herbei; vom Gegenwärtigen leben sie", sagt der Buddha über die Erleuchteten (SN 1.10 [Sa]) Damit ist nicht nur (aber auch) gemeint, dass der *arahant* ganz im gegenwärtigen Moment lebt, ohne sich an Erinnerungen zu klammern und von der Zukunft zu träumen, sondern es verbirgt sich ein ernsthafter metaphysischer Punkt dahinter, nämlich ein Präsentismus. Die erleuchtete Person existiert nur in der Gegenwart, weil sie erkannt hat, dass nur die Gegenwart real ist, denn der gegenwärtige Moment ist der Zeitpunkt, in dem sich die kausale Verknüpfung von Ursache und Wirkung ereignet.

Präsentismus: Eine Theorie der Zeit, die besagt, dass nur gegenwärtige Entitäten existieren. Vergangene und zukünftige Ereignisse und Objekte sind demnach nicht real.

Etwas abstrakter kann man Erleuchtung also verstehen als eine fundamentale epistemische Verschiebung, die sich im Erleuchteten vollzieht: Die erleuchtete Person verliert den natürlichen, subjektiven Standpunkt, von dem aus wir sonst die Welt sehen (vgl. Kap. 3). Im natürlichen Zustand, so hatten wir gesehen, sehe ich die Welt immer aus meinen eigenen Augen und betrachte mich ganz selbstverständlich als ihr Zentrum, jedenfalls insofern ich alle Dinge, die mir widerfahren, daraufhin befrage, was sie für mich bedeuten: Wie ist das für mich – angenehm, unangenehm, neutral? Ist es nützlich oder schädlich für mich? Was denke ich darüber, was will ich? Wir können uns zwar mehr oder weniger weit von dieser subjektiven Perspektive entfernen und versuchen, die Welt aus einem etwas objektiveren Standpunkt zu betrachten, aber ganz zurücklassen können wir sie nicht. Im erleuchteten Zustand macht aber diese Unterscheidung zwischen einer subjektiven und einer objektiven Perspektive keinen Sinn mehr, denn es gibt kein Ich mehr, aus dessen subjektiver Perspektive die Welt gesehen werden könnte. Beide Perspektiven fallen in eins. In Anlehnung an Thomas Nagels Buch *The View from Nowhere* könnte man sagen, dass die erleuchtete Person die Welt zwar nicht mit einem Blick von Nirgendwo, aber mit einem Blick von Niemand betrachtet. Erleuchtet werden heißt also: Niemand werden, oder besser: erkennen, dass man niemand ist, denn ein Selbst, das vernichtet werden könnte, hat es ja ohnehin niemals gegeben.

Diese epistemische Verschiebung macht auch verständlich, warum Mitleid, Mitfreude oder Gleichmut mühelos und selbstverständlich werden. Die Einsicht in die Unwirklichkeit des Selbst verschiebt die natürliche Einstellung hin zu einer Perspektive, die nicht mehr die Perspektive eines individuellen Subjekts ist. Daraus folgt, dass Leid nicht mehr als eigenes oder fremdes wahrgenommen wird, denn die Unterscheidung zwischen Leiden, das mir zustößt, und Leiden, das einem anderen Wesen zustößt, ist überhaupt nur verständlich, wenn eine grundsätzliche Trennung in Ich vs. die Anderen vorausgesetzt ist – was aber nur dann Sinn macht, wenn es ein Ich gibt, das man von den anderen trennen kann. In unserer natürlichen Einstellung ist dieser Unterschied allgegenwärtig und so selbstverständlich, dass wir gar nicht mehr bemerken, wie er unser Handeln und Fühlen strukturiert. Wenn Sie beispielsweise morgens in den Nachrichten lesen, dass es am Wochenende einen Unfall auf einer Landstraße in der Nähe gegeben hat und dass eine Person dabei schwer verletzt worden ist, dann empfinden Sie vielleicht Mitleid mit dieser Person, denken sich vielleicht auch so etwas wie: „Wie schrecklich! Hoffentlich geht es ihm bald wieder gut!“, aber ansonsten werden Sie diese Nachricht schnell wieder vergessen und mit ihrem Tag weitermachen. Wenn Sie dann aber erfahren, dass diese Person in Wirklichkeit nicht irgendwer, sondern Ihr eigener Bruder gewesen ist, werden Sie ganz anders reagieren. Der Schock wird Sie aus der Bahn werfen und für lange Zeit werden Sie Ihr Leben einteilen in eine Zeit vor und nach dem Unfall. Die Konsequenzen dieses Ereignisses werden einen bleibenden Einfluss auf Ihr weiteres Leben haben, in welche Richtung auch immer. Das Leid, das entsteht, ist also viel größer, wenn es nicht irgendjemand ist, sondern ihr Bruder – aber warum eigentlich? Am konkreten Ereignis, dem Unfall, hat sich doch gar nichts geändert. Der einzige Unterschied ist der, dass das Leid des anderen auf einmal Sie selbst betrifft, denn es war ja *Ihr* Bruder, der diesen Unfall hatte. Hier zeigt sich wieder, wie aus der natürlichen Einstellung heraus alles durch den Filter des vermeintlichen Selbst aufgefasst wird und immer die Frage vorgeschaltet ist: Was bedeutet das für *mich*? Erleuchtung ist das Abschalten dieses Filters. Die erleuchtete Person sieht den Unterschied von Ich und Anderem nicht mehr, sondern betrachtet einerseits das eigene Leiden mit derselben gleichmütigen Distanz, die wir dem Leiden eines vollkommen fremden Wesens entgegenbringen: als etwas, das passiert, aber mich im Grunde nicht betrifft. Andererseits betrachtet sie auch das Leiden anderer so, wie wir ansonsten unsere eigenen Leiden betrachten würden. Ein *arahant* ist nicht gleichgültig und empfindungslos gegenüber fremden Leiden, sondern empfindet im Gegenteil mit jedem leidenden Wesen das gleiche Mitleid, das wir für unsere eigenen Kinder empfinden würden. Das bedeutet für die erleuchtete Person auch, dass sie fähig ist, in jedem Leiden immer auch noch etwas Gutes zu sehen – nur eben nicht für sich selbst. Aber mit dem Verschwinden der natürlichen, egozentrischen Perspektive wird sichtbar, dass es jenseits vom eigenen Leiden immer noch Gutes gibt, auch wenn es nicht unbedingt *für mich* gut ist. Das Nirvana im Leben bedeutet also, ein Leben der Selbstlosigkeit zu führen, das durch Gleichmut, Mitleid und Mitfreude geprägt ist. Aber wie für alle bedingten Dinge steht am Ende auch dieses Lebens der Tod, allerdings mit dem Unterschied, dass auf diese Phase des Daseinsprozesses keine weitere Phase mehr folgen wird. Mit dem Auslaufen aller verbliebenen karmischen Wirkungen endet das Leben der erleuchteten Person und sie tritt über in den Zustand des endgültigen Nirvana.

7.2 Das endgültige Nirvana

Was ist das endgültige Nirvana? Es ist der Zustand des Erleuchteten nach seinem physischen Tod, d. h. der Zustand, in dem alle karmischen Wirkungen endgültig ausgelaufen sind und in dem keine neuen Ursachen mehr erzeugt werden. Der Selbst-Prozess, der dem karmischen Kausalprinzip unterliegt und das Wesen im Kreislauf des bedingten Entstehens festgehalten hatte, ist an ein Ende gekommen und löst sich auf. Nochmal: Das bedeutet nicht, dass das Selbst sich auflöst, denn es gab niemals ein Selbst, das sich hätte auflösen können. Das Nirvana ist keine Vernichtung, sondern die Überwindung einer hartnäckigen Illusion. Wie dieser Zustand aussieht, wie es also ist, im Zustand des Nirvana zu sein – darüber sagt der Buddha nur sehr wenig, und was er sagt, ist nicht leicht zu verstehen. Denn naturgemäß ist ein Zustand, der in kontradiktorischem Gegensatz zu unserer normalen Erfahrung der Wirklichkeit steht, nur schwer in Worte zu fassen.

Metaphysisch lässt sich das Nirvana am besten verstehen als das Gegenteil der gewöhnlichen Alltagsrealität, d. h. als die eigentliche, ultimative Realität, die im Kontrast steht zum *samsāra*, also der Wirklichkeit, die wir natürlicherweise erleben. Der Buddha stellt beides, Nirvana und *samsāra*, in exakten Gegensatz zueinander:

> Was geboren, erzeugt und entstanden ist, gemacht, bedingt, was nicht ewig ist, in Alter und Tod gehüllt, zerbrechlich, Hort von Krankheiten, von Nahrung und dem Kanal zur Wiedergeburt hervorgebracht: Daran kann man sich nicht erfreuen. Das Entrinnen davon ist friedvoll, geht über den Rahmen der Logik hinaus [*atakkāvacara*], ist ewig, ohne Geborenes oder Entstandenes, ein Zustand ohne Kummer, unbefleckt, das Aufhören aller leidvollen Dinge, das Zur-Ruhe-Kommen der Bedingungen, Seligkeit. (Itv 43 [Sa*])

Das Nirvana ist also in allen Punkten das genaue Gegenteil zum *samsāra*. Zum einen ist es ewig, was nicht so verstanden werden sollte, dass es für eine unendliche Zeit existiert, sondern dass es *zeitlos* ist. Das bedeutet auch, dass es weder Veränderung noch Unbeständigkeit unterworfen ist.

Zwei Bedeutungen von „ewig":
Eternalismus: Ewigkeit bedeutet Außerzeitlichkeit. Ewig sein heißt, nicht der Zeit unterworfen zu sein.
Sempiternalismus: Ewigkeit bedeutet eine unendlich lange Zeit. Ewig sein heißt, unendlich lange in der Zeit zu existieren.

Im Gegensatz dazu ist die alltägliche Realität des *samsāra* vom Entstehen und Vergehen geprägt. Dinge fangen an zu existieren, sind eine Weile da, dann gehen sie wieder unter, und etwas anderes entsteht. In diesem permanenten Fluss von Entstehen, Dasein und Vergehen verläuft die Zeit, die sich unendlich weit in die Vergangenheit und Zukunft erstreckt. Das *samsāra* ist ein Kreislauf, und ebenso, wie eine Kreislinie keinen Anfang und kein Ende hat, sondern man auf ihr von jedem Punkt aus beliebig in die eine oder andere Richtung weitergehen kann, so hat auch das *samsāra* weder Anfang noch Ende. In diesem Sinne könnte man auch sagen, dass es ewig ist, denn es ist zeitlich unbegrenzt – wobei hier „ewig" so verstanden werden muss, dass es eine Unendlichkeit der Zeit bedeutet. Das Nirvana hingegen ist ewig in dem Sinne, dass es jenseits der Zeit steht (vgl. Mlp 3.2.9). Da es weder Entstehen noch Vergehen gibt, gibt es auch keinen Fluss der Zeit mehr, und ohne den Fluss der Zeit ist das Nirvana auch frei von Unbeständigkeit, dem wesentlichen Merkmal des *samsāra*. Und da das Nirvana ungeboren und unentstanden ist, ist es auch nicht bedingt wie alle Dinge des *samsāra* – es ist *asankhata*, d. h. es gehört nicht in die Klasse der *sankhāra*. Das sind alle Entitäten, die in ihrer Existenz und in ihren Qualitäten bedingt sind durch andere Dinge, die also nach dem karmischen Kausalprinzip im Kreislauf des bedingten Entstehens eingeschlossen sind (vgl. Kap. 4). Das Nirvana ist also nicht verflochten in den Kausalnexus des bedingten Entstehens und unterliegt damit auch nicht dem Gesetz des Karma, weshalb es – wie gesagt – auch nicht die Wirkung oder das Resultat von irgendetwas sein kann. Nichts kann das Nirvana bewirken oder hervorrufen, denn es steht ja gerade außerhalb des Kausalgesetzes. Könnte man einen Schalter umlegen und dadurch den Zustand des Nirvana erzeugen, dann wäre das nicht das Nirvana, denn definitionsgemäß kann nichts, was von irgendetwas anderem verursacht und bedingt wird, das Nirvana sein. Das Nirvana wird also nicht erzeugt und ist nicht das Ergebnis oder die Wirkung von irgendetwas, sondern es ist einfach da. Aber wenn der Zustand des Nirvana nicht das Resultat von Meditation und Erleuchtung ist, wozu dann das Ganze? Ist nicht das Nirvana, wenn es gar nicht erzeugt werden kann, immer schon da? – Ja. Erleuchtung heißt nicht mehr, als auch zu *realisieren*, was immer schon da war und was die wahre Realität ist. Man könnte das damit vergleichen, ein schmutziges Fenster zu putzen: Vorher konnte ich nicht sehen, was draußen ist, jetzt kann ich es. Das bedeutet nicht, dass ich durch das Fensterputzen die Dinge der Außenwelt erzeugt habe oder dass sie dadurch entstehen, dass ich die Fenster putze, sondern nur, dass nach dem Fensterputzen das weg ist, was mich daran gehindert hat, die Dinge draußen zu sehen. Was immer draußen ist, war vorher schon da und wurde in keiner Weise dadurch beeinflusst, dass ich die Fenster geputzt habe. Der einzige Unterschied liegt darin, dass ich jetzt sehen kann, was immer schon da war. Spätere buddhistische Denker haben diesen Gedanken so konsequent weitergeführt, dass sie behauptet haben, es gebe gar keinen Unterschied zwischen Nirvana und *samsāra* – beides ist die gleiche Wirklichkeit, nur einmal aus der Perspektive des Unerlösten gesehen, einmal aus der des Erleuchteten.

Da das Nirvana frei ist von Unbeständigkeit, fällt aber auch die Quelle des Leidens weg – denn die zentrale These des Buddha, ausgedrückt in der zweiten edlen Wahrheit, war ja, dass das Leiden aus dem Durst stammt, der nie befriedigt werden kann, weil die Unbeständigkeit der Realität das unmöglich macht. Nirvana ist also der Zustand, der definitiv und endgültig frei ist von Leiden, weil die notwendigen Bedingungen des Leidens aufgehoben worden sind: Durst, erzeugt durch die Illusion des Selbst, und Unbeständigkeit als Wesensmerkmal des bedingten Entstehens. Nirvana ist damit, so könnte man auch sagen, das Gegenteil von *dukkha* – während *dukkha* das Unvollkommene ist, oder das, was nicht so gut ist, wie es sein sollte, ist Nirvana das Vollkommene, das frei ist von allen negativen Faktoren: Es ist frei von Begierde und Anhaften, frei von Wiedergeburt und Tod. Es ist, wie der Buddha immer wieder betont, das Todlose. Aber nicht als ewiges Leben, verstanden als eine Art endlose Fortsetzung unserer gewöhnlichen Existenz, sondern als ein Zustand, der jenseits von Entstehen und Vergehen liegt und damit weder Geburt noch Tod kennt, sondern nur eine zeitlose Ewigkeit. Nur eines hat es mit der Realität, wie wir sie kennen, gemeinsam: dass es kein Selbst gibt. So sagt der Buddha auch: „Alle bedingten Dinge [*sankhāra*] sind unbeständig. [...] Alle bedingten Dinge sind leidvoll. [...] Alle Dinge [*dhamma*] sind ohne Selbst." (Dhp 277–279) Hier erkennt man leicht die drei Merkmale des Daseins wieder, denen wir in der ersten edlen Wahrheit begegnet sind (siehe Kap. 2): Alles ist leidvoll, unbeständig und ohne Selbst. Aber es gibt einen subtilen Unterschied: Der Buddha sagt von allen bedingten Dingen, sie seien leidvoll und unbeständig. Im Pali steht hier der Ausdruck *sankhāra*. Damit sind (wie eben erwähnt) Dinge gemeint, die bedingt und in den Kausalnexus des bedingten Entstehens verflochten sind, und die daher leidvoll und unbeständig sind. Dass sie ohne Selbst sind, sagt er aber von allen Dingen, und hier steht im Pali der Ausdruck *dhamma*. *Dhamma* kann, wie bereits erwähnt, zum einen die Lehre des Buddha bedeuten, zum anderen aber auch das, was diese Lehre beschreibt, nämlich die fundamentale Natur der Wirklichkeit. Der Buddha lehrt das *dhamma* in dem Sinne, dass er beschreibt, wie die Wirklichkeit in Wahrheit beschaffen ist. In diesem Sinne kann *dhamma* auch „Phänomen" bedeuten oder einfach: etwas, das wirklich ist. *Dhamma* schließt – im Gegensatz zu *sankhāra* – das Nirvana ein, und daher kann gesagt werden, dass alle *dhammas*, also die *sankhāras* und das Nirvana, ohne Selbst sind.

Wie soll man sich einen Zustand vorstellen, der zeitlos und unveränderlich ist, der vom Netzwerk der Kausalität losgelöst ist, und in dem es kein Selbst gibt, das im Zentrum jeder Wirklichkeitserfahrung steht? Gar nicht – ein solcher Zustand liegt jenseits der Kategorien unseres Denkens und ist damit für Wesen wie uns einfach nicht vorstellbar. Die Beschreibungen, die der Buddha vom Zustand des Nirvana gibt, sind daher auch komplett negativ und sagen nur, was das Nirvana *nicht* ist:

> Es gibt, Mönche und Nonnen, jene Dimension, wo es keine Erde, kein Wasser, kein Feuer und keine Luft gibt; keine Dimension des unendlichen Raumes, keine Dimension des unendlichen Bewusstseins, keine Dimension des Nichts und keine Dimension, die weder Wahrnehmung noch keine Wahrnehmung hat; nicht diese Welt, nicht jene Welt, keinen Mond und keine Sonne. Dort, Mönche und Nonnen, sage ich, gibt es kein Kommen, kein Gehen und kein Bleiben, noch gibt es Sterben oder Wiedererscheinen. Sie ist nicht verankert, setzt sich nicht fort und hat keine Grundlage. Eben das ist das Ende des Leidens. (Ud 8.1 [Sa])

Eine solche Darstellung ist nicht nur rein negativ (oder apophatisch), sie ist sogar paradox, denn es wird gesagt, dass das Nirvana weder dies noch das ist, auch wenn beides einander kontradiktorisch ausschließt: weder Wahrnehmung noch keine Wahrnehmung. Aber wie kann das sein? Entweder gibt es im Nirvana eine Wahrnehmung oder es gibt keine Wahrnehmung – eine dritte Möglichkeit gibt es ja nicht, oder? – Doch: dann nämlich, wenn der Begriff, den ich anwenden will, gar nicht auf den Sachverhalt anwendbar ist, um den es geht. Wenn mich jemand fragt, ob meine Seele pink ist, würde ich antworten: Nein. Und wenn dann die Rückfrage käme: Also ist sie nicht pink? Würde ich ebenfalls sagen: Nein, auch das stimmt nicht. Aber wie kann das sein? Entweder ist sie pink oder nicht pink! Die richtige Reaktion besteht hier nicht darin, sich zu fragen, welche Farbe eine Seele hat, sondern zu erklären, dass derjenige, der eine solche Frage stellt, nicht verstanden hat, was der Begriff „Seele“ (oder „pink“) bedeutet. Wenn erst einmal klar ist, was mit „Seele“ gemeint ist, löst sich das Problem auf, denn eine Seele ist einfach nicht die Art von Ding, das pink oder nicht pink sein könnte, weil sie nicht materiell ist und daher gar kein Kandidat für Farbprädikate. Hat man das verstanden, verschwindet der scheinbare Widerspruch. In ähnlicher Weise könnte ich auf die Frage „Geht es deiner Schwester gut?“ mit „Nein“ antworten, und ebenso auf die Rückfrage „Also geht es ihr schlecht?“ – ganz einfach deshalb, weil ich keine Schwester habe. In der Frage selbst ist bereits eine Vorannahme enthalten, nämlich die, dass ich eine Schwester habe, der es gut oder schlecht gehen könnte. Aber der Begriff „Schwester“ eignet sich nicht dazu, meine Beziehung zu irgendeiner anderen Person zu beschreiben, so dass diese Vorannahme falsch ist und es auf die Frage „Geht es deiner Schwester gut?“ keine Antwort geben kann. In gleicher Weise gilt für das Nirvana, dass Begriffe wie „Wahrnehmung“, „Entstehen“, „Sein“ usw. nur Bedeutung haben, wenn sie auf die Realität des *samsāra* angewandt werden, weil sie die Vorannahme voraussetzen, dass es um Dinge geht, die dieser Realität angehören. Unser Denken und unsere Sprache sind das Produkt dieser Realität und eignen sich entsprechend auch nur dazu, diese Realität zu beschreiben. Wenn wir versuchen, diese Begriffe und Kategorien auf etwas vollkommen anderes anzuwenden, müssen wir notwendigerweise scheitern. Die einzige Möglichkeit, das Nirvana zu verstehen, ist daher, es zu erfahren. Wer es erfahren hat, der braucht keine Beschreibung mehr. Und wer es nicht erfahren hat, dem wird auch keine Beschreibung helfen.

7.3 Nirvana: Nichts für Niemand?

Wir sollten uns also das Nirvana als eine ultimative Realität vorstellen, die jenseits aller Begriffe liegt, und die nur negativ beschrieben werden kann – oder besser, nicht beschrieben werden kann. Nirvana ist das Ende des Leidens, das Unbedingte (*asamkhāta*), das Aufhören (*nirodha*) und natürlich das Ende der Illusion des Selbst (*anatta*). Aber wenn man sich diese Beschreibung ansieht, drängt sich die Frage auf: Ist dann nicht das Nirvana am Ende doch nur das Nichts? Wer soll denn überhaupt den Zustand des Nirvana erfahren, wenn es kein Selbst gibt? Was kann das Nirvana noch sein, wenn von allem gesagt wird, dass es im Nirvana aufhört?

In einer Diskussion mit dem brahmanischen Gelehrten Vaccha wird der Buddha mit genau diesen Fragen konfrontiert. Vaccha fragt den Buddha, ob er behauptet, dass ein *Tathāgata* (also ein Buddha bzw. überhaupt jemand, der Erleuchtung erlangt hat) nach dem Tod noch existiert. Der Buddha verneint das – aber ebenso die entgegengesetzte Behauptung, dass der *Tathāgata* nach dem Tod *nicht* mehr existiert (MN 72: i 484 f). Vaccha ist von dieser paradoxen Antwort verwirrt. Der Buddha erklärt, dass für den Erleuchteten, der das endgültige Nirvana erreicht hat, weder die Aussage, dass er existiert, noch die Aussage, dass er nicht existiert, anwendbar sind, weil diese Begriffe auf ihn nicht mehr anwendbar sind. Das ist vergleichbar mit einem Feuer, das erloschen ist – auch hier kann man nicht sagen, wohin es gegangen ist, weil die Kategorie „Ort" nur auf ein brennendes Feuer anwendbar ist, aber nicht auf ein erloschenes. Zu fragen, ob der Erleuchtete nach seinem endgültigen Nirvana noch existiert oder nicht, bedeutet also, einen Kategorienfehler zu begehen: Das Nirvana ist nichts, das in die Kategorien von Existenz oder Nicht-Existenz fallen könnte. Wenn Vaccha sich fragt, wer das Nirvana erreicht, und ob diese Person noch existiert, sitzt er also für den Buddha einem Missverständnis auf, denn er nimmt an, dass das Nirvana ein bestimmter Zustand *eines Selbst* ist, und rätselt dann, wie das möglich sein soll. Die Antwort des Buddha, dass der Erleuchtete nach dem endgültigen Nirvana weder existiert noch nicht existiert, dient dazu, Vaccha von einem solchen Kategorienfehler abzuhalten.

Kategorienfehler:
Ein Kategorienfehler liegt vor, wenn ein Gegenstand in eine begriffliche Kategorie eingeordnet wird, in die er nicht gehört. Beispiel: Ich bestelle im Restaurant ein Paar Wiener und beschwere mich, dass ich zwar zwei Würstchen bekommen habe, aber kein Paar. „Paar" gehört aber nicht in die gleiche Kategorie wie „Wiener", d. h. es bezeichnet keinen materiellen Gegenstand.

Denn würde man annehmen, dass der Erleuchtete noch existiert, dann würde das implizieren, dass es ein beständiges Selbst gibt, das nach dem Tod weiterexistiert (Eternalismus). Und würde man annehmen, dass der Erleuchtete nicht mehr existiert, würde das implizieren, dass das Selbst im Tod vernichtet wird (Annihilationismus). Beides lehnt der Buddha ab, weil er die gemeinsame Voraussetzung nicht teilt, dass es überhaupt so etwas wie ein Selbst geben könnte, das weiterexistieren oder vernichtet werden könnte. Das einzige Selbst, das es gibt, ist das flüchtige und ständig im Fluss befindliche Prozess-Selbst, das wir mit einem beständigen Selbst verwechseln. Im endgültigen Nirvana verschwindet dieses illusorische Prozess-Selbst, das durch die *khandhas* gebildet wurde, weil das Anhaften, das die *khandhas* zusammengehalten hat, zu Ende geht. Aber nicht das Selbst, sondern die Illusion, es gäbe so etwas wie ein Selbst, verschwindet dadurch – denn was es niemals gegeben hat, kann sich ja auch nicht auflösen. Deswegen kann man für den Buddha nicht mehr sinnvoll fragen, ob der Erleuchtete nach seinem endgültigen Nirvana noch existiert oder nicht, denn die Begriffe Existenz und Nicht-Existenz beziehen sich auf das Prozess-Selbst (also die Ansammlung der *khandhas*) bzw. auf die *sankhāras*. Von solchen Dingen kann man sinnvollerweise sagen, dass sie existieren oder nicht existieren. Aber wenn das Prozess-Selbst aufgehört hat, kann man auch nicht mehr von Existieren oder Nicht-Existieren sprechen.

Aber löst das wirklich das Problem? Wenn im Zustand des Nirvana alles aufhört, was überhaupt in den Kategorien von Existenz und Nicht-Existenz gedacht werden könnte, bleibt dann nicht einfach nichts übrig? Wieder sieht es so aus, als wäre das Nirvana das Nichts. Die Sache wird noch problematischer, wenn wir uns klar machen, dass auch das Bewusstsein (*viññāna*) eines des fünf *khandhas* ist, die ja mit dem Ende des Prozess-Selbst auseinanderfallen. Aber wenn das Nirvana Bewusstlosigkeit ist, ist es dann nicht doch einfach nur der Tod? Dagegen spricht, dass der Buddha das Nirvana doch gelegentlich als angenehm oder Glück bezeichnet (*sukha*, Itv 43), was schwer vorstellbar wäre ohne ein Bewusstsein. An anderen Stellen äußert er sich allerdings eher kryptisch und beschreibt den Zustand des Aufhörens so:

> Bewusstsein [*viññāna*], in dem nichts erscheint, unendlich, rundum strahlend – da finden Wasser und Erde, Feuer und Luft keinen Halt. Und da hören lang und kurz, fein und grob, schön und hässlich, da hören Name und Form restlos auf – mit dem Aufhören des Bewusstseins [*viññāna*], da hören sie auf. (DN 11: i 223 [Sa])

In der ersten Hälfte des Zitats klingt es, als wäre der Zustand des Aufhörens ein besonderer Zustand, eines reinen, unendlichen Bewusstseins. In der zweiten Hälfte hingegen wird explizit vom Aufhören des Bewusstseins gesprochen, und seltsamerweise verwendet der Buddha in beiden Fällen das gleiche Wort. Ist nun das Nirvana Bewusstlosigkeit oder nicht? Eine mögliche Lösung wäre es anzunehmen, dass der Buddha sich auf zwei unterschiedliche Begriffe von Bewusstsein bezieht. Während er im zweiten Satz vom normalen Bewusstsein spricht, das Bestandteil des Prozess-Selbst ist, und das tatsächlich aufhören muss, wenn das Prozess-Selbst endet, spricht er im ersten Satz von einem fundamental anderen Bewusstsein. Dieses andere Bewusstsein müsste eines sein, das grundsätzlich anders funktioniert als unser gewöhnliches Bewusstsein und das den Verlust des illusorischen Selbst überstehen kann. Es müsste sich, mit anderen Worten, um ein Bewusstsein handeln, dass ohne Subjekt auskommen kann. Ob ein solches Bewusstsein überhaupt denkbar ist, ist aber eine offene Frage, die möglicherweise wieder nur in der meditativen Erfahrung definitiv beantwortet werden kann.

Literaturhinweise

Ud 8.1–4 geben negative Beschreibungen vom endgültigen Nirvana. Die Unterscheidung der beiden Arten von Nirvana und eine weitere Beschreibung in Itv 43–44. MN 140 beschreibt den Zustand des Nirvana im Leben. In MN 72 erläutert der Buddha die Natur des endgültigen Nirvana. Das *Milindapañha* ist für Fragen nach dem Nirvana besonders interessant, siehe v. a. Mlp 3.2.4 (zum *arahant*), 3.2.9 (Zeitlosigkeit) und 3.4.8–10 (zum endgültigen Nirvana).

Gowans 2003: Kap. 12 und 13 behandeln das Nirvana im Leben und das endgültige Nirvana. Allgemein zum Nirvana: Collins 2010. Siderits 2021: Kap. 3. Zu Nirvana und Nicht-Selbst-Lehre bzw. subjektlosem Bewusstsein: Harvey 1995: Kap. 11 und 12. Albahari 2011. Zu unterschiedlichen philosophischen Interpretationen von Nirvana: Burley 2021. Zu Nirvana und Meditation: Griffiths 1986. Philosophie der Zeit: Le Poidevin 2003.

Diskussionsfragen

- Ist der Zustand des endgültigen Nirvana erstrebenswert? Warum?
- Kann man sich mit Hilfe der Sprache überhaupt an das Nirvana annähern?
- Müsste ein *arahant* nicht vollkommen gefühllos und desinteressiert sein?

8 Glossar

Pali	Sanskrit	Chinesisch	Deutsch
abhidhamma	abhidharma	阿毘達磨 *āpídámó*	*Abhidharma*, systematische Analyse der Lehre des Buddha
anattā	anātman	無我 *wúwǒ*	Nicht-Selbst, Tatsache, dass es kein substanzielles Selbst gibt
anicca	anitya	無常 *wúcháng*	Unbeständigkeit
araha(n)t	arha(n)t	(阿)羅漢 (ā)luóhàn	Erleuchteter, jemand, der das Ziel der Erlösung vom Leiden erreicht hat
avijjā	avidyā	無明 *wúmíng*	Unwissenheit, Verblendung
bodhi	bodhi	菩提/觉 Pútí/jué	Erleuchtung, Erwachen
bodhisatta	bodhisattva	菩薩 *púsà*	*Bodhisattva*, ein Wesen auf dem Weg zur Erleuchtung
dhamma	dharma	法 *fǎ*	*Dharma*, Wesen der Wirklichkeit, Lehre des Buddha, Elemente der Realität
dukkha	duḥkha	苦 *kǔ*	Leiden
jhāna	dhyāna	禅 *chán*	Versenkung, Bewusstseinszustand in tiefster Meditation
kamma	karma	業/因果 *yè/yīnguǒ*	*Karma*, Kausalgesetz
khandha	skandha	蘊 *yùn*	Element, Aggregat, aus denen das Prozess-Selbst besteht
kilesa	kleśa	烦恼 fánnǎo	Befleckungen, negative Geistesfaktoren, die Anhaften und Leiden erzeugen
mettā	maitrī	慈 *cí*	Allgütige Liebe, Wohlwollen, Freundlichkeit

nibbāna	nirvāna	涅槃 *nièpán*	*Nirvana*, ultimativer Zustand der Befreiung vom Leiden
paññā	prajñā	智慧 *zhìhuì*	Weisheit, Erkenntnis
Paticca-samup-pāda	Pratītya-sa-mutpāda	緣起 *yuánqǐ*	Bedingtes Entstehen
pramāna	pramāṇa	量 liàng	Erkenntnisquelle, Epistemologie
saddhā	śraddhā	信 xìn	Glaube, Vertrauen
samādhi	samādhi	三昧/定 *sānmeì/ dìng*	Meditation, Konzentration, Versenkung
samatha	śamatha	止 zhǐ	Ruhemeditation
sati	smṛti	念 niàn	Achtsamkeit
sīla	śīla	戒 *jiè*	Ethik, Tugend, richtiges Verhalten
sutta	sūtra	經 *jīng*	*Sutra*, buddhistischer Text, der die Lehrereden des Buddha wiedergibt
tanhā	tṛ́ṣṇā	愛 *aì*	Durst, Begierde
vinaya	vinaya	律藏 *lǜzàng*	Regeln für Mönche und Nonnen
vipassanā	vipaśyanā	观 guān	Achtsamkeitsmeditation

9 Abkürzungsverzeichnis

Quellen

Angegeben ist immer die Nummer des *Sutta*. Bei längeren *Suttas* ist zusätzlich die Stelle in der Ausgabe der Pali Text Society angegeben, die in vielen Ausgaben ebenfalls zusätzlich genannt wird.

DN:	Dīghanikāya
MN:	Majjhimanikāya
SN:	Samyuttanikāya
AN:	Anguttaranikāya
KN:	Khuddakanikāya
Dhp:	Dhammapada
Ud:	Udāna
Mlp:	Milindapañha
Sp:	Suttanipāta
Itv:	Itivuttaka

Übersetzer:innen

Bei direkten Zitaten aus den *Suttas* gibt die Abkürzung in eckigen Klammern die jeweilige Übersetzer:in an:

[Sa]: Sabbamitta

[Me]: Mettiko Bhikkhu

[Ny]: Nyanaponika Thera

Ein nachgestellter Asterisk (*) bedeutet, dass die Übersetzung von mir modifiziert wurde.

10 Literatur

10.1 Quellen

Die meisten buddhistischen *Suttas* sind kostenlos in diversen Sprachen im Internet verfügbar. Die wichtigsten Seiten sind:

www.suttacentral.net (mehrsprachig, Originaltexte und Übersetzungen in viele moderne Sprachen)

www.palikanon.com (deutsch, enthält auch Übersetzungen nicht-kanonischer Texte)

www.accesstoinsight.org (englisch, bietet auch kostenlose Einführungs- und Studientexte)

Deutsche Übersetzungen

Frauwallner, Erich: *Die Philosophie des Buddhismus.* Berlin: de Gruyter [5]2010.

Geiger, Wilhelm u. a. (Übers.): *Die Reden des Buddha – Gruppierte Sammlung.* Stammbach: Beierlein-Steinschulte [2]2003.

Gunsser, Ilse-Lore (Übers.): *Reden des Buddha.* Stuttgart: Reclam 2008.

Mylius, Klaus: *Die vier edlen Wahrheiten. Texte des ursprünglichen Buddhismus.* Stuttgart: Reclam 1998.

Neumann, Karl (Übers.): *Die Lehrreden des Buddha – Sammlung in Versen.* Stammbach: Beierlein-Steinschulte 2015.

Neumann, Karl (Übers.): *Die Reden des Buddha – Längere Sammlung.* Stammbach: Beierlein-Steinschulte [2]2004.

Neumann, Karl (Übers.): *Die Reden des Buddha – Mittlere Sammlung.* Stammbach: Beierlein-Steinschulte [6]2006.

Nyanatiloka Mahathera (Übers.): *Die Lehrreden des Buddha aus der Angereihten Sammlung.* Stammbach: Beierlein-Steinschulte 2013.

Nyanatiloka Mahathera (Übers.): *Milindapañha. Die Fragen des Königs Milinda.* Interlaken: Ansata 1985.

Schäfer, Fritz (Übers.): *Udana – Verse zum Aufatmen: Und andere Strophen des Buddha und seiner erlösten Nachfolger.* Stammbach: Beierlein-Steinschulte 1998.

Schiekel, Munish (Übers.): *Dhammapada – die Weisheitslehren des Buddha.* Freiburg/Breisgau: Herder 1998.

Zumwinkel, Kay: *Die Lehrreden des Buddha aus der Mittleren Sammlung. Majjhima Nikaya.* Uttenbühl: Jhana Verlag 2001.

Englische Übersetzungen

Bhikkhu Bodhi (Übers.): *The Connected Discourses of the Buddha. A Translation of the Samyutta Nikāya.* Boston: Wisdom Publications 2000.

Bhikkhu Bodhi (Übers.): *The Numerical Discourses of the Buddha. A Translation of the Anguttara Nikāya.* Boston: Wisdom Publications 2012.

Bhikkhu Bodhi (Übers.): *In the Buddha's Words. An Anthology of Discourses from the Pāli Canon.* Boston: Wisdom Publications 2005.

Bhikkhu Ñānamoli; Bhikkhu Bodhi (Übers.): *The Middle Length Discourses of the Buddha. A Translation of the Majjhima Nikāya.* Boston: Wisdom Publications 1995.

Buddhaghosa: *The Path of Purification. Visuddhimagga.* Übers. von Bhikkhu Ñānamoli, Kandy: Buddhist Publication Society 2010.

Vasubandhu: *Abhidharmakosabhasyam.* Translated into French by Louis de La Vallee Poussin. English Version by Leo M. Pruden. 4 Bde. Berkeley: Asian Humanities Press 1988–1990.

Walshe, Maurice (Übers.): *The Long Discourses of the Buddha. A Translation of the Dīgha Nikāya.* Boston: Wisdom Publications 1995.

Handbücher und Nachschlagewerke

Buswell, Robert; Lopez, Donald (Hgg.): *The Princeton Dictionary of Buddhism.* Princeton: Princeton University Press 2014.

Emmanuel, Steven M. (Hg.): *A Companion to Buddhist Philosophy.* Chichester: Wiley-Blackwell 2013.

Keown, Damien (Hg.): *A Dictionary of Buddhism.* Oxford: Oxford University Press 2003. [dt. 2005]

Notz, Klaus-Josef (Hg.): *Das Lexikon des Buddhismus.* 2 Bde. Freiburg/Breisgau: Herder 1998.

10.2 Sekundärliteratur

Albahari, Miri: Nirvana and Ownerless Consciousness. In: Siderits, Mark; Thompson, Evan; Zahavi, Dan (Hgg.): *Self, No-Self? Perspectives from Analytical, Phenomenological & Indian Traditions.* Oxford: Oxford University Press 2011, 79–113.

Anderson, Carol: *Pain and its Ending: The Four Noble Truths in the Theravāda Buddhist Canon.* London: Curzon Press 1999.

Batchelor, Stephen: *Buddhism Without Beliefs. A Contemporary Guide to Awakening.* London: Bloomsbury 1997.

Bayne, Tim: *The Unity of Consciousness.* Oxford: Oxford University Press 2010.

Bentham, Jeremy: *A Fragment on Government.* Oxford: Oxford University Press 1891.

Brück, Michael von: *Einführung in den Buddhismus.* Frankfurt/Main: Verlag der Weltreligionen 2007.

Brück, Michael von: Reinkarnation im Hinduismus und im Buddhismus. In: Hornung, Erik; Schabert, Tilo (Hgg.): *Auferstehung und Unsterblichkeit.* München: W. Fink 1993, 85–122.

Burley, Mikel: Death, Immortality, and *Nirvana* in Buddhist Traditions: A study in the hermeneutics of contemplation. In: Byerly, T. Ryan (Hg.): *Death, Immortality and Eternal Life.* London: Routledge 2021, 167–179.

Burley, Mikel: *Rebirth and the Stream of Life. A Philosophical Study of Reincarnation, Karma and Ethics.* London: Bloomsbury 2016.

Burton, David: *Buddhism, Knowledge and Liberation.* Aldershot: Ashgate 2004

Burton, David: *Buddhism. A Contemporary Philosophical Investigation.* London: Routledge 2017.

Carpenter, Amber: *Indian Buddhist Philosophy. Metaphysics as Ethics.* London: Routledge 2014.

Carrithers, Michael: *Buddha. A Very Short Introduction.* Oxford: Oxford University Press 2001.

Collins, Steven: *Nirvana. Concept, Imagery, Narrative.* Cambridge: Cambridge University Press 2010.

Conze, Edward: *Buddhist Meditation.* London: Allen and Unwin 1956.

Cousins, L.S.: The Dating of the Historical Buddha: A Review Article. *Journal of the Royal Asiatic Society* 6 (1996), 57–63.

Descartes, René: *Meditationes de Prima Philosophia. Meditationen über Erste Philosophie.* Stuttgart: Reclam 1986.

Edwards, Paul: *Reincarnation. A Critical Examination.* Amherst: Prometheus Books 1996.

Federman, Asaf: What Kind of Free Will Did the Buddha Teach? *Philosophy East and West* 60 (2010), 1–19.

Fenner, Dagmar: *Ethik. Wie soll ich handeln?* Tübingen: Narr Francke ^{2}2020.

Flanagan, Owen: *The Bodhisattva's Brain. Buddhism Naturalized.* Cambridge, MA: MIT Press 2011.

Gäb, Sebastian: *Religionsphilosophie.* Baden-Baden: Nomos 2022.

Garfield, Jay: *Buddhist Ethics. A Philosophical Exploration.* Oxford: Oxford University Press 2022a.

Garfield, Jay: *Engaging Buddhism. Why it Matters to Philosophy.* Oxford: Oxford University Press 2015.

Garfield, Jay: *Losing Ourselves. Learning to Live without a Self.* Princeton: Princeton University Press 2022b.

Gethin, Rupert: *The Foundations of Buddhism.* Oxford: Oxford University Press 1998.

Goleman, Daniel; Davidson, Richard: *Altered Traits.* New York: Random House 2018.

Goodman, Charles: Buddhist Meditation. Theory and Practice. In: Steven M. Emmanuel (Hg.): *A Companion to Buddhist Philosophy.* Chichester: Wiley-Blackwell 2013, 555–571.

Goodman, Charles: *Consequences of Compassion.* Oxford: Oxford University Press 2009.

Gowans, Christopher: *Buddhist Moral Philosophy. An Introduction.* London: Routledge 2015.

Gowans, Christopher: *Philosophy of the Buddha.* London: Routledge 2003.

Griffiths, Paul: *On Being Mindless. Buddhist Meditation and The Mind-Body Problem.* La Salle: Open Court 1986.

Gunaratana, Bhante: *Mindfulness in Plain English.* Boston: Wisdom Publications 2002.

Harvey, Peter: *An Introduction to Buddhism.* Cambridge: Cambridge University Press, ^{2}2013c.

Harvey, Peter: *An Introduction to Buddhist Ethics.* Cambridge: Cambridge University Press 2000.

Harvey, Peter: Dukkha, Non-Self, and the Teaching on the Four 'Noble Truths'. In: Steven M. Emmanuel (Hg.): *A Companion to Buddhist Philosophy.* Chichester: Wiley-Blackwell 2013a, 26–45.

Harvey, Peter: The Conditioned Co-arising of Mental and Bodily Processes within Life and Between Lives. In: Steven M. Emmanuel (Hg.): *A Companion to Buddhist Philosophy.* Chichester: Wiley-Blackwell 2013b, 46–68.

Harvey, Peter: *The Selfless Mind. Personality, Consciousness and Nirvana in Early Buddhism.* Richmond: Curzon Press 1995.

Heim, Maria: *Buddhist Ethics.* Cambridge: Cambridge University Press 2020.

Herman, A.L.: Two Dogmas of Buddhism. In: F. J. Hoffmann and D. Mahinda (Hg.): *Pali Buddhism.* Richmond: Curzon Press 1996, 159–174.

Hinüber, Oskar von: The Buddha as a Historical Person. *Journal of the International Association of Buddhist Studies* 42 (2019), 231–64.

Hübner, Dietmar: *Einführung in die philosophische Ethik.* Göttingen: Vandenhoek & Ruprecht ^{3}2021.

Inada, Kenneth K.: The Metaphysics of Buddhist Experience and the Whiteheadian Encounter. *Philosophy East and West* 25 (1975), 465–488.

Inada, Kenneth K.: The Range of Buddhist Ontology. *Philosophy East and West* 38 (1988), 261–280.

Jayatilleke, K.N.: *Early Buddhist Theory of Knowledge*. London: George Allen & Unwin 1963.

Jones, Dhivan T.: *This Being, That Becomes: The Buddha's Teaching on Conditionality*. Cambridge: Windhorse 2011.

Kabat-Zinn, Jon: *Achtsamkeit für Anfänger*. Freiburg/Breisgau: Arbor 2013a.

Kabat-Zinn, Jon: *Full Catastrophe Living*. Revised Edition. New York: Bantam Books 2013b.

Kalupahana, David: *Buddhist Philosophy. A Historical Analysis*. Honolulu: University of Hawai'i Press 1976.

Kalupahana, David: *Causality: The Central Philosophy of Buddhism*. Honolulu: University of Hawai'i Press 1986.

Kant, Immanuel: *Grundlegung zur Metaphysik der Sitten*. Hamburg: Meiner 2016

Keown, Damien: *Buddhist Ethics. A Very Short Introduction*. Oxford: Oxford University Press 2005.

Keown, Damien: *The Nature of Buddhist Ethics*. New York: Palgrave 1992.

Laumakis, Stephen: The Philosophical Context of Gotama's Thought. In: Steven Emmanuel (Hg.): *A Companion to Buddhist Philosophy*, London: Wiley 2013, 11–25.

Le Poidevin, Robin: *Travels in Four Dimensions. The Enigmas of Space and Time*. Oxford: Oxford University Press 2003.

Lin, Chien-Te: Could the Buddha have been a Naturalist? *Sophia* 59 (2020), 437–456.

Michaels, Axel: *Buddha. Leben, Lehre, Legende*. München: C.H. Beck 2011.

Montalvo, David: The Buddhist Empiricism Thesis: an Extensive Critique. *Asian Philosophy* 9 (1999), 51–70.

Nagel, Thomas: *Letzte Fragen. Mortal Questions*. Hamburg: EVA 2008.

Nagel, Thomas: *Was bedeutet das alles?* Stuttgart: Reclam 1987.

Nakamura, Hajime: *Gotama Buddha. A Biography Based on the Most Reliable Texts*. Übers. von Gaynor Sekimori, Tokyo: Kosei Publishing Bd. 1: 2001, Bd. 2: 2005.

Ott, Ulrich: *Meditation für Skeptiker*. München: Barth 2010.

Parfit, Derek: *Reasons and Persons*. Oxford: Oxford University Press 1984.

Peacock, John: Suffering in Mind: The Aetiology of Suffering in Early Buddhism. *Contemporary Buddhism* 9 (2008), 209–226.

Quinn, Philip: *Divine Commands and Moral Requirements*. Oxford: Oxford University Press 1978

Rahula, Walpola: *What the Buddha taught*. New York: Grove Press [2]1974.

Repetti, Ricardo: Recent Buddhist Theories of Free Will: Compatibilism, Incompatibilism, and Beyond. *Journal of Buddhist Ethics* 21 (2014), 279–352.

Repetti, Rick (Hg.): *Routledge Handbook on the Philosophy of Meditation.* London/New York: Routledge 2022.

Rescher, Nicholas: *Process Metaphysics. An Introduction to Process Philosophy.* Albany: SUNY Press 1996.

Rowe, William: *Philosophy of Religion.* An Introduction. Belmont: Wadsworth [4]2007.

Schlieter, Jens: *Buddhismus zur Einführung.* Hamburg: Junius [2]2001.

Schlieter, Jens: *Was ist Religion?* Stuttgart: Reclam 2010.

Shaw, Sarah: *Introduction to Buddhist Meditation.* London/New York: Routledge 2009.

Shaw, Sarah: *The Spirit of Buddhist Meditation.* New Haven: Yale University Press 2014.

Siderits, Mark. *How Things Are. An Introduction to Buddhist Metaphysics.* Oxford: Oxford University Press 2022.

Siderits, Mark: *Buddhism as Philosophy.* Indianapolis: Hackett [2]2021.

Siderits, Mark: Paleo-Compatibilism and Buddhist Reductionism. *Sophia* 47 (2008), 29–42.

Siderits, Mark: *Personal Identity and Buddhist Philosophy. Empty Persons.* Farnham: Ashgate [2]2015.

Stoltz, Jonathan: *Illuminating the Mind. An Introduction to Buddhist Epistemology.* Oxford: Oxford University Press 2021.

Swinburne, Richard: *The Existence of God.* Oxford: Oxford University Press [2]2004

Teasdale, John/Chaskalson, Michael: How does Mindfulness Transform Suffering? The Nature and Origins of Dukkha. *Contemporary Buddhism* 12 (2011), 89–102.

Westerhoff, Jan: *The Golden Age of Indian Buddhist Philosophy.* Oxford: Oxford University Press 2018.

Zotz, Volker: *Buddha.* Reinbeck/Hamburg: Rowohlt [8]2009.

Zotz, Volker: *Geschichte der buddhistischen Philosophie.* Reinbek/Hamburg: Rowohlt 1996.

Abbildungsverzeichnis